Sozialer Raum und Soziale Arbeit

Frank Früchtel • Gudrun Cyprian
Wolfgang Budde

Sozialer Raum und Soziale Arbeit

Textbook: Theoretische Grundlagen

3., überarbeitete Auflage

Springer VS

Frank Früchtel
Fachhochschule Potsdam, Deutschland

Wolfgang Budde
Hochschule Coburg, Deutschland

Gudrun Cyprian
Universität Bamberg, Deutschland

ISBN 978-3-531-18432-6
ISBN 978-3-531-19046-4 (eBook)
DOI 10.1007/978-3-531-19046-4

Die Deutsche Nationalbibliothek verzeichnet diese Publikation in der Deutschen Nationalbibliografie; detaillierte bibliografische Daten sind im Internet über http://dnb.d-nb.de abrufbar.

Springer VS

Gedruckt auf säurefreiem und chlorfrei gebleichtem Papier

Springer VS ist eine Marke von Springer DE. Springer DE ist Teil der Fachverlagsgruppe Springer Science+Business Media
www.springer-vs.de

Inhalt

Vorwort

Die beiden Bücher „Sozialer Raum und Soziale Arbeit“, das „Textbook“ zu den theoretischen Grundlagen der Sozialraumorientierung und das „Fieldbook“ zu den Methoden und Techniken, liegen nun in der dritten Auflage vor. Das Denken in sozialen Räumen statt in Individuen scheint als Antwort auf gesellschaftliche Fragen wie Inklusion/Exklusion von Gruppen der Bevölkerung akzeptiert und als Reaktion der Sozialen Arbeit auf professionelle Fragen erfolgreich zu sein.

Sozialraumorientierung hebt die klassische Abgrenzung von Fallarbeit, Gruppenarbeit und Gemeinwesenarbeit auf und integriert die Arbeitsformen der Sozialen Arbeit zu einem mehrschichtigen Ansatz. Die Frage „Was ist der Fall?“ wird so neu beantwortet: Die dominante Beschränkung auf das Individuelle wird aufgegeben und die Relation von Menschen im Sozialen Raum an die Stelle des klassischen Falls gesetzt. Der „Fall“ ist dann die Funktionalität des Hilfesystems, die Potenziale von Stadtteilen, die Ressourcen von Netzwerken, der kommunalpolitische Verteilungsdiskurs und auch, aber nicht mehr nur, eine Lebensgeschichte: Das ist der Kern.

Die Verbindung von Fall, Feld, Organisation und Sozialstruktur eröffnet einen mehrdimensionalen Sozialen Raum, den wir nicht nur theoretisch sondern auch methodisch begehbar machen wollten. Das Textbook erklärt im Wesentlichen, was warum zu tun ist, und das Fieldbook, wie es getan werden kann.

Beide Bände sind von uns gründlich überarbeitet worden. Geblieben ist der Versuch das Thema „Sozialer Raum und Soziale Arbeit“ als systematische Einführung zu erschließen und dabei auch einen Überblick über die konkreten Verfahrensweisen und Methoden im Praxisfeld zu geben. Hier haben uns die positiven Rückmeldungen aus der Praxis bestärkt. Verändert haben wir vor allem die ersten Kapitel: Die akademisch orientierten Einordnungen und vielfachen Systematisierungen der Sozialraumorientierung in der Sozialen Arbeit haben wir ersetzt durch eine noch schärfere Profilierung unseres mehrdimensionalen Ansatzes. Aktuelle Themen des Fachdiskurses in den Sozialwissenschaften und in der Sozialen Arbeit haben diese Beschreibung der Sozialraumarbeit als unverzichtbaren Ansatz in allen Praxisfeldern noch stärker gestützt.

Didaktische und stilistische Veränderungen gehen zurück auf detaillierte Rückmeldungen von Studierenden der Katholischen Fachhochschule Berlin, für die wir uns bedanken – besonders bei Nicole Ehmke. Vom Effekt dieser Überarbeitung profitiert hoffentlich die gesamte Leserschaft dieser neuen Auflage.

Die beiden Bücher konnten nur möglich werden durch das Vor- und Mitdenken und die Praxis einer Vielzahl von Kolleginnen und Kollegen, mit denen wir seit Jahren zusammenarbeiten. Wir verdanken ihnen Erfahrungen und Fallbeispiele, die sie mit uns diskutiert haben und die es uns möglich gemacht haben, Sozialraumorientierung im sozialarbeiterischen Alltag darzustellen.

Wir Autoren stehen in einer langen Kette von Denkern und Akteuren der Sozialen Arbeit, die die Bedeutung des Sozialen Raums in ihrer Arbeit herausgestellt und begründet haben. Die Triebfeder für unser Anliegen ist es, Soziale Arbeit in den gesellschaftlichen Raum hinein weiter zu entwickeln und dies so anschaulich wie möglich auszuarbeiten. Wir sind dankbar für viele Kooperationen und Diskussionen, für Anregungen und kritische Hinweise, die uns bei dieser Arbeit geholfen haben.

Der VS Verlag war uns ein angenehmer Partner. Vor allem unsere Lektorin, Frau Laux, hat den Weg dieser beiden Bücher bis in die vorliegende dritte Auflage sehr hilfreich begleitet.

Wolfgang Budde, Gudrun Cyprian, Frank Früchtel
Bamberg, Nürnberg und Berlin Januar 2012

1 Sozialer Raum und Soziale Arbeit

1.1 Punks in C.stadt

„Haste mal 'nen Euro?" Auf diese Frage reagieren vorbeigehende Einheimische und Touristen ganz verschieden. Mal hört die Gruppe aus Punks ein kühles „Nein", mal wird stoisch weggeguckt, um sich dann aus sicherer Distanz über Haare, Weinflaschen und Hunde zu empören. Ab und zu gibt's einen Euro. Die Gruppe besteht aus elf jungen Frauen und Männern. Sie treffen sich regelmäßig auf der Brücke, die auch für Bürger wie Touristen ein attraktiver Ort ist. Das Zentrum der etwas verschlafenen Mittelstadt ist wegen des barocken Ambientes ein Schmuckstück. Neben der Brücke liegen die 1A-Lagen des Einzelhandels und eben oft auch bis zu sieben Punks herum. Drei Frauen gehen vormittags in die Schule. Die anderen sind arbeitslos. Die Punks sind ein Ärgernis: löchrige Hosen, Piercing „bis zum Abwinken", drei Schäferhunde, Bierdosenbatterien aus nicht regionaler Herstellung. Weder Stadtverwaltung noch Bürger können sich an sie gewöhnen. Citymarketingverein und Einzelhändlerverband hatten gehofft, das Problem bewältigt zu haben. Auf ihre Initiative hatte der Stadtrat eine Freiflächennutzungssatzung erlassen, die es verbietet in der barocken Innenstadt Alkohol im Sitzen zu trinken. Die Satzung gilt noch, greift aber bei der Punkgruppe nicht so recht. Dreimal täglich fuhr die Polizei vor, stellte die Ordnungswidrigkeit fest und verfrachtete die Punks per Kleinbus an den Stadtrand. Eine Stunde später war die Gruppe wieder im Zentrum, nun entweder unter der Brücke, am Busbahnhof, am Bratwurstwagen oder gar am Klohäuschen, wo der Stadtrat einen „Spielpunkt" hat umsetzen lassen: Wasserspiele sollen Kinder von ihren einkaufsgestressten Eltern ablenken. Nun sitzen die Punks dort. Die Toilette ist eben nicht nur für Eltern praktisch. Die Verwaltung tut sich schwer. Der ASD fühlt sich nicht zuständig und der Jugendpfleger besteht auf Freiwilligkeit bei Angeboten, zu denen man die Punks „tragen" müsste. Die Streetworker verweigern sich der „Auftragspädagogik von Deichmann und Karstadt", finden aber die Punks, die die Stadtbürger so verschrecken, interessant.

Poldi, 20 Jahre, ist Wiener. Seinen Schmäh setzt er wirkungsvoll zum „fund raising" ein. Er ist selbsternannter König der Flaschensammlerszene und bringt es im Sommer auf über 50 Pfandflaschen am Tag. Konkurrierende SGB-XII-Empfänger respektieren seinen „Bezirk".

Steffi ist 17 Jahre, noch nicht lange auf der Brücke und kommt aus einer angesehenen Familie. Sie hat eine spendable Oma, die den Besitzer des Brückenkiosks „aus alten Tagen" kennt. So dürfen ihre Freunde Schlafsäcke und Decken dort lagern.
Jan, 19 Jahre, ist die Autorität in der Gruppe. Er bremst schon mal, wenn ein Gruppenmitglied den „Spaßfaktor zu krass erhöht" und mit verdrehten Augen auf einen Bürger zusteuert, der sich über die demonstrativ zur Schau gestellte Muße der Brückenbesetzer echauffiert. Jan jobt stundenweise im Kaufhof und versteht sich mit dem Chef der Marketingabteilung, seit er den Mann mal nach einer Geburtstagsfeier zum Taxi gestützt hat. Sie haben später entdeckt, dass sie beide Macks liebenswerten Nonkonformismus im Roman „Straße der Ölsardinen" bewundern, Jan demonstrativ auf seiner Brücke, der Werbemann innerlich in der allwöchentlichen Abteilungsleiterbesprechung.
Celine, 19 Jahre, hat FOS-Abschluss. Der Notenschnitt war mäßig, die Bewerbungen um Ausbildungsstellen als Kauffrau erfolglos. Ihr Vater, bei dem sie lebt, nervt. In der Gruppe fühlt sie sich wohl und ist anerkannt. Sie organisiert gut, kennt leere Häuser zum Übernachten und stellt sich redegewandt zwischen die Freunde und die Polizei. Die Polizisten mögen Celine, weil sie versteht, wie instrumentalisiert sich die Beamten fühlen, wenn sie im Auftrag der „Schreibtischkollegen" Ordnungswidrigkeiten sammeln.

Die Streetworker lassen sich und den Punks Zeit. Als sie einmal etwas mit Touristen „regeln", die sich abfällig über die Punks äußern, bricht das Eis. Dennoch respektieren sie, dass auf der Brücke nicht nach Schule, Ausbildung, Familie gefragt wird, beobachten allerdings genau, was die Punks „im Kreuz" haben: Kontakt zu Polizei, Marketingchef, Kioskbesitzer, Pfandflaschensammel-Monopol etc. Nach einer ruppigen Sammelaktion der Polizei gewinnen sie die Punks – und in einem separaten Treffen auch den Oberbürgermeister – dafür, sich mal auszusprechen, denn sie halten die Frage, wie viele Brückenbesitzer die Stadt aushält, für durchaus von öffentlichem Interesse. Die Punks bekommen eine Einladung in den Jugendhilfeausschuss. Celine und Jan erzählen dort ihre Geschichte von der Brücke, hören sich aber auch die Verständnislosigkeit mancher Stadträte diszipliniert an. Die beiden beeindrucken durch ihr höfliches, aber keineswegs duckmäuserisches Auftreten. Sie vertreten „ihre" Ansicht selbstbewusst: Die Brücke ist ein toller Platz. Die Punks tun anderen nichts. Dass getrunken wird, stört in C.stadt bei der Innenstadtkirchweih und am Weihnachtsmarkt auch niemand. Dem Kioskbesitzer etwas abzukaufen ist Mittelstandsförderung, fügt Jan beredt hinzu. Die Presse berichtet wohlwollend und mit Fotos: Zwei Punks auf der Referentenbank im Rathaus. Das entspannt das Verhältnis zur Polizei und macht der Gruppe den Vorteil deutlich, mit den „Fettärschen über Politik zu reden". Das Ergebnis ist aber eine Art Duldung, die den Punks Ruhe und der Polizei ein liberales Image verschafft.

Angestoßen von den Streetworkern entschließt sich die Gruppe zu einem weiteren Schritt. Mit Hilfe von Jans Marketingmann entstehen Punk-Poster im A1-Format. Steffi, Poldi, Jan, Celine und die anderen bekommen je ein Plakat, das sie vorstellt: Wie sie heißen, woher sie kommen, was sie können, was sie mit ihrem Leben wollen. Die gerahmten Poster werden an die Brückenseite des Kiosks geschraubt. Sie sind professionell gemacht und ziehen die Aufmerksamkeit der Bürger auf sich. Das differenziert den Blick der Passanten auf die Punks und schafft Gelegenheiten zu Gesprächen. Nachdem die Lokalpresse die Fortsetzungsstory gebracht hat, bekommt auch die kommunale Jugendpflege Wind von der Aktion. Eine von der Jugendhauszentrierung etwas genervte Praktikantin hat die Idee, wie alle jungen Leute dieser alten Stadt sichtbarer werden könnten. Sie hat oft erlebt, wie die Türken, Libanesen, Kroaten, Russlanddeutschen sich in den geschützten Räumen des JuZ möglichst „unsichtbar" für die einheimische Bevölkerung machen möchten. „C.stadter Plakatwände für Portraits C.stadter Jugendlicher", „der Vielfalt der Jugend ein Gesicht geben" und schließlich der Projekttitel „Das junge Gesicht C.stadts" sind die Formeln, mit denen sie die Kollegen für das Projekt gewinnt. Im Fotolabor des JuZ entstehen Prototypen für die geplanten Plakatwände. Einige Stammbesucher motzen, dass nun schon Punks Zutritt haben, aber drei junge Türken, die im Fotolabor mitmischen, signalisieren, dass die „schon in Ordnung seien". Es sind übrigens die Punks, die solche Bilder, auf denen die ersten abgelichteten Jugendlichen sich besonders in Pose werfen, absolut peinlich finden und entschlossen rauswerfen.

Dann wird das Projekt für alle viel Arbeit. Der Zugang zu den Schulen, Betrieben, Jugendtreffs, Jugendverbänden, Flüchtlingsunterkünften und die Auswahl der „Modelle" dort bringt allen Jugendlichen eine Menge Kontakte und Erfahrungen ein. Celine blüht als rechte Hand des Projektmanagements zu Höchstform auf, hat alle wichtigen Termine im Kopf und fertigt gigantische Organisationspläne an. Die Praktikantin, ihr Anleiter, Jan, Steffi und zwei Jugendliche aus dem JuZ besorgen die Projektfinanzierung bei den C.stadter Firmen – mit leicht verändertem Slogan „Ham Se mal 5.000 Euro?" Jans Marketingchef bereitet die Sponsorengespräche ein paar Etagen höher vor. Steffis Oma hetzt alle ihre Vereine zur tatkräftigen Unterstützung auf. Endlich kann sie auch mal mit ihrer Enkelin beim Kaffeekränzchen „angeben“. Weder der „Club moderner Hausfrauen“ noch die Herren der IHK entkommen dem Charme der alten Dame. Der kommunale Jugendpfleger plant Aktionen zur „Rahmung“ der Plakatierungen: Gespräche mit C.stadter Unternehmern über ihre Ideen, wie sie zusätzliche Ausbildungsplätze schaffen, ein Presseclub mit ausländischen Geschäftsleuten, die Patenschaften für ausländische Jugendliche übernehmen. Jugendliche und Profis kommen zusammen ständig auf neue Ideen …

1.2 Dimensionen des Sozialen Raums in der Sozialen Arbeit

Die Rede vom Sozialraum stellt die Konstruiertheit des Raumes in den Mittelpunkt und macht ihn damit zum Produkt sozialer Prozesse (Genaueres dazu im Kapitel „Sozialer Raum“ am Ende des Buches). Je nachdem, auf welche sozialen Prozesse man sich bezieht, gelangt man in unterschiedliche Räume. Diese Differenzen entsprechen gewohnheitsmäßig geprägten Wahrnehmungsschemata und aktuellen Interessenlagen. Verschiedene Wahrnehmungs- und Handlungsebenen des sozialen Raums können im einführenden Fall der „Punks“ auf der Brücke entdeckt werden; die Sozialarbeiter in dieser Fallgeschichte haben sie genutzt.

(1) Geht man vom *Individuum* aus, so kommt man zu *subjektiven Wirkzonen*. Der Mittelpunkt dieses Raumes ist die eigene Person. Die Orte und Gegenden der Wirkzone sind auf den jeweiligen Raumkonstrukteur bezogen. „Der konkrete Raum ist ein anderer; je nach dem Wesen, dessen Raum er ist, und je nach dem Leben, das sich in ihm vollzieht. Er verändert sich mit dem Menschen, der sich in ihm verhält, verändert sich mit der Aktualität bestimmter Einstellungen und Gerichtetheiten, die – mehr oder weniger augenblicklich – das ganze Selbst beherrschen.“ (Bollnow 2004, S. 21) Solche Räume trägt der Einzelne mit sich herum wie eine Schnecke ihr Haus. Die Wirkzone als die räumliche Dimension der Lebenswelt beeinflusst Interaktions- und Teilhabechancen. Wichtig sind Netzwerke, Verwandtschaften, Nachbarschaften, Organisationen und Orte, wo sich Vernetzungen kristallisieren. Einzelne beurteilen den Sozialraum als Wohnort, Interaktionsraum und Infrastruktur für den Alltag, aber auch in seinen symbolischen Qualitäten als Heimat, Möglichkeitsspielraum und Identitätsvermittler. An der individuellen Wirkzone wird Integration und Segregation deutlich, auch wenn sie andernorts „erzeugt“ wird. So existiert die Wirkzone nicht im „leeren Raum“, sondern wird beeinflusst von Verkehrswegen, Mietpreisen, kommunalen Ordnungen, infrastruktureller Ausstattung u.v.a.

Die Punks auf der Brücke sind auf den ersten Blick eine Gruppe von ähnlich gestylten und befremdlich agierenden Jugendlichen. Die Gruppe nutzt die individuellen Unterschiede: Poldi spielt beim „Schnorren" bewusst mit seiner österreichischen Herkunft. Seine gezielt eingesetzte charmant-schnoddrige Sprache weicht die angesprochenen Touristen oftmals erfolgreich auf. Poldis witzige Sätze scheinen angenehme Erinnerungen an den Urlaub in Österreich zu wecken. Die Begegnung mit ihm wird nicht in erster Linie als „Anmache", sondern als amüsante Situation eingeschätzt, und die Touristen zücken den Geldbeutel oder geben zumindest eine ebenfalls heitere Bemerkung zurück.
Die Streetworker nehmen die Gruppe und die Einzelnen in gleicher Weise ernst. Sie registrieren zum Beispiel schnell die unterschiedlichen sozialen Räume der Mädchen und der Jungen: Die Mädchen kommen meistens erst am Nachmittag auf die Brücke, am Vormittag scheinen sie als selbstverständlichen Alltag die Schule und den Schulbesuch zu akzeptieren. Für die männlichen Jugendlichen ist die Brücke wohl eher „Wohnzimmer" und „Hof" geworden, und dennoch haben auch sie sich unterschiedliche soziale Räume erschlossen: Jan als anerkannte Autorität in der Gruppe darf am stärksten das Geschehen auf der Brücke steuern. Er kann von seinem „Stammplatz", auf der Brüstung sitzend, „von hinten" durch knappe Kommentare und Anweisungen eingreifen. Er hat aber auch durch seine Kontakte über die Szene hinaus eine andere soziale Topografie im Kopf als seine Freunde. „Die da oben" – Politiker, Chefs, Profis – sind für ihn nicht so weit entfernt wie für die anderen Punks. Die Streetworker nutzen mit ihrer Empfehlung einer ersten Plakataktion diese Spannung zwischen Gruppe und individueller Person: Die bedrohlich wirkende Clique auf der Brücke, die in der Wahrnehmung der Bürger provokant viel Raum besetzt, wird durch die einzelnen Poster in unterschiedliche Personen aufgelöst. Jeder in der Clique bekommt ein eigenes Gesicht, eine ganz eigene Biografie, individuelle Wünsche und unverwechselbare Kompetenzen.

(2) Es gibt auffällige Überlappungen von subjektiven Wirkzonen an Orten, die für viele bedeutungsvoll sind (vgl. Schütter 2005, S. 181ff). Sich dort auszukennen und präsent zu sein kann für Sozialarbeiter wichtig sein. Konstruktionsprinzip dieser „Überlappungs-Räume" ist soziale Nähe, und Sozialraum ist damit das Ergebnis von *Vernetzung und Abgrenzung*. ‚Menschen situieren sich durch ein System von Wegen, das durch die Beziehung zwischen ihnen entsteht', sagt Sartre. Indem man an den Freund in Singapur denkt, entwirft man, was man die Straße nach Singapur nennen könnte. Nachbarschaften sind Räume, die durch Beziehungen entstehen. So dehnen sich z. B. Spielmög-

lichkeiten von Kindern plötzlich auf viele Gärten und Wohnzimmer aus. Das beachtlichste Potenzial dieser *Netzwerk-Räume* steckt in der Möglichkeit zur gemeinsamen Aktion: Menschen schließen sich zusammen und eignen sich die Straße während des Straßenfestes an, Verbindungen zwischen Mietern machen aus einzelnen Parteien wirkungsvolle Gruppen.

Den sozialen Raum von Netzwerken kann man einmal konzipieren als die Verbindungen zwischen Individuen und als die Potenziale, welche in diesen Verbindungen stecken. Bildhaft sähe das dann aus wie durch Tunnel verbundene Hohlräume. Außerhalb dieser Knotenpunkte ist kein Raum aus der Perspektive des jeweiligen Netzwerkes. Andererseits lässt sich der Sozialraum eines Netzwerkes auch als Aneignungs- oder Enteignungsprozess verstehen: Wenn es einer Clique von Jugendlichen z. B. gelingt, ein Jugendzentrum zu „übernehmen", oder wenn eine Gruppe alleinerziehender Mütter einen kooperationsunwilligen Pfarrer durch humorvolle Kontaktanzeigen dazu bringt, doch einen Teil des Gemeindehauses abzutreten, oder wenn es eine Gruppe von Punks schafft, über die beherzte Vertretung ihrer Anliegen den Stadtrat von einem elastischen Umgang mit den engen Regelungen einer Freiflächennutzungssatzung abzubringen und so ihren angestammten Treffpunkt in der Fußgängerzone erhalten kann.

Die Fallschilderung enthält viele Beispiele dafür, wie die Clique, die ja selbst ein Netz von Austauschbeziehungen darstellt, ihre Beziehungen nutzt – zur Erleichterung des Alltags ebenso wie für die Erreichung strategischer Ziele. Aber auch die Professionellen erweitern ihre eigenen Handlungsspielräume konsequent durch Netzwerkarbeit: Sie nutzen das institutionalisierte Netzwerk des formalisierten Arbeitskreises der kommunalen Jugendarbeiter. Hier laufen ständig Informations- und Abstimmungsprozesse zwischen den Sozialarbeitern vom Jugendamt, den Jugendzentren und -treffs, den Streetworkern, den Mitarbeitern des Spielmobils usw. Für das große offensive jugendpolitische Projekt „C.stadt hat eine junges Gesicht" aktivieren die Sozialarbeiter Beziehungen zu Institutionen und Einflusszonen, die nicht gerade zu den alltäglichen Eckpunkten der Jugendarbeit zählen. Zugunsten der gemeinsamen Vision werden ganz neue, bisher „ungedachte" Brücken geschlagen.

(3) Rückt man die Binnenstruktur und die Austauschbeziehungen von *Organisationen* ins Zentrum der Betrachtung, öffnen oder schließen sich Räume durch deren Aufgabenstruktur. Wann, wo, für wen und für was man offen ist, wird nicht nur durch Zuständigkeiten und professionelle Spezialisierungen markiert, sondern auch über die Gestaltung des Zugangs zu den Leistungen.

Hierbei können sich Organisationen um die lebensweltnahe Gestaltung ihrer Angebote bemühen, und sie können die Zugänge – unter Nutzung der Hilfeerfahrungen ihrer Adressaten – gemeinsam mit diesen konstruieren. Sozialräume entstehen also für Organisationen, wenn sich die Organisationen für Themen, Bedürfnisse und Zugänge zuständig machen oder sie eben ausfiltern. So fragte einmal ein Mitarbeiter einer heilpädagogischen Tagesgruppe, wo denn das „Berggebiet" sei (so heißt der Stadtteil, in deren Mitte die Einrichtung liegt) und machte deutlich, dass der Sozialraum hier auf die Gruppenstruktur reduziert wurde. Welche Adressaten welche Erwartungen an eine Organisation haben dürfen, sind Faktoren, die Organisation als sozialen Raum beschreibbar machen.

> Im Fall der Punks dauerte es seine Zeit, bis sich eine Institution für die Punks auf der Brücke zuständig fühlte. Bei einem neuen sozialen Problem in der Stadt ist die präzise Adressierung von Spezialisten schwierig: Welche Merkmale bestimmen Zuständigkeit und Zugang – die räumliche Lage der Brücke, das Alter der Punks, die soziale Zusammensetzung, ihr Verhalten im Urteil welcher Beobachter, die Folgen ihres Aufenthalts auf der Brücke für Touristen, Ladenbesitzer, Hundebesitzer, ältere Bürger, Kinder usw. oder der mehr oder weniger zufällige Erstkontakt zu irgendwelchen Profis? Für das weitere Schicksal der Punks auf der Brücke war entscheidend, dass durch die Vermittlung von Sozialarbeitern die Stadt den Jugendlichen einen Auftritt im Jugendhilfeausschuss eingeräumt hat.

Zuständigkeiten von Verwaltungen sind auch verantwortlich für die administrative Zergliederung von kommunalen Gebieten. Es entstehen Steuerungs- und Planungsräume, die quasi das Gegenstück zur inhaltlichen Spezialisierung der Verwaltungen bilden und zum „integrierenden Element für eine Vielzahl kommunaler Sektoren werden können." (Hinte 2005, S. 549) Solche sozialen Planungs- und Steuerungsräume können die „klassischen Steuerungsdimensionen Fall, Immobilie oder Abteilung" sozialräumlich ergänzen (ebd. S. 549). Raum ist hier in erster Linie Macht- und Entscheidungsraum, Gestaltungs- und Interventionsraum.

Auch die Austauschbeziehung zwischen öffentlichen und freien Trägern lassen sich sozialräumlich organisieren und dadurch effektivieren. Wenn beispielsweise ein Mittelstadtjugendamt seine Fälle nicht mehr auf 30 *verschiedene* Erziehungshilfeträger verteilt, sondern mit wenigen raumverantwortlichen Trägern zusammenarbeitet, entwickeln sich die Möglichkeiten der Einflussnahme des öffentlichen Trägers von einer Exit- zu einer Exit- und Voice-Steuerung (vgl. Hirschmann 1974).

Schließlich werden Gebiete auch durch das Vorhandensein von Organisationen als spezielle Räume geprägt. Eine gute Ausstattung mit sozialer Infrastruktur, mit Geschäften und Kneipen gibt einem Sozialraum eine andere Prägung als eine triste Industrie- oder Wohnsilokonzentration. Organisationen prägen Sozialräume und sind gleichermaßen ihre gebietsrelevanten Schatztruhen. Es macht einen Unterschied für die sozialräumliche Arbeit in Zuffenhausen, dass Porsche dort produziert. Genauso kann eine Schule für die lokale Ökonomie etwas tun, indem sie ihren laufenden Unterhaltsbedarf in ihrem Stadtteil einkauft. Soziale Arbeit ist effektiver, wenn sie vor Ort über eine solche Schatztruhen-Perspektive und -Kartei verfügt. Für Geschäfte, Kirchen, Verbände oder Soziale Organisationen ist der Sozialraum das Einzugsgebiet für Kunden, Arbeitnehmer, Mitglieder oder Zielgruppen.

Das benachbarte Jugendzentrum erweist sich im Fall der Punks als ein besonders ertragreicher Teil der jugendarbeiterischen „Schatztruhe": ein gut ausgestattetes Fotolabor, Besucher, die sich vom großen Plakatierungs-Projekt begeistern lassen, Mitarbeiter, die ihre Qualifikationen für die Sponsorensuche und die Projektorganisation einbringen, ein Büro als „Schaltzentrale" usw.

(4) Ein Konzept, das die Verteilung von Macht und Besitz als Koordinaten des Raumes begreift, entwirft Bourdieu, der die Objektivität der *Sozialstruktur* (die sich z. B. in Statistiken zu Einkommensverteilung, Bildungsniveaus, Erwerbsbeteiligung, sozialen Milieus etc. niederschlägt) im Verhältnis zur Subjektivität der mentalen Strukturen zu analysieren versucht (Bourdieu 1991a). Der soziale Raum besteht für ihn aus der relationalen Anordnung von Menschen und Gruppen im permanenten Verteilungskampf (Löw 2001, S. 181). Die Situation der Akteure, z. B. herrschend oder abhängig, wird bestimmt durch ihre Position im sozialen Raum, den Bourdieu wie ein Spielfeld beschreibt: Stärke und die Spielstrategien der Personen hängen ab vom ökonomischen, kulturellen und symbolischen Kapital (Bourdieu 1983, S. 183), welches sie und andere besitzen. Der physische Raum ist verobjektivierter sozialer Raum, nämlich das Ergebnis des Verteilungskampfes unterschiedlicher Akteure mit unterschiedlichen Chancen der Aneignung (vgl. Bourdieu, 1991b, S. 29): „Es ist der Habitus, der das Habitat macht." (ebd. S. 32) In den „Feinen Unterschieden" beschreibt Bourdieu (1991a) minutiös, wie durch Verteilung und Kumulation von kulturellem, ökonomischem und sozialem Kapital Räume entstehen, die von unterschiedlichen Milieus beherrscht werden. Solche Ungleichheitsräume tendieren zur sozialen Schließung. Man kommt dort, wo man nicht hingehört, schwer rein und von dort, wo man ist, nicht einfach weg. Geographische Nähe

korreliert mit sozialer Nähe, weil letztere erstere schafft. Wir fühlen uns in den Straßen daheim bzw. sicher, deren soziales Leben dem unserer Straße ähnelt. So ist es auch nicht verwunderlich, dass es räumliche Konzentrationen von ähnlichen Lebensstilen gibt. „Das System räumlicher Gliederungen erstreckt sich über die verschiedenen Schichten der Sozialwelt“ (Schütz/Luckmann 1979, S. 68); und geographische Nähe und Distanz repräsentieren auch Vertrautheit bzw. Fremdheit. Soziale Differenzierung hat Auswirkung auf geographische Gliederung, und diese wiederum macht soziale Differenzierung erfahrbar. ‚Räumliche Strukturen sind soziale bzw. gesellschaftliche Strukturen‘, folgern Schütz und Luckmann in ihrem Klassiker „Strukturen der Lebenswelt“. Wenn die Achsen des physikalischen Raums Länge, Breite und Höhe sind, dann ist der Soziale Raum aus dieser Verteilungsperspektive aufgespannt zwischen Macht, Besitz, Bildung und Status[1].

In unserem Fall lässt sich die sozialstrukturelle Ebene mehrfach aufspüren. Das zentrale Gut im sozialräumlichen Verteilungskampf ist der weltkulturerblich geschützte Platz auf der Brücke. Dürfen die Punks einfach nahezu täglich dort ihr Lager aufschlagen, sehen, sitzen, trinken, reden, betteln? Die vertrauten Straßenmusikanten wechseln wenigstens ihre Standorte und erscheinen trotz oftmals ebenfalls auffälliger Kleidung viel weniger fremd und anstößig. Der Staat setzt seine Machtmittel ein, z. B. Recht. Die Vorschrift in der „Freiflächennutzungssatzung“ – „auf öffentlichen Plätzen und Straßen ist der Verzehr von Alkohol im Sitzen verboten“- soll vor allem wohnungslose Menschen von ihren Treffpunkten vertreiben. „Sie werden so zum ständigen Umrunden der Parkbänke genötigt, wenn sie eine Bierflasche in der Hand haben“ – so ein Sozialarbeiter aus einer „Wärmestube“. Diese Regel soll jetzt auf die Punks angewandt werden. Der Einsatz von Videokameras und Polizeipräsenz zählen zu den Überwachungsstrategien. In unserem Fall greifen sie immer nur kurzfristig, „situativ“: In kurzer Zeit sind die Jugendlichen zurück oder wechseln geschmeidig zwischen benachbarten Plätzen. Mit einer Art „Duldung“ erreichen die Jugendlichen nach ihrem Auftritt im Jugendhilfeausschuss einen entscheidenden rechtlichen und symbolischen Vorteil.
Ein weiterer sozialräumlicher Verteilungskampf wird in der kommunalen Jugendpolitik geführt. Hier geht es um die Verteilung der knappen Güter „öffentliche Aufmerksamkeit“ und „politischer Handlungsbedarf“. Die Jugendarbeiter setzen auf Sichtbarmachung der Punks als Bürger, gehen

1 Vergleiche dazu auch die systematische Zusammenstellung der Schichtung Sozialer Räume inklusive der dazugehörigen Methoden der Sozialraumanalyse in Riege/Schubert 2002, S. 37-42).

mit ihrer Plakatierungsaktion in die Konkurrenz mit den üblichen kommerziellen Werbeträgern. Die Stadtreklame muss Plakatwände „freikaufen“ und die Jugendlichen mischen sich in die Gestaltung ihres öffentlichen Gesichts ein. Bewusst werden von den Plakatwänden nicht nur „einheimische“ Gesichter lächeln, vielmehr werden alle ethnischen und subkulturellen Zugehörigkeiten der jungen Einwohner„ins Bild gesetzt“. Die am Projekt beteiligten Jugendlichen haben eine gewichtige Stimme bei allen Entscheidungen. Die Aktionen parallel zur Plakatierung machen die Verteilungsprozesse besonders knapper Güter wie Ausbildungsplätze, Arbeitsplätze, Freizeiträume, positive mediale Aufmerksamkeit usw. für Jugendliche transparent. Vielleicht gelingt es, die Position der Jugendlichen in der Stadt zu stärken und sie zu einem wichtigen Akteur im politischen, ökonomischen, sozialen und kulturellen Geschehen zu machen.

2 Sozialraumorientierung

2.1 Sozialraumorientierung als integrierender Ansatz

Unter dem Titel „Nachbarn an die Macht" veröffentlichte der Berliner Tagesspiegel (18.1.2009) ein Kapitel aus einem Buch des Chicagoer Community Organizers Barack Obama (1990). Darin steht, Nachbarschaften könnten eine Menge Problemc lösen, und wo sie es nicht alleine könnten, trüge ihre Mitarbeit erheblich zur Wirkung und Nachhaltigkeit professioneller Lösungen bei. Vielleicht sind Nachbarn, Bekannte und Bürger ein wichtiger „Einrichtungstyp" (Peukert 2005), den die Soziale Arbeit noch gar nicht entdeckt hat. Vielleicht ist die Vision des amerikanischen Gemeinwesenarbeiters sogar zweckdienlicher als unser im Zuge der Industrialisierung erfundenes professionelles Hilfemonopol.

Damals wurden für die Schwachen „bessernde", später fördernde Institutionen erfunden: das Arbeitshaus, die Psychiatrie und später die Heime für Kinder, für Menschen mit Behinderung, für Alte. Die helfenden Berufe waren von Anfang an – von einigen Ausnahmen abgesehen – nicht für Integration, sondern für Aussonderung zuständig, die als das fortschrittliche Hilfeprinzip nach wissenschaftlichen Maßstäben angesehen wurde. Es galt quasi: stationär vor ambulant. Deswegen können die Hilfewissenschaften und Hilfeprofessionen heute unendlich viel, aber sie können nicht integrieren. Das können nur die Bürger(innen), aber die haben das Helfen den Berufshelfern überlassen mit dem Ergebnis, dass es uns Hilfeprofis heute, nach 100 Jahren desintegrierender Hilfeverberuflichung, schwer fällt, für Integration, für Zusammenhalt, für Engagement oder sozialarbeiterischer: für Hilfe zur Selbsthilfe zu sorgen.

Der Kern der sozialräumlichen Theorie ist die Infragestellung dieser etablierten Struktur-Merkmale unseres Hilfesystems und wurde von *Wolfgang Hinte* auf *fünf methodische Prinzipen* gebracht.

1. Konsequenter Ansatz am Willen und an den Interessen der Betroffenen. Die Betroffenen legen fest, was sie wollen und werden nicht darauf festgelegt, was sie brauchen. Die Betroffenen steuern den Prozess der Hilfeerbringung, weil es ihr Wille ist, der „die Leuchtfeuer setzt" (Hinte/Tress 2006, S. 47).
2. Aktivierende Arbeit und Förderung von Selbsthilfe haben grundsätzlich Vorrang vor betreuender Tätigkeit. „Die Fachkräfte tun möglichst nichts

ohne und vermeiden Aktionen für die Leute." (Hinte/Lüttringhaus/Oelschlägel 2001, S. 77). Sozialstaatliche Leistungen können ihre Wirkung nur dann entfalten, wenn sie anschlussfähig sind an die Eigenkraft der Menschen, denen sie helfen sollen, weil sie zu deren Alltag passen müssen. Hilfe, die nur gibt und nichts erwartet, raubt den Menschen ihren Stolz. Wer aus eigenen Kräften etwas erreicht, entwickelt Selbstwertgefühl, Kraft und Hoffnung. Gute Sozialarbeit „hilft" dadurch, dass sie die Betroffenen zu den ausschlaggebenden Akteuren im Prozess macht, oder wie Alinsky es zutreffend formuliert hat: „To give people help, while denying them a significant part in the action, contributes nothing to the development of the individual. In the deepest sense, it is not giving but taking – taking their identity." (Alinsky 1972, S. 123)

3. Bei der Gestaltung von Hilfe spielen die Ressourcen der Menschen und des Sozialraums eine wesentliche Rolle. „Sozialraumorientierte Ansätze richten ihr Augenmerk immer auf die Stärken der Menschen, die sich oft sogar in den vermeintlichen Defiziten abbilden. (…) Räume, Nachbarschaften, Plätze, Natur, Straßen, aber auch die vorhandene Unternehmens- und Dienstleistungsstruktur im Quartier und darüber hinaus sind bedeutsame Ressourcen, die man nutzen und durch kluge Vernetzung effektivieren kann." (Hinte/Lüttringhaus/Oelschlägel 2001, S. 78)
4. Professionelles Arbeiten geschieht zielgruppen- und bereichsübergreifend. Das Ideal sozialräumlicher Arbeit ist nicht die „Behandlung" der „zur Zielgruppe degradierte(n) Randgruppe" (Hinte/Tress 2006, S. 72). Es geht um die Entwicklung von Arrangements, an denen sich *alle* Bürger beteiligen können, die Mehrfachnutzung und Aneignung von Immobilien zulassen, die nicht in Spezialsettings aussondern, sondern das Potential von Regeleinrichtungen für inklusive Hilfen nutzen.
5. Die Vernetzung und Abstimmung verschiedener Dienste ist die Voraussetzung für die Verwirklichung der oben beschriebenen Maximen. „Über vielfältige Foren (‚Vernetzung') werden im Wohnquartier tätige bzw. dafür zuständige (professionelle und ehrenamtliche) Akteure aus verschiedenen Bereichen angeregt, Kooperationen bezogen auf Einzelfälle, Gruppierungen und Aktionen abzusprechen und gemeinsame Projekte zu entwickeln und durchzuführen." (Hinte/Treeß 2006, S. 76). Diese Vernetzung geht weit über die Zusammenarbeit sozialpädagogischer Fachkräfte hinaus und schließt andere Professionen, Verwaltungsressorts, Wirtschaft, vor allem aber auch den Bereich der Vereine, Verbände, Kirchengemeinden, Initiativen und die nicht organisierten Bürger ein.

Die Sozialraumorientierung stellt damit in Frage, ob sich die Probleme einzelner Menschen allein durch Hilfe am einzelnen Menschen lösen lassen und thematisiert ob nicht ein viel weiterer Fokus von nöten ist (*Individualisierungskritik*). Weiter wird in Frage gestellt ob rein professionelle Hilfen überhaupt „Hilfe zur Selbsthilfe“ erzeugen können. (*Fachkräftemonopolkritik*) und ob die herausgebildete Spezialisierung im Verhältnis zu den durch sie entstehenden Kosten noch stimmig ist (*Effizienzkritik*). Sozialraumorientierung ist ein Ergebnis dieses kritischen Blicks auf die Soziale Arbeit. Im Sinne Becks (1993, 36) könnte man sie eine r*eflexive Theorie* nennen. Sie nimmt die Kritikpunkte selbstkonfrontativ auf und findet neue Lösungen, indem alte Konzepte wirkungsvoll kombiniert werden: Gemeinwesenarbeit, Empowerment, die Theorie des Sozialen Kapitals, das Konzept der lernenden Organisation, Aspekte der Neuen Steuerung und die Theorie der Lebensweltorientierung.

1. Der Fokus der *Gemeinwesenarbeit* sind die strukturellen Ursachen individuell erlebter und erlittener Probleme. Gemeinwesenarbeit versucht die Ursachen für Probleme, die oft in die Menschen hineindiagnostiziert werden und sie so erst zu „Klienten“ machen, auf *gesellschaftliche* Verhältnisse zurückzuführen. Das *Arbeitsprinzip der Gemeinwesenarbeit* (Oelschlägel 2001) versteht Betroffene nicht als einzelne Bedarfsträger, Leistungsberechtigte, Kranke oder Hilfesuchende, sondern sieht Menschen mitbestimmt von sozialen, ökonomischen, kulturellen, administrativen Verhältnissen. Wenn es gelingt, individualisierende Problemerklärungen zu überwinden und Betroffenenkooperation zu schaffen kann auf diese Verhältnisse eingewirkt werden (vgl. dazu die Zusammenstellung von wesentlichen Aufsätzen zur GWA in Hinte 2001).
2. *Empowerment* geht davon aus, dass Menschen Raum und Mut gewinnen, wenn sie ihre Angelegenheiten selbst in die Hand zu nehmen, ihre eigenen Kräfte entdecken, einzusetzen und den Wert selbst erarbeiteter oder solidarisch erkämpfter Lösungen schätzen lernen (vgl. Herriger 2002). Das Empowerment stellt die Selbstbestimmung, die Selbstkompetenz, aber auch die Selbstverantwortung der Betroffenen in den Mittelpunkt, ist expertenkritisch und Profilösungen gegenüber skeptisch, weil darin die Gefahr einer „entmündigenden Expertenherrschaft“ (Illich 1979) liegt, die Bedürfnisse und Hilfen nach den Plänen von Experten formt.
3. Die Theorie des *sozialen Kapitals* führt eine neue Währung ein, die es in der marktwirtschaftlichen organisierten Sozialen Arbeit noch nicht gibt, von der man aber annimmt, sie sei ein effektiver Hilfe- und Inklusionsfaktor: Mit sozialem Kapital ist das Gold, das in unseren Netzwerken steckt, gemeint, unsere Beziehungen zu anderen Menschen und die darin

vorhandenen Potenziale. Obgleich sich Soziales Kapital zwar weitgehend der rechtlichen und ökonomischen Steuerbarkeit entzieht und im Sozialstaat nicht vorgesehen ist, sind Menschen und Gesellschaften fundamental auf soziale Ordnung, die aus sozialen Beziehungen entsteht angewiesen. Rechtliche und wirtschaftliche Regelungen wirken zwar entlastend, neigen aber auch dazu Sozialkapital zu ersetzen und damit das Prinzip gegenseitiger Unterstützung auszuhöhlen, das sie ursprünglich hat zustande kommen lassen. Sozialem Kapital wird somit eine enorme gesellschaftliche Bedeutung zugesprochen und Wege zu seiner Erhaltung und Vermehrung gesucht (vgl. das beispielreiche Kapitel zu Sozialem Kapital in: Coleman 1991, 398-417; Putnam 2000; Budde/Früchtel 2005a, Fukuyama 2002).

4. Der Ansatz der *Organisationsentwicklung* betrachtet unsere Hilfeorganisationen (freie Träger, Verwaltungen, Einrichtungen, und ihr jeweiliges Reglement) als Ergebnisse sozialen Handelns und damit sinnbezogen konstruiert und zielbezogen veränderbar. Das Wesen einer zur „Organisation" gewordenen Verstetigung ist nicht nur Normierung, Qualität, Leistungsgarantie und Effizienz, sondern auch die Anpassungsleistung an sich permanent verändernde Umwelten der Organisation. Die Organisationsentwicklung betrachtet unsere Hilfeorganisationen nach dem Prinzip „form follows function". Wirksame Hilfe setzt Organisationen voraus, die sich ständig und unkompliziert verändern können, um ihre Lösungsarrangements auf jeden Einzelfall maßzuschneidern.
5. Im Konzept der *Neuen Steuerung* wird u. a. herausgearbeitet, dass die Kombination von fachlicher und ökonomischer Verantwortung den Fachkräften mehr Flexibilitätsspielräume ermöglicht und gleichzeitig auch deren Detailwissen kostensenkend wirkt. Sozialarbeiter, die eng mit Kooperationspartnern zusammenarbeiteten, können gut beurteilen, was deren Leistungen wert sind. Andererseits verfügen sie durch finanzielle Gestaltungsautonomie auch über mehr fachliche Spielräume und können Leistungsstandards variieren und neue Lösungswege erproben. Eine weitere wichtige Erkenntnis der Neuen Steuerung war, dass fachliche Haltungen und Methoden fundamental von der *Form* ihrer Finanzierung abhängen. Fast kann man sagen: „form follows funding". Eine einzelfallbezogene Finanzierung beispielsweise in Form von Fachleistungsstunden oder Pflegesätzen beruht auf dem Prinzip: je mehr und je länger Unterstützung geleistet wird, desto mehr Einkommen wird auf Seiten der Unterstützungsorganisation generiert und dies führt wiederum paradoxerweise dazu, dass Organisationen dafür belohnt werden, Hilfe zur Selbsthilfe zu verhindern oder hinaus zu zögern. Eine erfolgreiche Hilfe ist in dieser Finanzierungsform gleichzusetzen mit einem betriebswirtschaftlichen Misserfolg. Form follows funding meint,

dass die Art und Weise (nicht nur die Höhe), wie Sozialarbeit finanziert wird, großen Einfluss auf die Ergebnisse zeitigt. Ein weiterer Aspekt, den die neue Steuerung betont, ist die Vorteilhaftigkeit der Zusammenlegung von Fach- und Finanzverantwortung. Was im Leben normal ist, dass derjenige, der Geld ausgibt, es aus seiner eigenen Tasche tut und derjenige, der Geld ausgeben will, auch Geld haben muss, ist in der Sozialverwaltung nicht der Normalfall. Dort sind diejenigen, die Leistungen anordnen und diejenigen, die diese zahlen, zwei getrennte Einheiten. Deswegen kommt es mitunter zu unvorteilhaften Dynamiken: Wenn es nicht das eigene Budget ist, das man verbraucht, geht man weniger sorgfältig damit um, vor allem deswegen weil Sozialarbeiter in der Regel gar nicht wissen, welche Kosten fachliche Entscheidungen nach sich ziehen. Andererseits brauchen fachlich innovative Lösungen mitunter eine unkomplizierte und schnelle Finanzierung. Das geht meistens viel einfacher, wenn sie auch in der Hand desjenigen ist, der die fachliche Lösung verantwortet. In der Sozialraumorientierung spielen deswegen Finanzierungsmodelle und Controllingsysteme eine Rolle. Man geht davon aus, dass ein sozialräumliches Hilfearrangement ein ausgesprochen flexibles Finanzierungssystem braucht, das effizient sein wird, wenn es „Hilfe zur Selbsthilfe" und Engagement im Sozialen Raum für Hilfeorganisationen betriebswirtschaftlich sinnvoll macht.
6. Schließlich ist die Theorie der Sozialraumorientierung maßgeblich von der Theorie der *Lebensweltorientierung* beeinflusst, die kontraproduktive Effekte von Verrechtlichung, Institutionalisierung und Professionalisierung problematisiert und in der eigensinnigen Alltagskompetenz von Betroffenen ein ganz wesentliches Steuerungsprinzip professioneller Intervention sieht (Thiersch 2000).

2.2 Die Unterscheidung von Lebenswelt und System

Seit Mitte der 1970er Jahre ist ein neuer Trend, die sog. „Alltagswende", in den Sozialwissenschaften und der Sozialen Arbeit zu verzeichnen. Dabei spielten die neuen Sozialen Bewegungen (Frauenbewegung, Friedensbewegung, Ökologie und Selbsthilfebewegung) eine wichtige Rolle, weil sie die Handlungsmöglichkeiten des Einzelnen in den Mittelpunkt rückten. Damit war die Forderung verbunden, dass Menschen Subjekte der Hilfe, nicht Objekte von Hilfe sein sollten. Die Alltagswende wurde programmatisch im Begriff „Lebenswelt", der als kritischer Begriff konstruiert war.

Aus der *Vogelperspektive* wird Lebenswelt als die Sphäre begriffen, in der sich Probleme manifestieren, die ihren Ursprung in strukturellen Ungleichheiten der Verteilung von Besitz, Macht und Chancen haben. Individuen, die nicht über die notwendige Ausstattung zur Bewältigung ihres Lebensalltags verfügen, als die Verursacher ihrer Probleme zu sehen, ist aus Lebenswelt-Perspektive ein Kategorienfehler. Aus der *Froschperspektive* ist mit Lebenswelt die Sphäre gemeint, in die professionelle Systeme mit institutioneller Autorität und Ressourcen von außen eingreifen und den Betroffenen vorschreiben, wie sie gesund und richtig leben und erziehen sollen. Jürgen Habermas (1982) hat diese beiden Perspektiven in seiner Lebenswelt-System-Differenzierung miteinander verbunden. Er schlägt vor, Gesellschaft gleichzeitig als System und als Lebenswelt zu verstehen (vgl. Habermas 1981b, S. 183).

Lebenswelt versteht er als Konglomerat aus sozialer Herkunft, Gruppenzugehörigkeiten und Umfeld. Lebenswelt sind unsere alltäglichen zwischenmenschlichen Beziehungen: Partnerschaft, Elternschaft, Freundschaft, Verwandtschaft, Nachbarschaft, etwas verkürzt gesprochen unser alltägliches Netzwerk, in das wir als Personen eingewoben sind. Viele Wissensbestände und Ressourcen resultieren aus dieser quasi naturwüchsigen Einbettung. Die Lebenswelt leistet soziale Integration durch Sozialisation, in der Menschen tragfähige Identitäten herausbilden können und die Möglichkeit haben, sich an kulturellen Überlieferungen und Werten zu orientieren und Kommunikation, die Interessen und Handlungen verständigungsorientiert aufeinander abstimmt. Lebenswelt ist kommunikatives Gewohnheitshandeln. Wir reden miteinander und dadurch entsteht gegenseitiges Verstehen und Gemeinsamkeit.

Unterstützungsleistungen entstehen in der Lebenswelt durch Nähe, Betroffenheit und selbstverständliche Normen. Wir helfen, weil wir als Menschen in sozialen Beziehungen stecken und gute Eltern, Großeltern, Freunde, Geschwister, Kollegen oder Nachbarn sein wollen und weil es uns normal und richtig erscheint. Ein Rechtsanspruch besteht auf diese Hilfe zwar nicht, jedoch sind es genau diese Hilfebeziehungen, in denen wir uns aufgehoben, geborgen oder fachlich ausgedrückt „integriert" fühlen. Das ist deswegen der Fall weil lebensweltliche Hilfe mit Reziprozitätserwartungen verbunden ist. Es geschehen permanent Gegenleistungen, die zur Gemeinschaftsbildung führen und gleichzeitig die Geltung der zu Grunde liegenden Hilfenormen stärken.

Der Gegenpart (aber nicht Gegenspieler – auch wenn es so scheinen kann!) zur Lebenswelt ist in der Habermas'schen Terminologie das „System". Systeme sind das Ergebnis der gesellschaftlichen Arbeitsteilung: Verschiedene Systeme übernehmen spezifische Funktionen für die Gesellschaft wie das Wirtschaftssystem, das Bildungssystem, das Rechtssystem oder das Medizinsystem und handeln innerhalb ihrer Grenzen nach einer für das jeweilige Funktionssystem typischen Logik. Die Bürger sind auf diese Systemleistungen angewiesen, machen aber in ihren Interaktionen mit diesen Funktionssystemen (zum Beispiel in Krankenhäusern, in der Interaktion zwischen Arzt und Patient) die Erfahrung, dass dort Zweckrationalität und strategische Erfolgsorientierung das Handeln bestimmen.

Im System herrscht eine vollkommen andere Logik des Helfens vor. Geholfen wird nicht aus solidarischen, emotionalen Motiven oder Glaubensüberzeugungen, sondern weil Betroffene einen Rechtsanspruch darauf haben, der abgesichert ist durch Leistungs- und Entgeltverträge mit Trägern, die wiederum Arbeitsverträge mit den Hilfeexperten schließen und Hilfe mit Geld verrechnen: Je mehr Hilfe geleistet wird, desto mehr Geld fließt, bzw. andersherum: je weniger Geld da ist, desto weniger Hilfe gibt es. In diesem Verfahren braucht es eine entsprechenden Diagnose, die möglichst objektiv sein soll, d. h. möglichst wenig beeinflusst durch die subjektiv verzerrten Sichten der Betroffenen auf ihre Dinge. Über diese Diagnose können Rechtsanspruch und wissenschaftlich erprobte und dadurch notwendigerweise standardisierte Hilfeform verkoppelt und letztere installiert werden. Die beabsichtigten Effekte sind eine berechenbare Qualität, die der Logik der bedarfsfeststellenden Instanz folgt, und eine Hilfe im Einbahnstraßen-Format: Einer hilft, dem anderen wird geholfen.

Habermas folgert, dass moderne Gesellschaften durch Ausdifferenzierung eines hochkomplexen marktwirtschaftlichen und juristischen Systems traditionelle Formen von Solidarität zerstören, da das Wirtschaftssystem keine Werte hervorbringen kann, die Solidarität sichern könnten. Wenn sich die Hilfe durch Hilfeexperten gegen lebensweltliche Hilfe durchsetzt, entstehen neue Abhängigkeiten vom Hilfesystem. Die Verfahrensbeteiligten werden, allen Mitwirkungsgeboten des Sozialrechtes zum Trotz, Verfahrensunterworfene. Dieses hier nur angedeutete Phänomen hat Habermas mit dem Begriff „Kolonialisierung" belegt: „Wissenschaft und Moral spalten sich vom naturwüchsigen Traditionsstrom des Alltags ab. (…) Der Alltag wird den Maßstäben exklusiver, eigensinniger Expertenkulturen unterworfen und so von Zufuhren durch lebensweltliche Tradition abgeschnitten, deren Geltungsanspruch suspendiert wird. (…) Die Imperative der Systeme dringen in die Lebenswelt – wie Kolonialherren in eine Stammesgesellschaft – ein und erzwingen die Assimilation" (ebd., 522).

Soziale Arbeit wird über Geld und Recht gesteuert. Zweckrationalität, professionelle Qualitätsstandards, Einbindung in bürokratische, rechtmäßige Organisationen mit geregelten Verfahren und hierarchischen Entscheidungswegen, Abhängigkeit von marktwirtschaftlicher Ökonomie und professionelle Distanz in der Hilfeleistung kennzeichnen den „Systemcharakter" der Sozialen Arbeit. Damit sind Risiken verbunden, die wir in Anschluss an Habermas Terminologie als *Kolonialisierungsrisiken* bezeichnen und in vier Problemfelder sortieren: *Desozialisierung, Standardisierung, Entwertung und Individualisierung.*

1. Vom Kolonialisierungsrisiko *Desozialisierung* kann man sprechen, weil viele Spezialbehandlungen in Spezialeinrichtungen natürliche Beziehungen zerschneiden. Sie operieren nicht nach dem Prinzip „Nähe", sondern nach den Prinzipien „Zuständigkeit" und „Spezialisierung". Das lässt sich deutlich im stationären Bereich beobachten, z. B. wenn ein Übergangswohnheim einen Psychiatrieentlassenen wie eine behütende Blase von seinen letzten existierenden Freunden und von potenziellen neuen Freunden abschirmt – schlichtweg deswegen weil es existiert. Schwerpunkt ist das heilsame Zusammenleben in der Gruppe der „Gleichen". In Hilfeplänen steht fast immer: „Braucht eine feste Tagestruktur". Ziel ist Integration in die Gruppe. Normalerweise bedeutet die stationäre Unterbringung den Abbruch vieler Beziehungen. Der Stadtteil taucht nur als Randbedingung auf, weil die Bewohner(innen) wegen des überregionalen Einzugsbereiches der Spezialeinrichtung ja sowieso von anderen Orten und Stadtteilen kommen.
2. *Standardisierung*: Das Hilfesystem ist geprägt von zunehmender funktionaler Differenzierung (Spezialisierung), Verrechtlichung und Institutionalisierung. In der Folge wird von der Komplexität und Einzigartigkeit des konkreten Falls nur noch gesehen, was zum „Standard" der jeweiligen Stelle passt. Wie Prokrustes seine Gäste entweder streckte oder von ihnen abschnitt, was zu lang für sein Gästebett war, tendieren unsere spezialisierten und verregelten Angebote dazu „konkrete … Lebenssituationen einer gewaltigen Abstraktion zu unterwerfen, weil sie rechtlich subsumiert und administrativ bearbeitet werden müssen" (Habermas 1981, 533). Standardisierung passiert, wenn die Eltern einer behinderten Frau in den Urlaub fahren und sie etwas Unterstützung im Haushalt bräuchte, aber dennoch für 24 Stunden am Tag in die Kurzzeitpflege muss, oder wenn Fortschritte bei Adressaten wegen der damit einhergehenden Kürzung der Fachleistungsstunden wirtschaftlich unsinnig werden. Von Standardisierung sprechen wir auch, wenn rechtlich erzwungene Aufsichtspflichten der Fachkräfte zur zweiten Behinderung der Menschen mit Behinderung werden, weil sie viele Dinge ohne Begleitung nicht machen dürfen und sich an den Dienstplan des Personals halten müssen. Oder wenn das Wächteramt in der Jugendhilfe zu einem systematischen Misstrauen gegenüber Familien führt und Lösungen innerhalb des Netzwerks von Kindern deshalb nicht gesucht werden, weil die rechtliche Verantwortung lieber an eine professionelle Organisation abgegeben wird. Ein spezialisierter Organisationsaufbau von Trägern, der das Wechseln von stationären zu ambulanten Hilfeformen zur aufwändigen bürokratischen Angelegenheit mit Abteilungs- und Bezugsbetreuerwechsel macht, ist der gleichen Kategorie zuzurechnen, wie die in der Jugendhilfe beschriebene „Versäulung" der Hilfen (vgl. Buckert 2001,

28), die passgenaue Hilfearrangements nicht mehr zulässt, wenn sie quer zu den rechtlich und organisatorisch vordefinierten – sprich „standardisierten“ – Angebotsformen liegen.

3. *Entwertung* geschieht, wenn durch die professionelle Arbeit in nahezu systematischer Weise Kompetenzen, Erfahrungen, Wissen, Wille und die Sicht der Adressaten auf die eigene Situation als nachrangig betrachtet und die professionellen Diagnosekategorien und Interventionen in den Vordergrund kommen (s. das Hilfeplanungsbeispiel). Der Selbstbezug des Hilfesystems hat dann den Effekt, nur noch die eigenen Leistungen als mögliche Hilfeleistung zu erkennen oder zuzulassen. Plan wird, was im System vorrätig ist. Alles andere wird als irrelevant ausgeblendet. Entwertung passiert nicht absichtlich, sondern quasi hinter dem Rücken der Fachkräfte als eine Nebenwirkung ihres fachlichen Bemühens. Im folgenden Beispiel werden sicher korrekte Fakten präsentiert, aber eben nur der kleine, hilfesystemrelevante Ausschnitte dessen, was die Adressatin ausmacht, und deswegen entwerten sie.

Hilfeplan

Befunde und Diagnosen: Suizidale Verhaltensweisen, Sachbeschädigungen, Stimmungswechsel, Nahrungs- und Medikamentenverweigerung, Borderline-Persönlichkeitsstörung (ICD 10 F 60.31), Gehörlosigkeit (ICD 10 H 91.9)

Art der Behinderung: Wesentliche seelische Behinderung

Wohnsituation: Zuletzt bei der Mutter, Aufenthalte in der Psychiatrie, Fehlversuche in Internaten, Mutter überfordert, kann Behinderung der Tochter nicht akzeptieren, überfordert Tochter mit hohen Erwartungen

Wünsche des Leistungsberechtigten/Welche Ziele sollen erreicht werden?

Psychische Stabilisierung, Bewältigung des aggressiven Verhaltens, eigene Geldverwaltung, Werkstattfähigkeit, medizinische und soziale Reha.

Ausschnitt aus einem Modellbeispiel zur Erstellung eines „Hilfeplans“ in einer kommunalen Handreichung

4. *Individualisierung* meint, dass strukturelle Ursachen von Problemen einzelner Menschen durch eine am einzelnen Menschen ausgerichteten Förderung verdeckt werden. Mit therapeutischer Konzentration wird versucht, das zu lösen, was mit der Konzentration auf einen einzelnen Menschen

nicht zu lösen ist: weniger Arbeitsplätze, mehr Schulden, mehr Räumungsklagen (siehe auch das unten folgende Beispiel). Das Problem ist der hochauflösende therapeutische Blick: „Jeder Mensch ist anders und jede Intervention ist anders!“ Wenn Akten nie generalisierend sozialpolitisch ausgewertet werden, entsteht bei den Mitarbeiter(inne)n das Gefühl, von der Arbeit aufgefressen zu werden (vgl. Hinte 1996: 11).

Die StVO macht eine Frau mit geistiger Behinderung in S. nahezu immobil, da diese nicht als kompetent genug gilt, sich im öffentlichen Raum ohne Selbstgefährdung zu bewegen.
Die Verknüpfung der Selbstgefährdung mit den Kompetenzen der Frau verdeckt das fremdgefährdende Potenzial des Straßenverkehrs in „Autostädten“, ganz im Interesse der Individualverkehr bezogene Verkehrsplaner. Nicht der Straßenverkehr ist das Problem, sondern die Frau, die sich ihren Möglichkeiten gemäß verhält und durch Restriktionen an die StVO angepasst wird.

2.3 Die Unterscheidung von Problem und Umwelt

Es gehört zu den Verdiensten der *Chicago-School* um Dewey, Park und Burgess, die auch in einer Verbindung zum Addams Hull House stand, Menschen nicht nur als Ausnahmespezies der Individuen zu betrachten, deren einzigartiges und selbst bestimmtes Ich allem sozialen Kontext vorgeordnet ist (MacIntyre: After Virtue, zit. nach Rorty 2001, S. 59). Die Chicago-School sah Menschen wie andere Lebewesen auch als abhängig von ihrer Umwelt, mit der sie auf allen Ebenen in permanenten Austausch- und Anpassungsprozessen stehen, um das Überleben zu sichern. Dieses sozialökologische Paradigma stellte die Wechselwirkungen der Menschen untereinander und Wechselwirkung zwischen Menschen und ihrer Umwelt ins Zentrum der Betrachtung. Die Konzentration auf singuläre Individuen wurde als unzureichend für die Erklärung ihres Handelns und Wohlergehens angesehen, denn Menschen sind als soziale Wesen existenziell aufeinander bezogen.

Es ist das besondere Verdienst von *Mary Richmond* diese Umweltperspektive in die Soziale Arbeit aufgenommen zu haben. „Soziale Fallarbeit sind Prozesse mit dem Ziel, die Persönlichkeit zu entwickeln, durch bewusst bewirkte, auf das Individuum zugeschnittene Anpassungen zwischen Menschen und ihrer sozialen Umwelt“ erklärte Richmond 1922 (S. 98). Sie forderte von Sozialarbeitern die Fähigkeit, die Einflüsse von Nachbarschaften, Freundeskreisen, Stadtteilen, Berufs- und Vereinsleben nicht nur zu verstehen, sondern auch gewinnbringend als Ressourcen zu nutzen. Für Richmond bestand das Sozialprofessionelle in der Spezialisierung auf Umwelten, nicht in dem Maße wie das die sozialreformerische Jane Addams vertrat (s.u.), sondern in einem individuellen Sinne, indem die Umwelt fallbezogen ausgewertet wurde . So kam Richmond zu ihrer berühmten Definition Sozialer Arbeit: „Soziale Fallarbeit sind Prozesse mit dem Ziel, die Persönlichkeit zu entwickeln, durch bewusst bewirkte, auf das Individuum zugeschnittene Anpassungen zwischen Menschen und ihrer sozialen Umwelt" (What is Social Case Work 1922, 98). Richmonds Konzept geriet in den 40er Jahren in Vergessenheit und wurde erst von *Carol Germain* (1968) für die Soziale Arbeit wiederentdeckt. Germain beruft sich auf Richmond als sie ihren Doppelansatz beschreibt: Menschen verändern und Umwelten verändern. Sich ausschließlich an Individuen abzuarbeiten, bringe keinen Erfolg, denn Netzwerke und Systembezug sind essentiell im Hilfeprozess. Die Umweltanalyse war für Germain obligatorischer Ausgangspunkt von Hilfe, genauso wie das Reziprozitätsprinzip: Bürger helfen sich gegenseitig (peer helping) und auch die Hilfeleistung zwischen Sozialarbeiter und Adressat ist eine gegenseitige. Einem Menschen als Einzelnem helfen und seine Einbindungen nicht zu berücksichtigen ist eine zu einfache Intervention und kann sogar Gleichgewichte zerstören. Das ökologische Modell sucht und findet Problemursachen und Lösungswege in der Relation zwischen Mensch und Umwelt.

Anders als Richmond, die sich auf wechselseitige Anpassung von Individuum und unmittelbarer Umwelt konzentrierte, konzentrierte sich *Jane Addams* auf die Armut in den Großstädten als strukturelles Problem. Sie untersuchte die Lebensbedingungen, deren strukturelle Ursachen – nicht aus rein soziologischer Perspektive, sonder als Sozialreformerin. Für Addams stand fest, dass sich die Probleme einzelner Menschen nur wirksam durch die Veränderung der Verhältnisse, in denen diese Menschen leben, lösen lassen, nicht in einem grundsätzlichen Systemwandel, wie das der Sozialismus vorsah, sondern als soziale Reform, ausgehend von den Zusammenschlüssen der Menschen selbst. Das Settlement war der Versuch, zur Lösung der sozialen und industriellen Probleme beizutragen, die durch die Lebensbedingungen der modernen Großstadt geschaffen werden. „Wir wollten eine Möglichkeit entdecken, die Probleme im Leben der Armen nicht durch Almosen, sondern durch festeren Zusammenschluss und bessere Organisation zu lösen. (Addams 1912, S. 88 u. 208)

Die beiden großen Frauen der Sozialarbeit – so verschieden sie gedacht haben mochten – waren sich in einem Punkt einig: Eine Intervention, die nur den einzelnen Menschen betrachtet und diesem im eher kurativen Sinne „behandelt", greift zu kurz. Der notwendige *Problembezug* darf nicht zur *Problemfixierung* werden. Individuelle Probleme sind in sozialarbeiterischer Sicht, auch immer Zeichen für Überindividuelles und die sozialarbeiterische Arbeitsweise muss diesen Kontext einbeziehen.

Uneinig waren sich Addams und Richmond, wie weit Umweltbetrachtung und Umweltintervention konzipiert werden soll. Sind damit nur die lebensweltlichen Kontexte wie Familiensysteme, Netzwerke und Nachbarschaften gemeint, oder geht es um größere Systeme wie die Beeinflussung kommunalpolitischer Entscheidungen, Städtebau, öffentliche Meinung, Medien, Gesetzgebung etc. Wenn man Habermas System-Lebenswelt-Differenz zugrunde legt, war Richmonds Umweltmodell auf die Lebenswelt konzentriert, während Addams Umweltmodell auf das System zielte.

Richmonds Modell wurde zur heutigen *Einzelfallarbeit* zurückentwickelt, weil man den Umweltbezug auf die Kernfamilie verengte und die Umweltintervention zur Prävention machte und dafür spezielle Arbeitsformen wie Jugendarbeit, Bürgertreffs, Bildungsangebote etc. schuf. Addams Modell lebte weiter in der *Gemeinwesenarbeit*, die den Umweltbezug, was Stadtteil und Politik betrifft, als Anspruch der Arbeit beibehielt, aber Menschen für individuelle Hilfeleistungen an die Kollegen von der „Fallarbeit" weitervermittelte. So fand gewissermaßen eine Spezialisierung statt in *Problem*spezialisten (Fallarbeit, Gruppenarbeit ect.) und *Umwelt*spezialisten (Jugendarbeit, Gemeinwesenarbeit, Soziale Stadt Programme, Prävention, ect).

Aus sozialräumlicher Sicht liegt das Problem dieser Entwicklung in der strengen Arbeitsteilung der beiden Modelle *problembezogener* und *umweltbezogener* Arbeit. Die problembezogene Arbeit verliert dadurch nämlich das Umfeld des Falles aus dem Blick und will den Fall aus sich selbst heraus erklären und lösen. Sie wird zur Problemfixierung wenn sie ihre Aufgabe nur noch im Lösen von möglichst exakt und kleinteilig definierten Problemen sieht. Dadurch kann die soziale Situation von Adressaten sogar verschlimmert werden, weil die technische Problemlösung *de-sozialisiert*, d.h. die sozialen Einbindungen von Menschen ausklammert, (s. das weiter oben beschriebene Kolonialisierungsrisiko) oder das Problem unterkomplex – ohne Berücksichtigung von Umweltfaktoren angeht. Soziale Phänomene sind aber keine naturwissenschaftlichen Erscheinungen und können nur im Zusammenhang mit anderen sozialen Phänomenen verstanden werden. Das störende Verhalten eines Schülers kann Bezüge zu seiner physischen oder emotionalen Verfassung haben und medikamentös behandelbar sein. Es kann aber auch Bezüge zu seiner Erziehung, zum Familienleben, zu seinem Status in der Klasse, zu Beziehungen mit Mitschülern und Lehrern haben, aber auch Bezüge zu Stil und Tagesform eines Lehrers, zum Prinzip des Frontalunterrichts, zum Leitungsstil der Schule, zur Zusammensetzung der Schülerschaft im Einzugsgebiet, zur Selektionsfunktion der Schulform oder zum ministerial vorgegebenen Curriculum – um nur einige Faktoren der Umwelt zu nennen.

Die umweltbezogene Arbeit andererseits braucht mit ihrem breiteren Blickwinkel einen viel größeren Zeithorizont, sie muss Verbündete suchen, Zugangswege zu Systemen und Organisationen finden, kluge und effiziente Beeinflussungsstrategien entwickeln. Betroffene brauchen meistens praktische Soforthilfe, Sozialarbeiter in der umweltbezogenen Arbeit agieren langfristiger und strukturbezogen. In dem langen Prozess der politischen Anmeldung von notwendigen Umweltveränderungen treten die konkreten Problemsituationen von Einzelnen in den Hintergrund weil die Argumentation auf den Krisengehalt gemeinsamer sozialer Lagen Vieler abstellt, um Aufmerksamkeit zu gewinnen und Ressourcen zu mobilisieren. Wenn dann die Bereitschaft zu einer Reform erzeugt werden konnte, gehen in den Prozess der Verhandlungen um Inhalt, Form und Umsetzung der Reform unterschiedliche Interessen ein. So wird ein neues Angebot in der Schule ein Kompromiss zwischen Schulleitung, Kultusministerium, Kommunalpolitik, Jugendamt, Lehrerschaft und Elternvertreter sein, sich mit dem, was die betroffenen Schülereltern wollen nur zum Teil decken und vielleicht erst zur Umsetzung gelangen, wenn deren Kinder gar nicht mehr dort zur Schule gehen. Die umweltbezogene Arbeit steht damit immer unter dem strukturellen Risiko, sich von den konkreten Problemen er Menschen zu entfernen. Aufklärungsprogramme, Jugendarbeit, Prävention oder Soziale-Stadt-Programme haben sich darauf spezialisiert, im Vorfeld der Probleme einzelner Menschen zu agieren und Lösungen zu suchen, die prospektiv Merkmale der Lebensbedingungen verändern. Sozialpolitisch einfacher sind aber Leistungen zu legitimierenden, die sich auf konkrete Ausstattungsprobleme (Gesundheit, Einkommen, Erziehung, Bildung) einzelner Menschen beziehen. Hier sind Leistungsansprüche rechtlich garantiert und Angebotsformen geregelt. Der Löwenanteil der gesellschaftlichen Transfers fließt deshalb in die problembezogene Arbeit. Die Arbeit am Gemeinwesen, am sozialen Miteinander, an Teilhabe und politischer Partizipation kann zwar wegen ihrer weitaus geringeren rechtlichen Verankerung fachlich autonomer agieren, kommt aber oft an die wesentlichen sozialstaatlichen Ressourcen nicht heran und hat auch Hilfe suchenden Menschen keine schnell wirksame Abhilfe zu bieten. Problembezogene therapeutische oder materielle Einzelfallhilfe hilft unmittelbarer als umweltbezogene aktivierende, strukturverändernde Arbeit im Gemeinwesen und in der Politik. Die individualisierende problembezogene Sozialarbeit gilt deswegen für Adressaten und Entscheidungsträger als Pflicht, umweltbezogene Sozialarbeit ist zweitrangig und gesellschaftspolitisch disponibel. Damit verengt sich der Fokus in der Fallarbeit immer mehr auf Technik und Wirkung und gemeinschaftsbildende Themen verschwinden von der Tagesordnung der Sozialen Arbeit.

2.4 Das SONI-Modell der Sozialraumorientierung

Die sozialräumliche Theorie versucht beide Hilfeparadigmen zu verbinden, durch eine Arbeitsform, die sowohl Umwelt- als auch Problembezug herstellt. So wird die klassische Trennung von Intervention und Prävention, von Fallarbeit und Gemeinwesenarbeit, von Profi-System und Zivilgesellschaft überbrückt. Formal lässt sich die Verschränkung von System-Lebenswelt-Differenz und Problem-Umwelt-Differenz in einer Vierfeldertafel ausdrücken:

SONI-Modell der Sozialraumorientierung	Umweltbezug	Problembezug
System	**Sozialstruktur**	**Organisation**
Lebenswelt	**Netzwerk**	**Individuum**

1. Sozialstruktur

Im Feld „Sozialstruktur" treffen sich die Dimension Umwelt und System. Es geht also um problemrelevante Faktoren auf Systemebene, sprich den gesellschaftspolitischen Kontext Sozialer Arbeit.

In der UN-Behindertenrechtskonvention wurde „Inklusion" als Gegenmodell zur Exklusion verankert, die in folgenden Formen zu beobachten ist: Exklusion vom Arbeitsmarkt (Arbeitslosigkeit), ökonomische Exklusion (Benachteiligung in Einkommen und Besitz), institutionelle Exklusion (Einflussdefizite), Exklusion durch soziale Isolierung, kulturelle Exklusion (Zugangsbarrieren zum Bildungssystem, Einflussdefizite) räumliche Exklusion (Segregation in benachteiligten Quartieren). Inklusion thematisiert die Unrechtserfahrung gesellschaftlicher Ausgrenzung, die Menschen mit Behinderungen machen. Der Inklusionsbegriff der UN-Konvention legt nahe, Systeme (Arbeitsmarkt, Bildungssystem u.ä.) so zu verändern, dass Exklusion reduziert und ihr Inklusionspotential maximal gesteigert wird: „Full and effective participation and inclusion in society" (United Nations 2006).

In der soziologischen Debatte thematisiert das Begriffspaar „Inklusion-Exklusion" aber auch generell soziale Ungleichheit und soziale Gerechtigkeit – über das Arbeitsfeld der Eingliederungshilfe hinaus. Für die Sozialraumorientierung begreifen wir den normativen Inklusionsbegriff also zielgruppenunspezifisich, auf alle Adressaten bezogen, um die gesellschaftspolitischen Ziele der Sozialen Arbeit zu beschreiben, die dadurch erreicht werden sollen, dass sich Sozialarbeiter in die Generierung und Auslegung von Sozialrecht einmischen, kommunale Sozialpolitik beeinflussen und die öffentliche Meinung irritieren, weil sie exkludierende Normalitätsvorstellungen problematisieren (s. das Beispiel „StVO macht Frau immobil“), oder die Diskussion von Werten anregen oder Macht- und Interessenkonstellationen untersuchen (s. das Beispiel „Gekonntes Lobbying“). Dazu braucht man Methoden, die die Verursachung von individuellen Problemen stichhaltig im Überindividuellen nachweisen können. Exklusion lässt sich nicht allein durch individuelle Förderung verringern, sondern verlangt ein Ansetzen an den Strukturen, die Inklusion verhindern. Im Feld Sozialstruktur geht es nicht darum, Menschen an gesellschaftliche Notwendigkeiten anzupassen, sondern um die Aufgabe der Gesellschaft, sich auf Menschen einzustellen, die von Aussonderung und Marginalisierung bedroht sind.

Die sozialarbeiterische Intervention auf der umweltbezogenen Systemebene unterstützt Sozialpolitik und Sozialverwaltung beim Lösen sozialer Probleme, bei der Aufstellung fachlicher Entwicklungsziele und bei der Programmentwicklung. Beispielsweise wird auf Vorschlag und Druck der einschlägigen Sozialarbeiter in einer Kommune ein kleines „Kompetenzzentrum“ geschaffen, das alle städtischen Ämter und Verwaltungen in der Entwicklung einer einfachen Sprache für Formulare, Merkblätter und Informationsschriften schult und unterstützt, damit Menschen mit unterschiedlichen sprachlichen Handicaps ihre Ämterkontakte autonom und erfolgreich wahrnehmen können.

In der „Sozialstruktur-Arbeit“ spielt die Thematisierung ungleicher Verteilungen von Einfluss, Besitz und Entwicklungschancen eine ausschlaggebende Rolle, geht es doch um die Gestaltung sozialen Wandels im Sinne sozialer Gerechtigkeitsideale, die immer in Spannung mit selbstbezogenen Eigeninteressen aller Akteure im Sozialen Raum stehen. Diese Interventionsaufgaben setzen Wissen über soziale Probleme, Sozialpolitik, wirtschaftliche Zusammenhänge und über Konzepte sozialer Gerechtigkeit voraus – Themen, die auf die Tradition der Gemeinwesenarbeit und auf die politische Dimension der Lebensweltorientierung verweisen. Sozialarbeiterinnen haben auf der Ebene Sozialstruktur das Rollenbündel „Sozialplaner“, „Lobbyist“ und „Aktivist“ zu bewältigen. Sie beeinflussen die öffentliche Meinung und aktivieren Adressaten bei der Artikulation und Durchsetzung ihrer berechtigten Interessen nach Inklusion.

Gekonntes Lobbying: Eine kleine Gruppe gehörloser Männer mit geistiger Behinderung hat den Traum, in ein eigenes Haus zu ziehen. Als nach langer Suche ein geeignetes Haus gefunden wird, sperrt sich der Bauausschuss, die Nutzungssatzung zu verändern. Die Begründung ist fadenscheinig: Die Bebauung in diesem Gebiet sei zu eng und deswegen ungeeignet. Des Pudels Kern ist eine Stadträtin im Ausschuss, die mit allen Mitteln das „Behindertenheim“ in ihrer Nachbarschaft verhindern möchte. Die gehörlosen Männer gehen in die Offensive und laden Bürgermeister, Stadträte und Pfarrer in ihre Wohngruppe ein. Die sperrige Stadträtin kann wegen der eingeladenen Würdenträger den Termin nicht ausschlagen. Die Männer bekochen die Delegation mit Lasagne, Rucolasalat und Prosecco. Der Abend gelingt und die Giftpfeile der Stadträtin werden stumpf an der ganz eigenen Gastfreundschaft der Männer. Der Bauausschuss genehmigt die Nutzungsveränderung in der nächsten Sitzung, und die Männer denken bereits über ihr nächstes kommunalpolitisches Projekt nach.

2. Netzwerk
Das Feld „*Netzwerk*“ bezieht sich auf den lebensweltlichen Kontext und folgt der Denkweise Richmonds, die nicht den Betroffenen alleine als Fall begreift, sondern ihn immer in einem Zusammenhang mit seiner sozialen Umwelt sieht. Unter Umwelt verstand Richmond nicht nur Kernfamilien, sondern Verwandte, Freunde, Nachbarn, Vermieter, Geschäftsleute, Arbeitgeber, Pfarrer, Gewerkschaften, Vereine, Banken, Wohnungsbaugesellschaften, Kirchengemeinden, Selbsthilfegruppen etc. Richmond wusste, dass Soziale Arbeit selbst nicht integrieren kann, sondern aussondert, wenn sie alleine aus sich selbst heraus hilft. Soziale Arbeit ist fundamental angewiesen auf die Zusammenarbeit mit Nachbarn, Freunden, Vereinen, Kirchengemeinden. Der sozialräumliche Gegenentwurf zur aussondernden De-Sozialisierung von Hilfe ist ihre „Re-Sozialisierung“ (Dörner, 2008). Sozialraumorientierung versucht die strikte Arbeitsteilung zwischen Profi-Helfern und Bürgern aufzuweichen und auch die Kernbereiche professioneller Dienstleistungen für neue zivilgesellschaftliche Optionen zu öffnen.

Siegfried Lenz macht Eingliederungshilfe (nach einer Schilderung von Michael Heer): Herr Lenz ist nervös. Der Grill ist aufgebaut. Bier und Brötchen sind bestellt. Einen Tag vorher sagen seine Eltern ab. Die Geburtsfeier droht, ein Flop zu werden.
Michael H., Sozialfachwirt und Fachkraft in der frisch bezogenen Wohngemeinschaft, leidet mit seinem Klienten. Er würde am liebsten die Bewohner

und Mitarbeiter der benachbarten Wohngruppen als Ersatzgäste anwerben, weiß aber: Im Team Baiersbronn wird er für gekonntes Nichtstun bezahlt. So bestärkt er Siegfried Lenz als erstes darin, sich den Tag nicht vermiesen zu lassen. Der junge Mann ist gesellig und will feiern. Michael inszeniert einen neuen Gedanken: „Die coolsten Parties sind die, bei denen man nicht weiß, wer kommt!" Das gibt Herrn Lenz die zündende Idee. Kurzerhand lädt er die Leute aus der Nachbarschaft ein, die er noch nicht kennt.

Das Fest wird gut. Dass der Rentner von oben kommt und noch dazu mit Sohn und Tochter, hätte keiner gedacht. Insgesamt kreuzen sechs Nachbarn auf, die zusammen mit Freunden des Geburtstagskindes aus dem Haus, einer guten Freundin und dem Ortschaftsrat dafür sorgen, dass von Bier und Steaks nichts übrig bleibt. Es entwickeln sich bei friedlicher Stimmung lebhafte muntere Gespräche, und man erfährt so einiges von früher. Herr D. erzählt Anekdoten aus seiner Zeit im Stahlbau. Oma Z. lebt ganz alleine, der Nachbar mit dem Hund hat auch nicht viel Kontakt und im Ortschaftsrat werden noch Mitglieder gesucht. Die junge Frau von schräg gegenüber hat ein Auge auf die noch freie Wohnung im Haus geworfen. Die Feier geht bis in die Puppen und hinterlässt Geschenke.

Seither grüßt man freundlich auf dem Hof, die Nachbarn wissen, wer hier wohnt, es finden Vorabendnachbarschaftsschwätzle am Fenster statt und Oma Z. winkt zur guten Nacht.

In der klassischen Eingliederungshilfe unterstützen Fachkräfte Menschen mit Behinderungen. Im Team Baiersbronn provozieren Fachkräfte Gelegenheiten, weil sie einen Riecher haben für das, was der soziale Raum hergibt. Sie machen Platz, und Siegfried Lenz macht Eingliederungshilfe.

Der methodische Fokus liegt auf den Potenzialen des Sozialen Kapitals, die in Netzwerken stecken. Den Sozialen Raum kann man sich als Netz vorstellen, dessen Knotenpunkte die einzelnen Menschen und Organisationen symbolisieren, während die Verbindungsmaschen die Beziehungen zwischen ihnen sind, die als Förderbänder gedacht werden können, auf denen die vielfältigsten Austauschprozesse ablaufen und unter der Hand die Integration der Individuen in die Gesellschaft erfolgt.

In der klassischen *Fallarbeit* konzentrieren sich die Fachkräfte auf Einzelfälle (einen Mann ohne Wohnung, eine Familie in Erziehungsproblemen, eine vereinsamte alte Dame, …) und versuchen, fallbezogen eine geeignete Unterstützung zu leisten oder zu vermitteln. In der *fallunspezifischen Arbeit* der Sozialraumorientierung (dieses Konzept stammt von Wolfgang Hinte und wurde erstmals in KGSt-Bericht 12/1998 dargestellt) geht es um vorhandene oder herstellbare Beziehungen des Austausches, der Kooperation, des Vertrauens, der Solidarität zwischen Nachbarn, Bewohnern, Fachkräften und Organisationen der Sozialen Arbeit genauso wie um Beziehungen zu den Sektoren Wirtschaft und Industrie. Fallunspezifische Arbeit stellt Beziehungen und Koalitionen zwischen unterschiedlichen Gruppen und Einzelnen her, die entweder durch ihr Zusammenschlusspotential stark machen, was in der Empowermentbewegung eine zentrale Rolle spielt, oder durch neue Verbindungen neue, bislang nicht zugängliche Räume für Menschen eröffnen. Das Rollenbündel von Sozialarbeitern kann man mit „Ressourcenmobilisierer" und „Netzwerker" beschreiben. Dadurch kommen Möglichkeiten in den professionellen Blick, die das Gemeinwesen bietet. Gleichzeitig entsteht auch eine andere (eigentlich eine ältere) Kultur des Helfens und die institutionellen Arbeits- und Angebotsformen werden sich an die beteiligten Bürgerhelfer anpassen müssen. Das verweist auf das Feld drei.

3. Organisation
Kombiniert man in der Vierfeldertafel *Problembezug* mit *System* so kommen die speziellen *Organisationen* in den Blick, die zur Bearbeitung spezifischer sozialer Probleme geschaffen wurden. Organisationen waren Ausfluss der typisch modernen Problemlösungsstrategie: Sozialen Problemen wollte man durch den Einsatz von mehr Geld, mehr Recht, mehr Methode, mehr Standards und mehr Steuerung beikommen. Das hatte in den vergangenen Jahrzehnten eine immer höhere Differenzierung der Sozialen Arbeit in immer mehr Subsysteme zu Folge. Immer mehr Spezialisten wurden auf zunehmend spezifischere Teilprobleme konzentriert, in der Überzeugung, dass der Fortschritt in mengenmäßiger Ausweitung und technisch-rechtlicher Perfektion läge. Nun ist es aber so, dass Differenzierung und Ausweitung nicht nur Probleme lösen, sondern auch schaffen. Die Ausdifferenzierung verschiedener Hilfeformen, die bspw. mit der Einführung des Kinder- und Jugendhilfegesetzes stattgefunden hat, schuf auch das Problem der Übergänge zwischen den spezialisierten eigenlogisch funktionierenden Hilfeformen. Generalistische, allzuständige Jugendhilfe ist dadurch seltener geworden. Regelangebote, wie Kindergärten und Schulen, haben viele Angebote zum Aussondern von Kindern bekommen und wälzen die Nebenfolgen ihrer eigenen Modernisierung auf die Umwelt, sprich auf andere Experten, auf Politik und auf die Betroffenen ab, indem sie externe Lösungen für hausgemachte Probleme fordern. Dieses Phänomen analysiert Ulrich Beck in seiner These der *„reflexiven Modernisierung"* (1993, 80f). So erzeugt das eigendynamische expertendominierte Wachstum der Sozialindustrie oft auch mehr der Probleme, die behoben werden sollen: mehr Unübersichtlichkeit, mehr Finanzmittel, mehr Regelungs-, mehr Kontrollbedarf.

Beck schreibt, die modernen Methoden der zunehmenden Vergrößerung, Verregelung und Verberuflichung und Spezialisierung seien zu eindimensional, so dass nicht mehr Zweckrationalität, sondern mittlerweile schon die ungewollten Nebenfolge unserer Problemlösungen regierten (vgl. ebd., 85).

Becks reflexive Modernisierung hält deswegen der „Un-umkehrbarkeitsprämisse der Moderne" (es geht immer vorwärts) eine „Umkehrbarkeitsthese" entgegen, eine Dialektik, die moderne und traditionelle Logiken in einem vielschichtigem Prozess miteinander verschränkt sieht (ebd., 95), kein Linearitätsmodell des „Immer-weiter", sondern eine widerspruchsvolle Symbiose von Vergangenheit und Zukunft. „Wir leben in einer Welt des *Und* und denken noch in Kategorien des *Entweder-oder*." Notwendig seien die Akzeptanz und der Umgang mit organisatorischer Ambivalenz. Funktionale Differenzierung autonomer Systeme solle durch „funktionale Koordination" ergänzt werden (ebd. 98) – nur so können individuelle Maßanzüge für Betroffene statt der vorfindbaren Paragraphen- und Spezialistenkonfektion möglich werden. Die Selbstüberschätzung der zunehmenden Verrechtlichung und Verregelung muss durch Öffnung für bürgerschaftliche Gestaltung, durch Demokratisierung der Organisationen und durch soziale Verantwortlichkeit ergänzt werden. Marktwirtschaftliche Konkurrenzlogik wird durch eine Finanzierung der Sozialen Arbeit ergänzt, die nicht dem Wettbewerb folgt sondern sozialräumliche Verantwortung und Sozialkapitalbildung wahrscheinlich macht. Ziel ist die „reflexive Organisation", in der das Prinzip „form follows function" autopoietische Selbstsicherheit durch produktive Ungewissheit variationsreicher macht, was (a) Leistungen, (b) Struktur, (c) Steuerung und (d) Finanzierung der Hilfeorganisation angeht.

a) *Leistung*: Die Hilfeorganisation wird wegen ihrer Standardisierungs-Effekte (s. oben) immer auch als Teil des Problems gesehen, das sie zu lösen versucht. Staub-Bernasconi (2007, 277) zitiert ein schönes Beispiel für funktionale Differenzierung des Hilfesystems für Wasserschäden in der Stadt New York: Kleine Wasserlachen: wenden Sie sich an die Hausverwaltung; große Wasserlachen: wenden Sie sich an die Stadtwerke; Wasser überschwemmt die Wohnung: rufen Sie die Feuerwehr; Wasser von oben überschwemmt die untere Wohnung: Polizei; Kloakenwasser im Keller: Gesundheitsamt verständigen. Diese aus Bürgersicht abwegige Aufgabenteilung ist die Spezialisierungslogik, die wir auch in der Sozialen Arbeit haben. Die klassische Eingliederungshilfe beispielsweise ist differenziert in offene Behindertenarbeit, ambulante Dienste, (sprachlich mitunter geadelt als „flexibel"), teilstationäre Angebote zur Tagesstrukturierung, Werkstätten und stationäre Wohnformen, zwar mit Übergängen, aber im Grund ziemlich eigenständig, was Methoden, Finanzierung und Personal betrifft. Dies ist ein schwer überwindbares Hindernis für eine genau auf den Einzelnen zugeschnittenen Hilfe. Es war immer ein fundamentales Prinzip der Sozialen Arbeit, sich am Einzelfall auszurichten. Die Entstehung von spezialisierten Organisationen hat aber dazu geführt, dass wir oft – so wie Prokrustes Gäste seinem Bett anpasste – Adressaten nach den Angeboten der Organisationen formen. „Form follows function" – ein Prinzip der Sozialraumorientierung – würde hingegen heißen: weniger vorgestanzte Hilfen, sondern jede individuelle Hilfeplanung führt über eine Organisationsentwicklung zu individuellen Arrangements, sog. Maßanzügen.

b) Die *Struktur* der sozialräumlichen Organisation folgt nicht dem Gliederungsprinzip der diagnostischen Kategorie, sondern einer raumbezogenen Zuständigkeitslogik. Das hat Vorteile. Organisationen, die am Raum orientiert sind, können am ehesten De-Sozialisierung und Aussonderung verhindern, weil sie Zugang zu den Ressourcen und Regelsystemen vor Ort haben, z. B. zu Angehörigen (dem mit Abstand wichtigsten „Einrichtungstyp"), Nachbarn, Schulfreunden etc. In den stationären Hilfen werden oft durch Übersiedlung in eine Einrichtung die Fasern vorhandener Netzwerke zerschnitten, weil Einrichtungen überregionale Einzugsbereiche und keine raumbezogenen Versorgungsverträge mit Kostenträgern vor Ort haben. Hier muss die Frage gestellt werden, ob der qualitätssteigernde Wettbewerb der Träger um jeden einzelnen Menschen, egal wo er herkommt, nicht gleichzeitig aussondernde Effekte produziert, die fachlich nie mehr richtig auszugleichen sind.

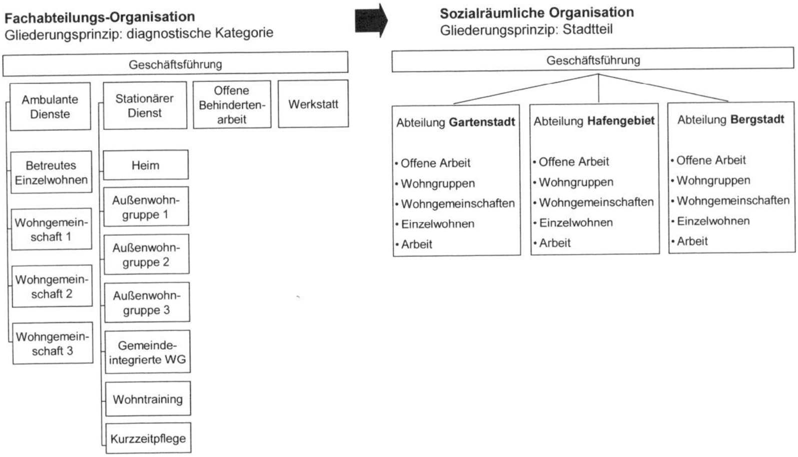

Der an fachlichen Spezialisierungen orientierte Organisationsaufbau wird zur raumbezogenen Organisation – am Beispiel der Eingliederungshilfe

c) *Steuerung*: Mit den Adressaten selbst steht der Sozialen Arbeit ein Potenzial zur Verfügung, das hilft maßgeschneiderte Lösungen zu entwickeln. Dazu ist es zweckdienlich, Adressaten noch viel mehr als wir uns das bisher vorstellen können, an der Steuerung unserer Dienste zu beteiligen. Es geht nicht um die mittlerweile als selbstverständlich anzusehenden Rechte, ob eine behinderte Frau heute einen roten oder grünen Pulli anziehen darf oder ob ein Jugendlicher sich das Wohnheim aussuchen darf. Entscheidend ist, dass Organisationen ganz gezielt strategische „Störungen" in den Fluss ihrer institutionellen Routinen einziehen. Neuseeländische Auditierungsverfahren von Behinderteneinrichtungen durch psychisch kranke und geistig behinderte Menschen selbst sind ein wegweisendes Beispiel: Der „Standards and Monitoring Service (SAMS)" stellt dabei ein Team von mehreren Evaluatoren zusammen, die sich in ihren spezifischen Fähigkeiten ergänzen, aber in der Mehrzahl immer „consumers or family members" sind. Eine Fachkraft stellt sicher, dass das Audit im Rahmen der vorher bekannt gemachten Kriterien erfolgt und so für die Einrichtung transparent bleibt. Sie schreibt den Bericht, der empirisches Beweismaterial als Beleg zu den Bewertungen enthält. Ein Mensch mit geistiger Behinderung, der in einer ähnlichen Einrichtung lebt, beurteilt aus seiner Betroffenenperspektive. Er spricht mit vielen Nutzer(inne)n, hält Bewohnerversammlungen ab und lebt während der Zeit in der Einrichtung. Ein Angehöriger konsultiert andere Verwandte und Freunde von Nutzern. Die Evaluatoren sprechen auch mit dem Personal, studieren Akten und halten während der Evaluationstage eine Personalversammlung ab. „Being part of an evaluation represents both a great privilege and a challenge. The privilege is in being given value, respect and dignity for our personal experience of mental illness, which gives us a unique inside perspective when assessing services. (…) There is also a delightful lighter side to doing SAMS evaluations, such as those moments when staff do not realize that I am a Consumer and let their own prejudices show" (Newsletterbeitrag einer Evaluatorin, in: www.sams.org.nz). Einen ähnlichen Ansatz gibt es auch in Österreich (www.atempo.at/evaluationen), Ziel ist die Demokratisierung der Hilfeproduktion.

d) *Finanzierung*: Um das Flexibilisierungspotenzial, die Demokratisierung von Organisation und den Sozialraumbezug der Arbeit zu erhöhen bedarf es auch eines Finanzierungssystems, das diese Ansätze unterstützt, weil gilt: „form follows funding", d. h., die Qualität der Fachlichkeit ist fundamental von der *Art* der Finanzierung abhängig. Die Sozialraumorientierung benutzt Finanzierungsmodelle wie das Sozialraumbudget und das Persönliche Budget, die den sozialräumlichen Bezug von Hilfen betriebswirtschaftlich sinnvoll machen, genauso wie die Förderung von Selbsthilfe. Klassische Pflegesatzfinanzierung führt dagegen zum Ausblenden des Sozialen Raums, zur ökonomischen Machtlosigkeit der Betroffenen und macht es für Träger betriebswirtschaftlich sinnvoll, Adressaten möglichst lange und intensiv in der Hilfeleistung zu halten.

Eine Stärkung der fachlichen Steuerung gegenüber der Marktwirtschaft ist zweckdienlich, denn die Übertragung der Marktgesetze auf das Sozialsystem schaffen Wachstumsdynamiken, die den Zielen des Sozialstaats – Hilfe zur Selbsthilfe individuellen Hilfeleistung und soziale Gerechtigkeit als Ganzes – entgegenlaufen, weil das sozialstaatliche System – wenn es vollkommen auf Marktwirtschaft umgestellt ist – in erster Line seine Eigeninteressen bedienen muss, obgleich es als Korrektur zum Prinzip des homo oeconomicus geschaffen wurde (vgl. Kleve/Wirth 2009, 197; Dörner 2008, 31)

4. Individuum

Kombiniert man die Dimension Lebenswelt mit Problembezug, so bewegt man sich im Bereich der konkreten Problembearbeitung mit Einzelnen, Familien und kleinen Gemeinschaften. Gefragt ist professionelles Handeln, das Adressaten natürlich dabei hilft, Pläne zum Verändern ihres Lebens zu erarbeiten, das aber vor allem „Anerkennung" verleiht (vgl. Honneth 1994). Wir beziehen uns bei dieser These auf die Philosophie Axel Honneths, der als Ursprungsbild von Gesellschaft und individueller Entwicklung einen „*Kampf um Anerkennung*" zeichnet. Der Urzustand des Menschen sei nicht der auf sich selbst bezogene, mit anderen in die Konkurrenz um Selbsterhaltung stehende homo oeconomicus, sondern eine vorgängige Intersubjektivität. Als zoon politicon entwickle der Mensch seine Individualität (seine Besonderheit, seinen Wert, seine Freiheit) *in* der und *durch* die Gemeinschaft. Honneth geht von einem Ineinander von Gemeinschaftsbildung und Individuierung aus: Selbstvertrauen, Selbstbestimmung und Kompetenz brauchen als eine Entstehungsbedingung *Anerkennung* durch andere. Erst in der Gemeinschaft mit anderen erfährt sich der Menschen als etwas Besonderes und diese Erfahrung wiederum ermöglicht dem Menschen eine Ablösung von dieser Gemeinschaft, um eine Anerkennung auf höherer Ebene zu „erkämpfen". Honneth konstruiert nun eine Abfolge von drei, von Konflikt und Versöhnung bestimmten Anerkennungsprozessen, in denen sich Menschen wechselseitig als autonome Personen bestätigen.

1. Elternschaft, Partnerschaft, Freundschaft, wo der Anerkennungsprozess von Bindung und symbiotischer Selbstpreisgabe zu Selbständigkeit und Selbstbehauptung verläuft. Man könnte dies vielleicht *lebensweltliche Anerkennung* nennen.
2. Institutionelle Staatsbürgerschaft, wo Anerkennung sich in realisierten Bürgerrechten auf Selbstbestimmung, Mitbestimmung und Leistung zeigt (*institutionelle Anerkennung*).
3. Solidarische Wertschätzung durch die Erfahrung der reziproken Bedeutung der eigenen Eigenschaften, Fähigkeiten und Leistungen für das Leben anderer Menschen. Je mehr Gesellschaften und Werte sich pluralisieren, umso individuellere Züge kann Wertschätzung annehmen, d. h. umso variantenreicher kann Anerkennung im Prinzip geschehen. Für solidarische Wertschätzung reicht aber keine passive oder professionelle Toleranz, oder ein therapeutisches „Ich-bin-okay-du-bist-okay", sondern es braucht eine genuine Anteilnahme an dem Besonderen anderer Personen, die eben auch in der Auseinandersetzung mit ihnen besteht. Wir nennen dies *gesellschaftliche Anerkennung*.

Aus Honneths Theorie der Anerkennung lassen sich mehrere Aufgaben für Soziale Arbeit folgern:

1. Das problematische Verhalten von Adressaten auch als fehlende lebensweltliche, institutionelle oder gesellschaftliche Anerkennung rekonstruieren und dieses Anerkennungsdefizit bearbeiten.
2. Anerkennung in der direkten Arbeit mit Adressaten möglich machen, was nicht gleichbedeutend ist mit großzügiger professioneller Empathie, sondern sich im echten Gebrauchtwerden von Adressaten ausdrückt.

3. Institutionelle oder gesellschaftliche Anerkennungsdefizite gegenüber Gruppen von Bürgern problematisieren und Anerkennungsprozesse initiieren.

Das folgende Beispiel zeigt, wie das Jugendamt für Frau Bertram einen direkten Anerkennungsprozess organisiert und ein institutionelles Anerkennungsdefizit für Familie Weber reduziert.

> *Amtshilfe durch Frau Bertram* nach einer Schilderung von Simone Lindemann (Jugendamt Kreis Segeberg): Frau Bertram ist seit geraumer Zeit unsere Klientin. Als sie vor drei Jahren der Mehrfachbelastung von Haushalt, Kindern und Geldbeschaffung nicht mehr gewachsen war hat sie eine Familienhelferin als Alltagsstütze bekommen. Das hat geholfen und mittlerweile hat sie gelernt, wo man umsonst Kleidung bekommt, wie die Tafel funktioniert, in welchen karitativen Einrichtungen an welchen Tagen Gutscheine oder Naturalien ausgegeben werden. Natürlich wird ein Jugendamt mit politischem Anspruch arme Menschen bei der Artikulierung ihrer berechtigten Interessen unterstützen. Davon zu erzählen wäre eine andere Geschichte. Diese hier handelt von der Kompetenz, die Frau Bertram im Umgang mit ihrer Armut entwickelt hat.
>
> Familie Weber ist ein ähnlicher „Fall“: drei Kinder, die Eltern sprechen fließend russisch und gebrochenes Deutsch, das Haushaltseinkommen reicht nicht, die Kündigung wurde angedroht, leerer Kühlschrank. Die drei Kinder kommen selten und hungrig in die Schule. Es muss schnell etwas geschehen. Allerdings sind die Webers behördenskeptisch. Sie haben schlechte Erfahrungen gemacht. Einen Vater der trinkt und eine Mutter, die trinkt, werden nicht ernst genommen. Die Sozialarbeiterin bittet Frau Bertram um Hilfe, weil sie weiß, dass die Klientin wegen ihrer Lage über einen Vertrauensvorschuss verfügt, den das Amt nicht hat. Frau Bertram übernimmt den Job. Sie kümmert sich um Hausaufgaben und Pausenbrot, führt Familie Weber mit der Sicherheit eines Insiders durch den Dschungel des Hilfesystems.
>
> Der Blick der Fachkräfte auf Frau Bertram als „Leistungserbringerin“ ist vollkommen verändert. Sie hat Spezialwissen zu bieten und wird gebraucht. In ihren eigenen Hilfeplangesprächen agiert sie nun als ausgesprochen selbstbewusste Verhandlungspartnerin.

Adressaten – auch wenn sie in schwierigen Situationen sind – sind Experten ihrer Lebenswelt. Ihre Fähigkeiten, Netzwerke aber auch ihr Widerstand und ihre Eigenwilligkeit sind Dreh- u. Angelpunkt von Lösungswegen, die dem Selbsthilfe- und Selbstaktualisierungspotential der Menschen Respekt zollen.

Den oben thematisierten Entwertungseffekt begegnet Sozialraumorientierung mit dem selbstreflexiven Handlungsmodus des *Stärkemodells*, dessen Grundaussage ist, dass die Bewertung menschlichen Verhaltens kontextabhängig ist. Was in einem Kontext als defizitär gilt, kann in einem anderen Kontext ein enormes Kapital sein. Die Kunst Sozialer Arbeit besteht darin, Umwelten so zu verändern, dass vorteilhafte Kontexte für die Stärken ihrer Adressaten entstehen. Dazu ist es ein methodischer Fehler, Adressaten zu einem vermeintlich guten Leben zu motivieren. Vielmehr geht es darum, Motivationen zu finden und daraus neue Optionen zu machen, indem Kompetenzen und Spielräume von Menschen vergrößert sowie deren Zugang zu Ressourcen erweitert wird (vgl. Hinte/Treeß 2007, S. 46ff). Ansatzpunkte sind einerseits die subjektiven Lebensstile, Weltsichten, Erfahrungen, Befürchtungen, Erwartungen, die individuelle Ausstattung mit Ressourcen, die Lebenslage, das soziale Netzwerk, das Problem aus der Perspektive des Betroffenen.

Mit dem Willen von Menschen zu arbeiten geht am besten, wenn man „*Heimspiele*" (Hinte 1997, S. 724) arrangiert. Wenn Adressaten nicht kooperieren wollen, ist das immer auch ein Zeichen dafür, dass sie kein Heimspiel haben und dass ihnen Experten erklären, wie sie gesund und richtig leben sollen. Heimspiel hingegen bedeutet keine non-direktive Beratung sondern das Arrangement einer Arbeitsbeziehung, in der Betroffene „Oberwasser" haben. Das kann an der Zusammensetzung der Beteiligten liegen oder am Ort des Treffens oder daran, dass die Experten in den entscheidenden Planungsphasen ausgeschlossen werden, wie im Familienrat (vgl. Früchtel/Budde 2003; 2008; 2009), dass „Perspektivwechsler" eingesetzt werden, um Stärken sehen zu können, wo der Alltagsverstand hauptsächlich Probleme sieht, und „Anwälte des Willens der Betroffenen" zum Rollenset gehören – im Handlungsfeld „Individuum".

2.5 Transdisziplinarität der Sozialraumorientierung

Soziale Arbeit ist ein Beruf am Schnittpunkt der Arbeit mit Dingen, Mensch und Ideen", schreibt Sylvia Staub-Bernasconi (1986). Es ginge immer gleichzeitig um ökonomische, institutionelle, soziale und kulturelle Ressourcenerschließung, um Nacherziehung, Resozialisierung, Förderung, Aktivierung und darum, gesellschaftliche Ideologien über wünschbare Zustände durchzusetzen. Ähnlich resümiert Charles Zastrow in seinem Standardwerk zur Sozialen Arbeit: „Social work practice involves viewing a problem situation in terms of the person-in-environment conceptualization and being willing and able to intervene at several different levels if necessary, while assuming any number of roles" (Zastrow 1996, S. 581). Auf theoretischer Ebene lässt sich der Ansatz der Sozialraumorientierung deswegen als transdisziplinär beschreiben (vgl. Kleve 2003; Wendt o. J.) weil er ganz unterschiedliche Wissensbestände verknüpft. Beispielsweise wird psychologisches und ethisches Wissen des Stärkemodells mit soziologischem Wissen des Sozialkapitalmodells, ökonomischem Wissen zur Finanzierung, Organisationsentwicklungswissen zur Flexibilisierung, Wissen aus der politischen Theorie zur Steuerung kombiniert, um den disziplinären Reduktionismus, der sich auch in den klassisch versäulten Arbeitsformen der Sozialarbeit zeigt, zu überwinden. Diese systematische Verknüpfungsleistung ist das eigentlich Neue an der Sozialraumorientierung. Den Willen von Adressaten haben auch humanistische Beratungskonzepte ernst genommen, Sozialraumorientierung beschäftigt sich indes auch mit den organisatorischen und wirtschaftlichen Voraussetzungen und Implikationen dieser Maxime. Sie versucht, zur Problemlösung relevantes Wissen aus unterschiedlichen Theoriebeständen neu zu verknüpfen. Ein solcher Ansatz läuft der theoretischen Ausdifferenzierung und der beruflichen Spezialisierung entgegen, um vereinzeltem Wissen langsam das Wissen über seine Verknüpfung hinzuzufügen (vgl. Münch 1995, 146). Das ist das oberflächlich betrachtet vielleicht eklektisch wirkende, transdisziplinäre Konstruktionsprinzip eines Modells aufeinanderbezogener Handlungsmaximen und Methodiken in den ansonsten auf sich selbst bezogenen und um sich selbst kreisenden Arbeitsfeldern von Einzelfallarbeit, Prävention, Vernetzung, Sozialmanagement, Organisationsentwicklung, wirtschaftlicher Steuerung, Quartiersmanagement, Sozialplanung und politischem Aushandlungsprozess. Sozialraumorientierung hat als Theorie den Anspruch, den zerlegten Facettenblick institutioneller Ordnungen durch das Weitwinkelobjektiv einer komplexen Sicht auf komplexe Dinge zu ersetzen.

Als Handlungsmodell bietet die Sozialraumorientierung vier Handlungsfelder an: Sozialstruktur, Organisation, Netzwerk und Individuum (abgekürzt durch das Akronym SONI), die in der praktischen Arbeit zum Methoden- und Arbeitsformenmix kombiniert werden und in der jedem Menge von Rollenanforderungen für Sozialarbeiter stecken:

SONI-Modell der Sozialraumorientierung

	SONI-Felder	Bezug	Risiko	Strategie/ Funktion	Rolle von Sozial-arbeitern
S	**S**ozialstruktur	Kommunal-politik	Individuali-sierung der Hilfe	Inklusion durch Akti-vierung und Einmischung	Sozialplaner Lobbyist Organizer
O	**O**rganisation	Hilfesystem	Standardi-sierung der Hilfe	Reflexivität durch Form follows function	Organi-sations-entwickler Evaluator
N	**N**etzwerk	Gemein-wesen	Desoziali-sierung der Hilfe	Resoziali-sierung der Hilfe	Netzwerker
I	**I**ndividuum	Lebenswelt	Entwertung durch Hilfe	Anerkennung durch das Stärkemodell des Helfens	Perspektiv-wechsler Anwalt

Die Felder des SONI-Modells bieten eine Systematisierung, die politisches, zivilgesellschaftliches, steuerungsbezogenes und einzellfallorientiertes professionelles Handeln für das Projekt der Sozialen Arbeit zweckdienlich verknüpft. Im Chinesischen bedeutet „口“ Umzäunung oder etwas räumlich Definiertes. Verfeinert man das Zeichen, lassen sich andere Worte ableiten. Wenn man z. B. eine Aufteilung einfügt entsteht das Zeichen für Feld „田“. Wir benutzen dieses Zeichen als Markenzeichen sozialraumorientierter Arbeit, die ihre Planungen, Interventionen, Projekte und Evaluationen stets in jedem dieser Felder betreibt.

3 Handlungsfeld „Individuum“

Sozialraumorientierung wurde als Mehrebenenansatz beschrieben. Das Handlungsfeld „Individuum“ findet in den Dimensionen „Netzwerk“, „Organisation“ und „Sozialstruktur“ seine Umwelt. Umwelt bedeutet hier, dass Wirksamkeit wie Nachhaltigkeit der Sozialen Arbeit auf der individuellen Ebene auf ein genauso effektives professionelles Arbeiten in den Feldern „Netzwerk“, „Organisation“ und „Sozialstruktur“ angewiesen ist, dort gewissermaßen seine Verlängerung braucht, um nicht auf dem Niveau des individualisierenden „Herumdokterns“ zu verbleiben. Aber auch anders herum wird ein „Schuh“ daraus. Auch die erfolgreiche politische Aktion auf der sozialstrukturellen Ebene braucht das, was sozialräumliches Arbeiten im Fall ausmacht.

Das folgende Kapitel befasst sich mit dem Stoff, aus dem die Bewegungsenergie einer nachhaltigen Sozialen Arbeit gewonnen wird, ein Stoff übrigens, der auch auf den anderen SONI-Ebenen unverzichtbar ist: dem Stärkemodell und der Bedeutung des Willens. Diese beiden Dimensionen können wie die zwei Seiten einer Münze „Arbeit auf der Ebene des Individuums“ begriffen werden. Aus dem Willen gewinnt die Arbeit auf dem Handlungsfeld Richtung und Energie. Das Stärkemodell als auch selbstreflexive, experten- und bürokratiekritische Theorie ist unverzichtbar, damit als Stärke, Ressource oder Kompetenz erkannt werden kann, was nicht zu den typischen Definitionen und Problemlösungen von Profis oder Mainstream passt.

Mirko stört
Klatsch! Eine spuckenasse Papierkugel trifft Herrn Lang im Nacken. Volltreffer. Die Spucke im Kügelchen ist der Tropfen, der Herrn Langs Fass zum Überlaufen bringt. Er „weiß“ ganz genau, wem er den Angriff auf seine Autorität zu verdanken hat, aber – ganz Pädagoge – lässt er sich nicht hinreißen, obwohl er echte, unpädagogische Lust auf Vergeltung verspürt. Er dreht sich betont langsam zur Klasse und nimmt Mirko in den Würgegriff seines Blicks,

was ihm, in Form eines rotzfrechen Grinsens, die zweite Niederlage des Tages einbringt. Die Frage, wer das gewesen sei, hat rein rhetorische Funktion. Herr Lang springt förmlich auf Mirko zu. Nur das Klingelzeichen rettet die pädagogische Fassade, und der imposante Anlauf endet nicht mit ein paar Ohrfeigen hinter die frechen Löffel, sondern im Büro des Rektors.

Die Herrn Lang verborgene Tragik besteht darin, dass es Mirko nicht war, diesmal nicht und letztes Mal auch nicht. Aber der Bursche ist stolz. Verpfeifen wäre das letzte. Der Triumph über Herrn Langs Fassung hat eben seinen Preis, den Mirko bereit ist zu zahlen, wodurch der Respekt seiner Mitschüler ins Unermessliche wächst. Die Vorfreude darauf wirkt wie eine Schutzimpfung gegen die Drohgebärden der Lehrer. Als allerdings der blaue Brief daheim ankommt, gibt es kein Klingelzeichen, das Mirkos Vater irgendwie besänftigen könnte.

Dass es Mirko nicht war, tut weder daheim noch in der Schule etwas zur Sache, denn die Ausgrenzungsfalle ist bereits zugeschnappt – kein plötzlicher, sondern ein oft jahrelanger Prozess, in dem eine Schule versucht, mit einem Schüler zurechtzukommen und immer wieder scheitert. Das wiederholte Scheitern bewirkt fatalerweise eine Verfestigung des Urteils über den Schüler. Am Beginn standen vereinzelte Störungen von Herrn Langs Englischunterricht. Ein diskreditierender Effekt (vgl. Goffman 1975) wurde daraus, als Herr Lang innerlich mit ‚der schon wieder' zu reagieren begann. Seine erfolglosen pädagogischen Bemühungen bringen ihn irgendwann dazu, sein Urteil über Mirko als den Störer laut in die Klasse zu sagen. Die nächste Stufe war erreicht, als Vermutungen genügten, um einen Verdacht zu begründen und – egal wer sonst noch beteiligt war – Mirko als Urheber gesehen wurde. Die Isolation verschärfte sich, als andere Schüler Mirkos Etikett gezielt auszunutzen begannen: ‚Der Mirko hat mich gestört!' Es war eine Frage der Zeit, bis Mirko die im Stigma steckenden Vorteile erkannte, in die eigene Selbstinszenierung einbaute und seine Handlungsstrategien darauf abstellte. Dass Herr Lang mit Kollegen über den schwierigen Schüler spricht, findet er fachlich, aber er muss Mirko dabei zum Fall machen, um nicht selbst ins Blickfeld zu geraten. Nur wenn es Herrn Lang gelingt, die Schwierigkeiten seines Falles glaubhaft nachzuweisen, geht sein professionelles Ansehen ohne Schaden aus. Wer mit einem frechen, aber normalem Schüler nicht fertig wird, braucht selbst Hilfe, nur wenn das Verhalten krank oder moralisch verwerflich ist, kann er auf kollegiale Unterstützung bei der Sanktion (Hilfe oder Strafe, je nachdem) bauen. Im Teufelskreis von Zuschreibung und identitätsbildender Übernahme wehrt sich Mirko nicht gegen die Beschuldigung, was ihm zwar Respekt in der Klasse, aber auch einen Termin mit den Eltern beim Rektor einbringt. Es kommt aber nur die Mutter und die sieht auch ein, was die Lehrer ihr sagen: Sie und ihr Sohn brauchen Hilfe.

Der Schulleiter vermittelt Frau Sommer zum Allgemeinen Sozialdienst (ASD). Er ruft sogar für sie an und vereinbart einen Termin. Mirkos Mutter kommt dort zwar wie vereinbart an, aber ohne Ehemann. Ohne Vorgeplänkel eröffnet sie das Gespräch mit den Worten „Ich kann nicht mehr! Ich schaffe das mit Mirko nicht mehr. Seit mein Mann daheim ist, ist alles noch schlimmer geworden." Sie erzählt, was der Fachkraft aus dem Telefonat mit dem Rektor bereits bekannt ist: Mirko schwänze manchmal die Schule, habe schlechte Noten in Englisch und Deutsch, störe im Unterricht und sowohl Versetzung als auch Verbleib an der Schule seien gefährdet. Auch sie selbst hat ihre Probleme mit dem Sohnemann. Er hört nicht, lernt nicht und bleibt abends zu lange weg. Nur wenn der Vater „durchgreife" wäre noch ein sichtbarer, allerdings nicht nachhaltiger Effekt zu erzielen. Wohl sei ihr bei derart drastischen Strafmaßnahmen nicht. Dadurch würde der Sohn auch nicht fleißiger und die kleine Schwester bekomme von Mirko die Prügel weitergereicht, wenn der Vater in der Kneipe ist. Schon über ein Jahr sei er arbeitslos. Es knalle einfach zu oft daheim. Die säßen sich zu oft auf der Pelle.

Die erfahrene ASD-Fachkraft „erkennt" das Problem: Leistungsversagen, Erziehungsversagen und wahrscheinlich materielle Schwierigkeiten. Dafür gibt es geeignete Hilfemaßnahmen, in welche sie Frau Sommer zu vermitteln beginnt. Der Hort erscheint der Fachkraft als idealer Weg, erstens die Erledigung von Mirkos Hausaufgaben sicherzustellen, zweitens Frau Sommer zu entlasten und drittens alternative erzieherische Impulse zu setzen. Weiterhin rät die Sozialarbeiterin zur Konsultation der Erziehungsberatungsstelle, wovon sie sich eine Verbesserung von Frau Sommers Erziehungskonsequenz verspricht. Frau Sommer ist kooperativ und willigt sofort ein. Mirko verhält sich gelangweilt bis genervt, sagt aber, dass er sich den Hort „mal anschauen" werde.

Das Hauptproblem, welches sich bei dieser Hilfeplanung ergibt, ist nicht, dass sich Frau Sommer den Hort überhaupt nicht leisten kann – hier kann das Jugendamt aushelfen –, sondern dass sich kein Platz findet. Ausschlaggebend dafür sind sowohl Wartelisten als auch Mirkos Etikett. Ersatzweise wird Mirko in eine Hausaufgabenbetreuungsgruppe vermittelt.

Der Termin in der Erziehungsberatungsstelle findet nach vier Wochen Wartezeit statt. Frau Sommers anfängliche Begeisterung mischt sich aber mehr und mehr mit Enttäuschung. Sie sieht sich allein gelassen bei der Umsetzung der Beratungsergebnisse: Weder Mirko noch dessen Vater fühlen sich angesprochen. Letzterer hält das ganze Gerede sowieso für überflüssig und kommt erst gar nicht. So bricht sie die Beratung nach drei Terminen ab, nicht weil sie mit dem Berater unzufrieden war, sondern wegen der fehlenden Mitwirkung ihrer „beiden Männer". Im übrigen drängt die Schule auf eine Maßnahme, da sich die Situation dort nicht verändert hat. So kommt es zu einer „Unterbringung" in einer heilpädagogischen Tagesgruppe. Dass die Tagesgruppe einem Träger angehört, der auch eine Sonderschule auf dem Gelände betreibt, erleichtert die spätere „Umschulung" dorthin, die Mirko mit dem täglichen Taxifahren schmackhaft gemacht wird. Dennoch resultiert aus diesen Maßnahmen für ihn ein ganz und gar drastischer Einschnitt, weil er so seinen ganzen Freundeskreis – in dem er etwas gegolten hat – verliert, denn die Wochentage verbringt er jetzt fernab vom heimischen Stadtteil.

Summa summarum entsteht eine Lösung, deren Bilanz folgendermaßen aussieht: Ansatzpunkte der Hilfe sind die Schwächen und Defizite von Mirko und dessen Familie. Die Hilfeleistung ist reinste professionelle Hochleistungspädagogik, keine Spur von einer Co-Produktion der Adressaten, deren Stärken, Ideen und Ressourcen völlig unterbelichtet bleiben. Mirkos Versorgung im Spezialsetting, das hundertprozentig vorgestanzt und unelastisch ist (wer nicht (mehr) reinpasst, wird weitervermittelt), wird erkauft um den Preis von Beziehungsabbrüchen und Aussonderung aus dem Normalsystem, dessen Optimierungsbedarf überhaupt nicht ins Blickfeld gerät. Genauso wenig, wie Ressourcen des sozialen Raums irgendeine Rolle spielen. Und schließlich wurde die Hilfe mit jedem neuen Hilfeplanschritt teurer. Taxi, Schule und Heilpädagogische Tagesstätte ergeben zusammen beachtliche Ausgaben. Dass dadurch bei entsprechender Hilfedauer Arbeitsplätze im Schul- und Tagesgruppenbereich gesichert werden, ist zwar erfreulich, aber die Aussonderung in die Kunstwelt der Fachleute, ohne effektive Mitwirkung der Betroffenen, könnte sich spätestens dann als Milchmädchenrechnung erweisen, wenn die „Mirkos" feststellen werden, dass die Sonderschule E keine Arbeitsplätze E anbietet und das Jugendamt keine Tagesgruppen für Erwachsene.

So können wir froh sein, dass dieser konkrete Fallverlauf erfunden war, aber nicht erleichtert, weil er geradezu typisch für die deutsche Jungendhilfe ist. In Mirkos Fall hat das Jugendamt anders, nämlich sozialraumorientiert gearbeitet.

Das begann mit einem Ressourcencheck, von dessen Ergebnis hier nur die Ressourcen wiedergegeben sind, die später im Lösungssetting „eingebaut" wurden. Zur Technik des Ressourcenchecks ist im Fieldbook (⇨mehr zu finden.

Stärken der Familie Sommer

Mirko	Vater	Mutter
hat viel Energie, ist clever und intelligent, will in seiner Schule bleiben, spielt gern und gut Fußball, hat Führungsrolle in Clique, ist Motorradfan	guter Klempner und Mechaniker, hat Spaß am Arbeiten, kann zupacken, sucht Arbeit, passionierter Hobbygärtner, genießt Mirkos Respekt	sorgt sich um ihren Sohn, hat 11 Jahre lang eine gute Erziehung hingekriegt, ausgebildete Frisörin

Unabhängig davon und lange bevor Mirko zum Fall wurde, hat der Erziehungshilfeträger, der für Mirkos Situation regional zuständig ist, im Rahmen fallübergreifender Arbeit Volunteers angeworben, die gegen Unkostenpauschale, Fortbildung und Supervision einen häufigen Bedarf nach Hausaufgabenbetreuung abdecken. Da dieses „Projekt" seit ein paar Jahren läuft, kann man mittlerweile auf eine beträchtliche Anzahl von Volunteers zurückgreifen, die teils in Gruppen, teils in Einzelarbeit stationär und mobil eingesetzt werden. Mirkos Hausaufgabengruppe ist an seine Schule angebunden. So kann sich der Trainer mit den Lehrern bei Bedarf abstimmen oder auch vermittelnd tätig werden. Mirkos Wunsch, in seiner Schule bleiben zu wollen, wird dadurch unterstützt.

Ebenfalls lange bevor es den „Fall Mirko" gab, wurde im Rahmen einer fallunspezifischen Aktion das Sommerfest der Kirchengemeinde des Stadtteils durch einen attraktiven Mountain Bike Parcours bereichert. Das ist keine große Sache für den Erziehungshilfeträger, der mit den notwendigen Utensilien ausgestattet ist. Ziel der Aktion war, die bestehenden Kontakte mit der Kirchengemeinde zu intensivieren, aber auch einzelne Besucher des Festes gezielt anzusprechen, um z. B. neue Hausaufgabentrainer zu gewinnen. Damals wurde eine Mitgliedschaft im Tauschring „Wunder" begründet, die heute fallspezifisch den Zugriff auf eine wesentliche Ressource für Mirko bietet: ein Nachhilfelehrer, Motorradfreak vom Typ „Muskeln und Lederjacke". Der Typ kann nach einem abgebrochenen Studium in den USA besser Englisch als Mirkos Lehrer und ist cool genug, den Jungen dafür zu begeistern. Nicht sonderlich gerne, aber mit Stolz mäht Mirko für „seine" Nachhilfestunden im Tauschring Rasen. Sein Vater besorgt als passionierter Hobbygärtner die fachmännische Anleitung des Sohnes, anfallende Bepflanzung und Pflege.

Die Tauschringarbeit macht Mirkos Familie nicht nur zu echten Co-Produzenten, entscheidend ist vor allem, dass die Lösung der Stolz der Familienmitglieder ist und schon allein deswegen gute Erfolgsaussichten hat.

Abgestimmt mit dieser Lebensweltmaßnahme sind die vier weiteren Komponenten von Mirkos „Maßanzug":

(1) Die Situation in der Schule verlangt nach Abkühlung und Entlastung. Ein Mitarbeiter des Erziehungshilfeträgers berät sich mit den beiden Lehrern, die Mirko am besten gestern als heute los wären. Ziel ist eine differenzierte Fallbeschreibung und darauf aufsetzende Strategieentwicklung. Dass so etwas mit einer Schule überhaupt möglich ist, ist der durch langjähriges Networking gezielt erarbeitete Ausnahmefall. Ohne hier im Einzelnen auf Beratschlagung und Unterrichtsbeobachtung eingehen zu können, stellt sich heraus, dass Mirko zweifelsfrei die notwendigen intellektuellen Fähigkeiten hat und in der Klasse beliebt ist. Auffällig sind sein ausgeprägtes Unrechtsbewusstsein, sein Stolz und seine manchmal selbstschädigende Courage. Der von Lehrer und

Sozialarbeiter gefasste Plan ist gemeinsamer Unterricht in Deutsch, wobei ein Modul „Philosophieren mit Kindern" nach Lipman (1986) ausprobiert werden soll, in dem an Mirkos Gerechtigkeitsempfinden angeknüpft werden kann.

(2) Mirko hat viel Energie, spielt gut Fußball und ist der Anführer einer Gruppe von fünf weiteren Straßenkickern. Im erarbeiteten Lösungsarrangement wurden Mirko und seine Leute die Haudegen der B-Jugendmannschaft des TUS 04. Entscheidend war dabei, dass die Fachkraft den Übungsleiter kannte, was kein Zufall war, sondern das Ergebnis fallunspezifischer Arbeit.

(3) Schließlich wurde auch eine „Beratung für schulischen Erfolg" mit dem Vater vereinbart. Der Titel drückt den gemeinsamen Nenner zwischen Fachkraft und Vater aus. Im Verlauf dieser Beratung werden – wenn man sich besser kennt – vielleicht auch andere Dinge besprochen werden, aber vorerst gelten der Wille und die Definition des Vaters. Die Beratung kann übrigens von jedem Familienmitglied abgerufen werden – als Einzel– oder Familiengespräch.

(4) Eine ungeplante, aber erfreuliche Wirkung der Tauschringarbeit ist die immense Nachfrage, die Mirkos Vater als Klempner und Automechaniker erfährt. Der Mann ist gut, und so ist es eine Frage der Zeit, bis er von einem „Kunden" an dessen Freund weiterempfohlen wird, als der einen neuen Mitarbeiter sucht. Sozialarbeit hat hier – im Fachchinesisch gesprochen – die Voraussetzung für Bridging Social Capital geschaffen (Putnam 2000, S. 22;).

Bilanz der professionellen Arbeit: Die Kompetenzen der Familienmitglieder waren der wesentliche Faktor der Lösung, wobei ein problemunspezifischer Ressourcencheck diese Stärken überhaupt erst ins Blickfeld der Fachkräfte brachte. So konnten die Betroffenen in der Tat die Produzenten der Lösung sein. Es gab keinen Beziehungsabbruch, sondern einen Zugewinn an neuen Beziehungen. Integrativ war die Lösung, weil Aussonderung aus der Regelschule verhindert wurde. Neben der Schule wurden lokale Strukturen genutzt und die Fallbearbeitung lag in der Hand eines Teams. Dass die Lösung effizienter war als klassische Jugendhilfemaßnahmen, lässt sich auch ohne Kostenbilanzierung sagen.

3.1 Das Stärkemodell

$$7 - 2 = 5$$

$$6 + 3 = 8$$

$$2 + 3 = 5$$

Die Abbildung zeigt drei eher weniger komplexe mathematische Operationen. Die meisten Menschen sehen auf den ersten Blick, dass eine Aufgabe falsch gelöst wurde. Dass zuerst die falsche Lösung auffällt ist kein Zufall, denn uns fallen zuerst Dinge auf, die nicht funktionieren. Defizite und Schwierigkeiten erkennt der menschliche Verstand leichter und schneller als rund laufende Routine. Wenn in unserem lebensgeschichtlich erworbenen Wissensvorrat eine Problemlösung auf Lager liegt, wenden wir sie routinemäßig an, ohne dass uns bewusst werden muss, ein „Problem" bewältigt zu haben. Wir bekommen unsere Routinekompetenzen gar nicht mit. Es sind Schwierigkeiten, die unserem Denkapparat auffallen. Die eigenen Beine bemerkt man meist erst beim Muskelkater. Wir sehen viel leichter Probleme als die darin liegenden Chancen, eher Begrenzungen als den dadurch markierten Besitz, mehr die Krankheit als die Gesundheit, auf die sie aufsetzt.

Es scheint ein phylogenetischer Entwicklungsvorsprung der menschlichen Art gewesen zu sein, Schwierigkeiten, vor allem zukünftige, (vorher)sehen zu können. Das Problem dieser hervorragenden Leistung unseres Verstandes ist ihre Dominanz. Defizite wirken auf uns wie das Steinchen im Schuh. Wir brauchen nicht darauf zu achten. Sie drücken von alleine. Andererseits müssen wir uns sehr disziplinieren, Positiva, Routinekompetenzen und die Chancen, die in jeder misslichen Situation und in jedem Fehler liegen, zu erkennen. Darum geht es im Stärkemodell (engl. Strengths Model, vgl. Salebeey 1997, Rapp 1998, Rappaport 2005, Herriger 2002).

Der Defizitblickwinkel ist die Normaleinstellung unseres Alltagsverstandes. Das Stärkemodell dagegen ist ein künstlicher Blick. Unser Alltagsverstand ist ein notorischer Problemlöser. Uns stechen die Dinge ins Auge, die nicht funktionieren. Das Rädchen, das quietscht, bekommt die größte Aufmerksamkeit. Das Stärkemodell dagegen ist eine professionelle Sicht, die sehr disziplinierend mit unserem Alltagsverstand umgeht und unsere Perspektive auf Stärken wechselt.

Bei einer Mutter, welcher 14 Jahre lang die Erziehung gut gelungen ist, fällt Sozialarbeitern der inkonsequente und dadurch problematische Erziehungsstil auf, als der Sohn anfängt, nicht mehr in die Schule zu gehen, um mit seinen Freunden um die Häuser zu ziehen. Unsere Aufmerksamkeit wird oft von dem momentanen Problem so in Anspruch genommen, dass wir die 14 Jahre erfolgreicher Erziehung, wo das meiste gut geklappt hat, schlicht als gegeben hinnehmen.

Unsere lebensweltliche Programmierung auf Wahrnehmung und Bearbeitung von Schwierigkeiten lässt uns Leute in schwierigen Situationen eher als hilfsbedürftig erscheinen, denn als sich Helfende. Die Stärkensicht ist uns nicht in die Wiege gelegt, weil wir als gelernte und eingefleischte Problemlöser Situationen vorrangig als zu lösende interpretieren. Um darin Chancen sehen zu können, sind dagegen oft Extra-Anstrengungen erforderlich.

Ein alleinerziehender Vater wurde Fall eines Jugendamtes, weil er seinen dreijährigen Sohn – dem nichts fehlte – mehrmals nachts ins Krankenhaus gebracht hat, spurlos verschwand und erst am nächsten Nachmittag wieder auffindbar war. Die Sorgepflicht(rechts-)verletzung liegt auf der Hand. Die zuständige ASD-Mitarbeiterin beließ es nicht bei der naheliegenden Deutung, sondern fand heraus, dass der junge Vater erst vor kurzer Zeit von seiner Partnerin verlassen worden war und immer mal wieder in Situationen kam, wo ihm die Versorgung des Kindes, gepaart mit der Trauer um den Verlust der Partnerin, über den Kopf wuchs. Er suchte dann nach einem sicheren Platz für sein Kind, und das Krankenhaus war für ihn der sicherste Platz, den er sich vorstellen konnte. So gesehen spricht aus dem Verhalten Pflichterfüllung – er wollte ein guter Vater sein, nur das Krankenhaus war nicht darauf ausgelegt, nachts überforderten Vätern zu helfen. Stärkenorientierte Sozialarbeit schafft es, in vermeintlichem Problemverhalten auch die Lösungsversuche zu erkennen, um aus dem gemeinsamen Ziel (Sicherheit für das Kind) eine Lösung zu bauen, die weniger unerwünschte Nebenwirkungen hat.

3.2 Was als Stärke gilt, ist interessenabhängig

Von Zhuang Zi, einem Laotseschüler, stammt die sog. Himmelspfifftheorie: „Der Wind pfeift ganz verschieden, je nach den Löchern und Kanten der Dinge, über die er hinwegstreicht. Zwischen gut und böse, zwischen schön und hässlich prinzipiell zu unterscheiden, ist müßig." (Dschuang Dsi 2002 [300 v.Ch.], S. 2) Damit soll gesagt sein: Stärken sind immer auch Schwächen und Schwächen sind immer auch Stärken. Jedes Ding hat zwei Seiten. Das klingt für unsere Logik paradox und aus unserer Lebenserfahrung wissen wir, dass es dennoch stimmt. Warum sich hier unser logisches Grundverständnis unserer Lebensweisheit entgegenstellt, scheint in der prinzipiellen Begrenztheit gängiger Logik zu liegen, die einen Fehler macht, wenn sie die Formalität A=A und A≠B mit der Realität verwechselt. „Das Ähnliche als gleich zu behandeln, ein unlogischer Hang – denn es gibt an sich nichts Gleiches –, hat erst alle Grundlage der Logik geschaffen", schrieb Nietzsche (1990, S. 455) und lenkte die

Aufmerksamkeit auf den Betrachter, der eigentlich erst entscheidet, was gut, was schlecht, was Defizit und was Ressource ist. Der Betrachter sieht, was er sehen will beziehungsweise sehen kann, und bestimmt damit die Möglichkeiten und Grenzen der Erkenntnis. Die Erscheinung der Dinge legt nicht fest, was der Betrachter sieht, sondern dessen innere Struktur, Haltung, Überzeugung und Befindlichkeit (vgl. Maturana 1994, S. 57). „Wir sind die Verfasser der anderen", schrieb Max Frisch, und „auf eine heimliche und unentrinnbare Weise verantwortlich für das Gesicht, das sie uns zeigen, verantwortlich nicht für ihre Anlage, aber für die Ausschöpfung dieser Anlage." (Frisch 1976, S. 37) Je nachdem, was ein Betrachter in eine Beobachtung hineinsieht, ergeben sich unterschiedliche Ergebnisse. Handlungen sind nicht aussagekräftig an sich, denn sie müssen interpretiert werden, in einen Rahmen versetzt werden, in dem sie Sinn machen. Je nachdem, welchen Rahmen eine Fachkraft wählt, erscheint eine Handlung als problematisch und unvernünftig oder als zielführend und clever. Es gibt eben keine von unseren Interpretationen unabhängige eigenständige Außenwelt, obwohl wir ständig so tun als ob (vgl. Luhmann 1997, S. 35). Etwas real nennen heißt, sich in eine bestimmte Beziehung dazu zu stellen. Es kommt auf unsere Betrachtung an, ob wir ein Verhalten als Fehler oder bösen Willen sehen oder als Lösung und gute Absicht.

Ein Handy im Besitz eines insolventen jungen Mannes mag bei dem Sozialarbeiter einer Schuldnerberatungsstelle wegen der Unterhaltskosten Befürchtungen auslösen. Das gleiche Handy gewährleistet aber auch die Erreichbarkeit des Mannes, sichert ihm – wenn es ein entsprechendes Modell ist – Prestigegewinne und kann Anreiz zu weiteren Erfolgen sein. Oder als Metapher ausgedrückt: Das Handy ist der Schnittpunkt zweier Kurven. Obgleich der Schnittpunkt dieselben Koordinaten hat, ist er in seiner Bedeutung nicht derselbe Punkt. Der Unterschied ergibt sich daraus, dass der Punkt ein Glied in zwei ganz verschiedenen Logiken darstellt. Welche Logik „gilt" und dem Handy damit Sinn gibt, hängt davon ab, was „sozial" durchgesetzt wird. Und: Die Beteiligten beim sozialarbeiterischen Geschäft sind meist mit ganz unterschiedlichen Möglichkeiten der Durchsetzung ihrer Sicht ausgestattet.

Picasso hat sich lange mit dem Phänomen beschäftigt. In seinem Stil koexistieren zwei konträre Darstellungsformen gleichberechtigt nebeneinander. Am „*Bildnis Dora Maar*" (1937) zeigt die Figuration den subjektiven Blick vom Standort des Betrachters. Hier gelten die Gesetze der Perspektivität. Die Dissoziation hingegen unterschlägt das Vorhandene nicht, nur weil es nicht im Blick des Betrachters ist: Man sieht gleichzeitig, was man aus einer Perspektive eigentlich nicht gleichzeitig sehen kann: Dora Maar im Profil *und* frontal, Dora Maar von außen *und* von innen. Dora Maar als einen Körper, der von der Umwelt abgegrenzt ist *und* der mit der Umwelt verschwimmt. Der Preis für diese multiperspektivische Ganzheitlichkeit ist der Verlust der einfachen Form. In der Sozialarbeit würde man sagen: Der Preis der Perspektivvermehrung ist der Verlust der einfachen Sicht der Dinge. Genau das mutet uns das Stärkenmodell zu. Wenn man beispielsweise den gängigen Fachjargon aus Klientenakten nimmt und gegen den Strich liest, entsteht eine zusätzliche andere Wirklichkeit: Aus „depressiv“ wird „kann Stimmungen, Unwohlsein, Traurigkeit zulassen und zeigen, emotional, sensibel, tiefsinnig“. „Aggressiv“ kann auch heißen „nimmt Konflikte an, setzt zur Zielerreichung seine körperlichen Kräfte ein, lebt seine Energie aus, temperamentvoll“. „Konzentrationsschwach“ lässt sich auch beschreiben als „legt sich nicht auf eine Sache fest, vielseitiges Interesse, ist vielen Dingen gegenüber aufmerksam, selektiert nach eigenen Maßstäben“ (Eggert 2000, S. 196). Es kommt also darauf an das Potenzial in einem Verhalten zu erkennen, das in der uns eingeprägten System- oder Alltagssicht als unstrittig problematisch gilt.

> Frage des Zhuang Zi: *„Hat ein großer Räuber Moral?“*
> Antwort: *„Aber selbstverständlich! Ohne Moral kommt er nicht aus. Intuitiv erkennt er, wo etwas verborgen ist: Das ist seine Größe; er muss eindringen: das ist sein Mut; und darf nicht gehen, bevor die Arbeit gemacht ist: das ist sein Pflichtgefühl; er muss wissen, ob es geht oder nicht: das ist seine Weisheit; er muss die Beute in der Bande richtig verteilen: das ist seine Gerechtigkeit. Es ist vollkommen ausgeschlossen, dass ein Mann, dem es auch nur an einer dieser 5 Tugenden fehlt, ein guter Räuber wird.“*
> (Dschuang Dsi 2002, S. 111)

„Alle Dinge tief finden – das ist eine unbequeme Eigenschaft: Sie macht, dass man beständig seine Augen anstrengt und am Ende immer mehr findet als man gewünscht hat“ (Nietzsche 1990, S. 482). Stärkenorientierte Arbeit mutet aber genau das zu, nämlich bereit zu sein, auf Bequemlichkeiten der eigenen Wahrnehmung, die mit den organisierten und gelernten Routinen korreliert, zu verzichten und Stärken auch dort zu sehen und zu gebrauchen, wo sie nicht den eigenen gleichen.

Allerdings sind unsere Wahrnehmungsfähigkeiten – was Stärken und Ressourcen betrifft – schwach ausgebildet (Rapp 1998, S. 24) und durch Diskurse geprägt, die einen Defizit-Blickwinkel (Herriger 2002, S. 63) begünstigen. „Diskurs“ im Sinne Foucaults meint, eine Sprech- und Denkpraxis, die systematisch die Dinge erzeugt, von denen sie spricht. Gesellschaftliche Diskurse folgen Regeln und Prinzipien, die bestimmen, wie überhaupt gesprochen und gedacht werden kann, was als jeweils wahr oder falsch gilt (vgl. Foucault 1991). Skeptisch und kritisch zu sein, wirkt gescheit und professionell. Nicht selten verdankt sich der Erfolg des einen Experten der Demontage des anderen Experten. Wer die Stärken beim anderen sieht, läuft Gefahr, dass seine eigenen übersehen werden. Es ist folglich nicht einfach und zeugt sowohl von Übung als auch von Größe, sich auf die Stärken der anderen zu konzentrieren. Oft geben wir Betroffenen den Eindruck, es wären ihre Defizite, die wichtig sind. Organisationen, Systeme und Disziplinen der Hilfe sind an diese Diskurse angeschlossen. Disziplinen sind Systeme von Regeln, die das Wahre vom Falschen scheiden und dadurch gültige Aussagen konstruieren. Dieses Resultat von Inklusion und Exklusion wird dann mit Techniken bearbeitet, die verfestigen, was vorher als solches definiert wurde.

Das Stärkemodell ist – wie jede alternative Perspektive auch – von Relevanzen bestimmt. Das selektive Bild, das im Stärkemodell erzeugt werden soll, versucht die Kontexte zu erkennen bzw. zu betonen, die ein auf den ersten Blick problematisch anmutendes Verhalten als Lösungsversuch erkennen lassen. Weiterhin wird versucht, auf die Kontexte aufmerksam zu machen, die bestimmte Verhaltensweisen oder Eigenschaften von Menschen als problematisch definieren, und das dahinter steckende Interesse zu demaskieren. Und schließlich geht es darum Kontexte herzustellen, in denen die Merkwürdigkeiten, Vorlieben, Erfahrungen und Routinen von Menschen Sinn machen und Erfolg haben können.

> Robin Bowker, ein 60-jähriger, hagerer, allein stehender Mann mit guten Manieren hält sich unangenehme Gespräche und Leute vom Hals, indem er ihnen von den schlechten Wellen erzählt, die er aus jedem Winkel des Universums erhält, mit dem er ständig in Verbindung steht. Die Strategie ist so zu seiner Routine geworden, dass sich ein normales Gespräch mit ihm fast nicht mehr führen lässt. Mit Herr Bowker ist man ständig als Anhalter durch die Galaxis unterwegs. „Normale" klinken sich irgendwann aus, weil Robin Bowkers Geschichten den Alltagsverstand zum Schwindeln bringen und seine psychiatrische Diagnose dazu einlädt.
>
> Robin Bowkers neuer Sozialarbeiter war da eher die Ausnahme. Er schrieb die Geschichten auf, weil darin Phantasie und Groteskes stecke, aus der man vielleicht etwas machen könne. Bald begannen beide ein Theaterstück zu schreiben. Der Sozialarbeiter sorgte für die Gründung einer Theatergruppe. Robin Bowkers Stücke waren der absolute Renner und er selbst entpuppte sich als begnadeter Schauspieler, der kein Auge trocken ließ.

Stärken drücken sich oft in vermeintlichen Schwächen aus. In der stärkenorientierten Sozialarbeit kommt es darauf an, den Kontext von Handlungen so zu verändern, dass aus einem problematischen Verhalten ein gesellschaftlich erfolgreiches wird:

> Ein Mädchen wurde öfter beim Stehlen in Läden und Kaufhäusern erwischt. Die Sozialarbeiter haben dieses Stehlen nicht nur als kriminelles Verhalten, sondern auch die darin steckende Kompetenz gesehen. Die 16-Jährige war eine erfahrene Ladendiebin und durchaus in der Lage, ihr Taschengeld mit dieser Fähigkeit zu „erwirtschaften". Die Lösung bestand darin, das Mädchen als Testdiebin für eine Sicherheitsfirma arbeiten zu lassen. Sie hat weiterhin in den Läden der Stadt gestohlen, hat danach aber die Sachen abgeliefert und Seminare für die Besitzer kleinerer Geschäfte, die sich keinen eigenen Detektiv leisten konnten, durchgeführt. Man konnte von ihr lernen, wie Waren besser gesichert und Ladendiebe abgeschreckt werden können. Aus diesem „Engagement" ergab sich dann eine weitere Beschäftigungsmöglichkeit in einem Fitnessstudio, die ziemlich genau dem entsprach, was sich die 16-Jährige für ihre berufliche Zukunft immer gewünscht hatte. Man kann annehmen, das wäre Zufall. Die Erfahrung in der Stärkenarbeit zeigt aber, dass starke Konzeptionen von Menschen ihre Erfolge sehr viel wahrscheinlicher machen, weil sie sehr viel mehr andere Menschen dazu einladen in sie zu investieren. Die nicht direkt intendierte positive Nebenfolge wirkt dann wie eine sich selbst erfüllende unspezifische Prophezeiung.

Obgleich die Stärkeperspektive nicht weniger selektiv als jede andere ist, wirkt sie außerordentlich einseitig, eben weil sie nicht mit der natürlichen Einstellung korrespondiert.

In dem Beispiel Richards aus Singapur ist es gelungen, an der Kompetenz eines Jungen anzuknüpfen, die erst einmal ein Problem war. Als exzellenter Läufer konnte Richard über Jahre hinweg dem Erwischtwerden entfliehen. Bei seinen vielen Ladendiebstählen und Einbrüchen war er schlichtweg zu schnell für seine Verfolger. Als die Füße des Gesetzes ihn schließlich doch eingeholt hatten, sah man das Laufen als Gelegenheit. Erst einmal hat er einen großen Volkslauf gewonnen, der von der Resozialisierungseinrichtung initiiert worden war. Mit Hilfe des Posters konnte man einen Sponsor für Richard finden. Mittlerweile trainiert der ehemalige Straßenjunge in der Nationalmannschaft. Eindrucksvoll ist der stärkenbezogene Stil, mit dem die Einrichtung Adressaten darstellt.

> Wie aus Schwächen wertvolle Kompetenzen werden:
> Hägar vor dem Ablegen des Wikingerbootes: „Auf dieser Reise bekommt jeder eine Aufgabe! Aber zuerst: Gibt es jemand, der nicht schwimmen kann?“
> Sven Glückspilz: „Ich!“
> Hägar: „Gut! Du kümmerst dich um undichte Stellen!“

3.3 Krisen sind Gelegenheiten

Im Chinesischen setzt sich ein Wort meist aus zwei Schriftzeichen zusammen. Bei 危机 heißt der erste Teil 危 „Gefahr/bedrohen“, während das zweite Zeichen 机 in etwa soviel wie „Wendepunkt, Gelegenheit, Chance, geschmeidig, findig, gewandt“ bedeutet. Beide Zeichen zusammen bilden das Wort „Krise“, was man dann übersetzen muss mit „Gelegenheit, die in der Gefahr liegt". Es gibt in der chinesischen Sprache beim Wort „Krise" keine Möglichkeit, sich entweder auf die Seite des Bedrohlichen oder auf die Seite der Hoffnung zu schlagen. Eine Krise ist immer auch eine Gelegenheit. Das lässt sich nicht auseinander halten. Sicher hat dies auch mit taoistischer Tradition zu tun, in der es undenkbar ist, zwischen „schwarz" und „weiß" prinzipiell unterscheiden zu wollen. Darin steckt ein dialektisches Entwicklungsverständnis. Lebensereignisse, die Menschen vorwärts bringen und reifen lassen, sind meist schwierige Situationen, die als belastend und negativ erlebt werden. Sie bieten aber auch – mehr als jede rund laufende Routine – die Gelegenheit des Wachsens und der Veränderung. Es kommt auf die sozialarbeiterische Kunst an, die Chancen, die in Krisen stecken, herauszuarbeiten, ohne das Leid der Krise zu übersehen – zugegebenermaßen keine einfache Aufgabe.

In der Stadtteilarbeit beispielweise sind Krisen meist zugespitzte Konfliktsituationen, in denen die Gemüter hochkochen. So war es, als die Außenwand einer Möbelfabrik immer wieder mit Graffitis besprüht wurde. Nach mehrmaligem Übermalen, das die heimlichen Sprayer zu immer gewagteren Motiven „einlud", machte sich der Eigentümer selbst auf Tätersuche im nahegelegenen Jugendzentrum. Der Sozialarbeiter hatte konkrete Vermutungen bezüglich der Urheberschaft, doch bevor er damit herausrückte, erzielte er mit dem Eigentümer folgendes Übereinkommen in der Sicht der Dinge: Die Motive der Graffiti sind zwar inakzeptabel, aber die technische Qualität der Gemälde ziemlich überzeugend. Man vereinbarte: Sollten die Täter Besucher des Jugendzentrums sein, würden sie die einmalige Chance bekommen, sich beim Fabrikbesitzer zu melden, um sich zu einer erneuten Sprayaktion zur Verfügung zu stellen. Das Motiv sollte dann aber zusammen ausgewählt werden und die „Bewachung" der nochmals neu besprayten Wand würde die Aufgabe der Jugendlichen werden. Der Kontrakt war ein voller Erfolg, das Motiv war eine jugendkulturell interpretierte Marketingbotschaft der Möbelfabrik und die Jugendlichen erwiesen sich als die besten Wächter, die man sich denken konnte.

In der Fallarbeit ist die Arbeit mit dem Prinzip „Krisen sind Gelegenheiten" so schwierig, weil die Familien, mit denen es Soziale Arbeit zu tun hat, den Bewegungswert von Krisen oft nicht mehr schätzen. Von Marie-Luise Conen stammt die Metapher, dass man sich sog. Problemfamilien als Fahrer eines 20-Tonners in den Alpen vorstellen müsse, bei dem die Bremsen defekt sind. Die Hauptanstrengung der Familien ziele darauf, das Gefährt zum Stillstand zu bringen und jede Form von Bewegung zu vermeiden, angesichts des damit verbundenen Risikos. Entscheidend ist es hier, erst mal wieder die Hoffung zu erfinden, wenn es keine mehr gibt (Conen 2004). Das geht, wenn man ein Wachstumsmodell anstelle des üblichen Beschädigungsmodells (Damage model) zugrunde legt und die herrschende Reparaturmentalität überwindet. Entscheidend ist dabei die Zukunft, nicht die Analyse und Aufarbeitung der Vergangenheit. Statt WARUM-Fragen werden „Wie-haben-Sie-das-geschafft-Fragen“ angewandt, und es wird gezielt der „Survivors Pride“ angesprochen und verstärkt. Die lösungsorientierten Fragetechniken bieten gute Möglichkeiten, Zukunft, Hoffung und Lösungswege zu entdecken und zu erfinden. mit dem Stress Coping Paradigma demonstriert Lazarus, wie stark es von der eigenen Einschätzung (appraisal) abhängt, ob eine Krise als Bedrohung oder als Herausforderung erlebt wird (Lazarus 1966). Diese Einschätzung wiederum ist abhängig von den vorhandenen Bewältigungsstrategien, von der Selbstwirksamkeitseinschätzung und von der Kontrollierbarkeit der Situation im eigenen Empfinden. Wenn sich jemand als hilfloses Opfer sieht bzw. von Profis so gesehen wird, erhöht das die Wahrscheinlichkeit, dass die Krise nur noch Bedrohung wird.

3.4 Defizite als Wirtschaftsfaktor

In einer Marktwirtschaft zählt Wirtschaftswachstum. Während in Industriegesellschaften Wirtschaftswachstum zum großen Teil durch die Produktion von Gütern entsteht, resultiert Wirtschaftswachstum in Dienstleistungsgesellschaften vorwiegend aus der Erbringung von Dienstleistungen. Sozialarbeiter, Pädagogen, Psychologen, Erzieher, Heilpädagogen, Mediziner, Anwälte, Therapeuten, Lehrer, Psychiater und Leute, die das Ganze verwalten, sind ein Teil der Dienstleistungsindustrie.

Die Produktion von Gütern wird begrenzt durch Rohstoffe. So bestimmt die verfügbare Menge von Kohle, Kalk und Eisenerz das Ausmaß der Stahlproduktion. Die Rohstoffe von Dienstleistungen sind Bedürftigkeiten, also Bedarfe nach Betreuung, Therapie, Beratung, Versorgung, Bildung etc. Wenn man so will, sind Ehekrisen, zappelige Kinder, schlechte und freche Schüler, Konflikte zwischen Mietern, trinkende Väter usw. die Kohle und das Eisenerz der Dienstleistungsindustrie. Gehen in der Industriegesellschaft die Rohstoffe zur Neige, so schränkt das die Produktion von Gütern ein. Wenn hingegen der Dienstleistungsgesellschaft die Rohstoffe ausgehen, gibt es weitere Möglichkeiten: Man kann neue Bedürftigkeiten erfinden oder alte Bedürftigkeiten größer und schwieriger machen. Bislang unbekannte Probleme lassen sich erforschen und entsprechende Behandlungsmethoden können entwickelt werden. Das wirkt wachstumssteigernd. Für das Bruttosozialprodukt ist der Arbeitslose mit psychischen Problemen wertvoller als der Arbeitslose, der neben Harz IV keinen weiteren Bedarf produziert (ausführlicher zu dieser These siehe: McKnight 1995).

Der Spiegel Nr. 33/2003 stellte in der Titelgeschichte eine Reihe erfundener Krankheiten vor, von denen es einige schon in Deutschland gibt, andere stehen gerade am Anfang ihrer US-Karriere, wie zum Beispiel das Sissy-Syndrom (benannt nach der legendären österreichischen Kaiserin), eine krankhafte Niedergeschlagenheit, die durch fröhliche Aktivität überdeckt wird. Neu im Angebot ist auch das Aging Male Syndrom, auch Andropause genannt, ein Testosteronmangel bei Männern, der ähnlich wirkt wie die weibliche Menopause. Gleichberechtigung muss sein, vor allem wenn daraus Kunden werden. Internetsucht, erhöhter Cholesterinspiegel, dessen Normwerte 50% der Bevölkerung krankschreiben, und Weichteilrheumatismus sind weitere Innovationen der Dienstleistungsindustrie. Interessant ist auch das Käfig-Tiger-Syndrom, das Männer um die 50 befällt. Die Diagnose „ADHS-Syndrom“ „hilft“ vielen Familien, indem sie des Übels Wurzel eindeutig identifiziert, und schafft viele Arbeitsplätze für Experten, weil man fast von einer Volkskrankheit der kindlichen Konstitution sprechen kann.

Die Dienstleistungsindustrie wird angetrieben vom Bedarf nach Bedarf und entdeckt immer neue menschliche Defizite. Es soll nicht behauptet werden, dass es diese „Erkrankungen“ nicht gibt. Berechtigt ist aber die Frage, ob es sich dabei um „Krankheiten“ handelt, die als individuelle Störungen spezielle Behandlungsmethoden von Spezialisten fordern. Die am Einzelfall ansetzenden Erklärungen sind sicher Wirklichkeit, dürfen aber nicht mit DER Wirklichkeit verwechselt werden, schon deswegen nicht, weil ihre Rezepte und Lösungen das Nachdenken über Gründe, die über das Individuum hinausgehen, sukzessive löschen.

Wie die Bedarfsspirale funktioniert, lässt sich am Vergleich zweier deutscher Kommunen verdeutlichen. In einem norddeutschen Landkreis mit viel ländlicher Idylle wurden im Jahr 2000 für Maßnahmen nach § 35a SGB VIII im Jahr 600.000 Euro ausgegeben, in einer weiter südlich gelegenen Mittelstadt, nahe am industriellen Ballungsraum, jedoch nur 30.000 Euro. Nun hat der Landkreis zwar mehr Einwohner als die Mittelstadt, aber selbst wenn man diese Differenz herausrechnet, müsste die Mittelstadt 150.000 Euro ausgeben. Das ist zwei Jahre später auch passiert, allerdings zeitgleich mit der Eröffnung eines neuen Institutes in der nahen Großstadt. Dann häuften sich Diagnosen wie Dyskalkulie und Dyslalie und die Stadtväter mussten einen Nachtragshaushalt für den § 35a-Etat beschließen.

Beispiel „Bereavement Counsellor" (Trauerberater):
Bevor es Trauerberater gab, fand sich die Verwandtschaft zum Trauern zusammen. Man sprach, betete oder sang miteinander und schöpfte neue Kraft für das Leben ohne den Gestorbenen. Leichenschmaus und gemeinsame Trauer stärkten Zusammengehörigkeit und Solidarität untereinander. Bruttosozialproduktwirksam war diese Form des Trauerns allerdings nicht. Dann kam der erste Trauerberater mit Diplom und einer neuen Trauertechnik, die effektiver wirken sollte. Zuerst hielten das die Leute für ausgemachten Unsinn oder zumindest für überflüssig. Der Trauerberater versicherte aber, dass seine Dienstleistung zur Unterstützung der gemeinsamen Trauer hilfreich sei. Ein paar einsame Menschen waren die ersten, die seine Dienste in Anspruch nahmen. Für die Einkommensschwachen sorgte der Trauerberater für finanzielle Unterstützung seiner Dienstleistungen mit dem Argument, jeder solle das „Recht auf Behandlung" haben. Ein paar Leute, die bereits einem ersten Ausbildungssystem entstammten, waren da schon der Überzeugung, dass man mit den neuen Trauertechniken besser, tiefer, erleichternder trauern könne. Die Befürchtung begann zu kursieren, ohne professionelle Trauerberatung wäre die Wahrscheinlichkeit groß, dass psychische Probleme zurückbleiben. Da die Trauerberatung mittlerweile von der Kommune gefördert wurde, nahmen mehr Leute den Service schon deswegen in Anspruch, weil er durch ihre Steuern finanziert wurde. Als dann eines Tages der alte Vater einer Frau starb, blieb die Nachbarin zuhause, weil sie den Trauerberater nicht bei der Arbeit stören wollte. Die Verwandtschaft erschien nicht, weil man glaubte, nur ein Trauerberater könne richtig mit der trauernden Tochter umgehen. Der Pfarrer ließ sich vom Trauerberater beraten, weil dieser der Spezialist war und die trauernde Tochter erfuhr, dass der Trauerberater der einzige ist, auf den man sich verlassen kann, weil er verlässlich kommt und sich Zeit nimmt.
Es wird vielleicht nur wenige Generationen dauern, bis die Form des gemeinsamen Trauerns durch die professionelle Trauerberatung abgelöst ist und fast niemand mehr die Institution des Leichenschmauses kennt. Die professionellen Berater haben dann mit ihren geschärften Techniken wie mit einem Messer den Stoff des Sozialen zerschnitten, das gemeinsame Trauern entwertet und die Verpflichtung füreinander aufgelöst. Irgendwann werden dann aber auch die Trauerberater vor der Trauerwüste kapitulieren, in der sich niemand mehr um das Leid der anderen schert. (McKnight 1995, S. 5ff, Übersetzung der Verf.)

Im vorletzten Jahrhundert war noch klarer zu erkennen, dass der Auftrag Sozialer Arbeit auch aus Interessensgegensätzen resultiert: Gegensätze zwischen

Arm und Reich, zwischen Ohmacht und Macht. Die Form der individuellen Rechtsansprüche bei allen Arten von Bedürftigkeiten ist sicherlich ein gewaltiger sozialstaatlicher Fortschritt, hinter den niemand zurück will, aber sie ist auch eine Kaschierung von Ungleichverteilungen. Dieses zu berücksichtigen ist eine wesentliche Aufgabe Sozialer Arbeit. Menschen anhand ihrer Störungsbilder – die sicher auch zu beobachten sind – zu sortieren und zu behandeln und die gesellschaftlichen, kommunalen oder institutionalen Rahmenbedingungen, in denen sich solche Störungen manifestieren, außer Acht zu lassen, käme einem Kunstfehler gleich.

> Wenn man Salat pflanzt und er wächst nicht zufrieden stellend, dann macht man nicht den Salat dafür verantwortlich, sondern vielleicht den Dünger, die Bewässerung, das Wetter oder den Boden. Wir suchen die Ursache für die Probleme des Salates nie beim Salat selbst.
> Bei Adressaten Sozialer Arbeit hingegen neigen wir dazu, den Grund für deren Probleme primär in diesen selbst zu suchen. Könnte das etwas damit zu tun haben, welche Mittel Soziale Arbeit auf Lager hat, mit Problemen umzugehen?

Soziale Arbeit muss auch im Einzelfall die Spannung zwischen Interessengegensätzen bearbeiten, zumindest aber transparent machen können. Sozialraumorientierte Arbeit ist auch von der Fallarbeit ausgehend Strukturarbeit. Obgleich das Stärkemodell aus dem Empowerment für die Fallarbeit herausentwickelt wurde und dadurch die politische Dimension des Empowerment-Ansatzes zugunsten der individuellen Stärken in den Hintergrund gerückt ist, geht es nicht darum, Betroffene jetzt durch eine rosarote Brille zu sehen und Verhältnisse auszublenden.

Bauanleitung für Defizite
Defizite werden nach einem relativ einfachen Schema konstruiert, wobei der erste Schritt die Individualisierung des Problems ist. Eine Störung des Normalablaufs, weil zum Beispiel ein Junge in der Schulklasse zuviel unaufgefordert redet, eine Frau am Arbeitsplatz zu oft fehlt oder eine ältere Dame nach dem Einkaufen das Altenheim nicht mehr findet, wird zu einem individuellen Problem umdefiniert: er stört, sie macht blau, sie ist verwirrt. Dabei bleibt im idealtypischen Fall alles außer Acht, was auf andere als in der Person liegende Ursachen verweisen könnte, wie etwa der langweilige Unterricht, der Macho-chef oder die komplizierte Busverbindung.

Auf eine Individualisierung folgt als zweiter Schritt eine Standarddiagnose, die von der Individualität nicht viel übrig lässt: hyperaktiv, Alkoholikerin, dement. Standarddiagnosen haben Vorteile: sie ordnen ein, sie entlasten, sie erklären und sie halten das diagnostizierende System aus der Schusslinie.

Hilfeplanauszug (§ 36 SGB VIII):
„Gerhard (8 J.) hat sich, nach den üblichen Anfangsschwierigkeiten, zunächst gut in die Gruppe eingelebt. *Sein Verhalten* in der HPT hat sich im Herbst und Winter gut entwickelt. *Er konnte* zunehmend auf andere Kinder zugehen, sie zum Spielen auffordern und sich mit diesen gemeinsam beschäftigen. *Er zeigte* immer weniger Ängste und wirkte motiviert und offen. Gerhard *ist selbstbewusster geworden.* Derzeit *hat Gerhard jedoch eine „rebellische Phase*". Er möchte durchwegs *seine eigenen Bedingungen durchsetzen* und *es fällt ihm sehr schwer* Grenzen seitens der Erwachsenen zu akzeptieren."
Im Beispiel fällt auf, dass Gerhard immer im Mittelpunkt ist. Er entwickelt sich gut, er zeigt immer weniger Ängste und wird immer selbstbewusster. Als er allerdings so selbstbewusst wird, in der heilpädagogischen Tageseinrichtung eigene Bedingungen durchsetzen zu wollen, und damit ausdrückt, dass die Standardintervention „HPT" nicht zu dem passt, was er will, wird das neu zur Schau getragene Selbstbewusstsein nicht als Erfolg gewertet, sondern erneut pathologisiert, da es sich nicht den Bedingungen der Standardintervention fügt.

Das zweite Beispiel stammt aus einem Bescheid der Wirtschaftlichen Jugendhilfe. Die Standardintervention ist die Erziehungsbeistandschaft. Die Standarddiagnose lautet „Die Voraussetzungen für … § 30 sind gegeben." Genauso standardisiert sind die Ziele formuliert: „Die Erziehungsbeistandschaft soll bei der Bewältigung von Entwicklungsproblemen ... unterstützen und ... Verselbstständigung fördern."
Man kann behaupten, in einen Bescheid gehöre nichts anderes hinein, Bescheide seien Konfektionsware per Definition, da das Wesen der Verwaltung im Generalisieren und Subsumieren bestehe. Die Argumentation verwechselt aber Mittel und Ziel und unterschätzt, was Briefe bei Adressaten auslösen oder bewirken können.
Das Amt für Jugendliche und Familien und die Träger werden hier als „Bewilliger" und „Leistungserbringer" dargestellt. Im Zentrum steht eine „Leistungs*gewährung*". Die Betroffenen sind in der Amtssprache (lediglich passive) „Leistungs*empfänger*", obgleich sie doch eigentlich die zentrale Rolle spielen müssten. Wenn sich im Leben eines Menschen etwas verändern soll, ist er kein Leistungsempfänger, sondern der eigentliche Erbringer der Leistung. Die Profis können nur Unterstützer dieses Prozesses

sein. Das kommt in einem solchen Bescheid nicht zum Ausdruck und die Möglichkeit wird verschenkt, zu verdeutlichen, wer im Zentrum des Geschehens steht. Eigentlich ist das Dokument eine unterschwellige Defizitbeschreibung, in der naturgemäß von Stärken, Ressourcen oder Willen der Betroffenen keine Spur zu finden ist.

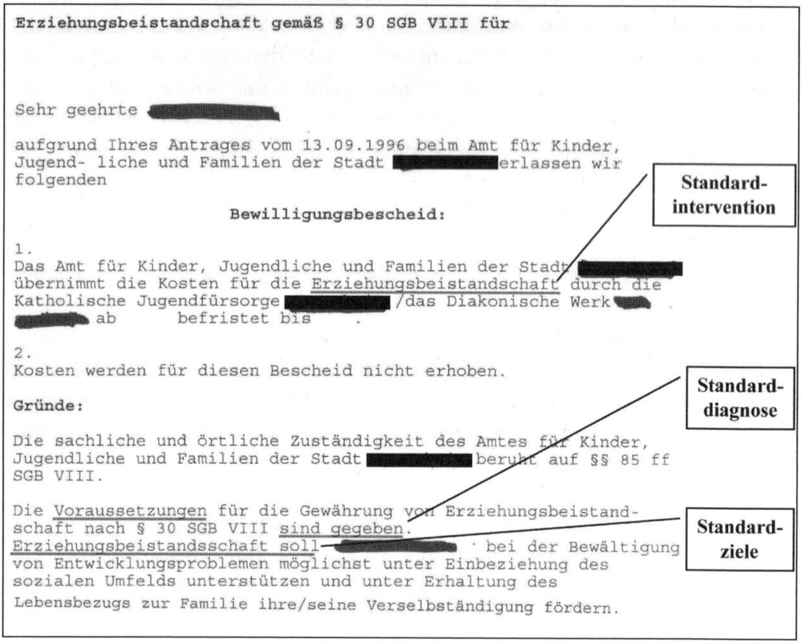
Erziehungsbeistandschaft gemäß § 30 SGB VIII für

Sehr geehrte [redacted]

aufgrund Ihres Antrages vom 13.09.1996 beim Amt für Kinder, Jugend- liche und Familien der Stadt [redacted] erlassen wir folgenden

Bewilligungsbescheid:

1.
Das Amt für Kinder, Jugendliche und Familien der Stadt [redacted] übernimmt die Kosten für die Erziehungsbeistandschaft durch die Katholische Jugendfürsorge [redacted] /das Diakonische Werk [redacted] ab befristet bis .

2.
Kosten werden für diesen Bescheid nicht erhoben.

Gründe:

Die sachliche und örtliche Zuständigkeit des Amtes für Kinder, Jugendliche und Familien der Stadt [redacted] beruht auf §§ 85 ff SGB VIII.

Die Voraussetzungen für die Gewährung von Erziehungsbeistandschaft nach § 30 SGB VIII sind gegeben. Erziehungsbeistandsschaft soll [redacted] bei der Bewältigung von Entwicklungsproblemen möglichst unter Einbeziehung des sozialen Umfelds unterstützen und unter Erhaltung des Lebensbezugs zur Familie ihre/seine Verselbständigung fördern.

Es hat durchaus *Systemlogik*, warum sich Defizitdiagnosen hartnäckig halten. Professionelle Systeme gewinnen durch sie Handlungsfähigkeit. Sie ermöglichen eine routinemäßige Bearbeitung und unterstützen eine Überweisungslogik zu spezialisierten Angeboten. Defizitdiagnosen und standardisierte Interventionen unterstützen ein Professionalisierungsverständnis, das primär von der Ansammlung beruflichen Wissens bei Experten lebt. Die individualisierte Defizitdiagnose hat zudem für die beteiligten Expertensysteme entlastende Effekte. Solange Lehrer die Störung beim Schüler festmachen können, kommt die eigene Kompetenz und das eigene System nicht ins Blickfeld, in dem sich das störende Verhalten zeigt. Und schließlich gibt es eine Finanzierungslogik, die an Defizitdiagnosen anschließt. Je schlimmer der Fall beschrieben wird, desto sicherer ist es, ein paar Fachleistungsstunden mehr finanziert zu bekommen, weil die individualisierten Rechtsansprüche rechtsgültig festgestellte Defizite voraussetzen.

> In einem Jugendamt mit knappem Haushalt war den Sozialarbeitern die Philosophie der Stärkenorientierung klar. Allein zur Bewilligung von Geldern war die Darstellung von Ressourcen und Stärken kontraindiziert. Wenn Probleme nicht in drastischem Fachchinesisch belegt wurden, war bei der Wirtschaftlichen Jugendhilfe kein Blumentopf zu gewinnen. Als Fachkraft musste man ein fachliches Doppelleben führen, wenn die Bestimmungen des SGB VIII mit derartigen Bedarfsfeststellungsroutinen verkoppelt wurden.

Ein interessantes Phänomen ist zudem die selbstbestätigende Wirkung von Defizitdiagnosen. Umso schwerwiegender die Diagnose, umso ungünstiger die Prognose, umso besser die Absicherung im Falle eines weiteren pädagogischen Misserfolgs. Eine Sonderbeschulung, die klappt, „beweist“, dass sie richtig ist, wenn sie nicht klappt, „beweist“ das, dass die Regelschule auf keinen Fall das Richtige gewesen wäre.

So entsteht die soziale Wirklichkeit des Defizits mit seiner entsprechenden Sprache, die dem Betroffenen dann, in Form der Akte verobjektiviert, wieder entgegentritt. Der Blaming-the-victim-Effekt sorgt dafür, dass das, was an problemverursachenden gesellschaftlichen Faktoren nicht veränderbar oder veränderungswürdig erscheint, den Betroffenen als Defizit zugerechnet wird. Deren Handlungsmöglichkeiten und -potenziale werden notorisch unterschätzt, und es kommt zu sozialer Iatrogenese (Illich 1975) und „erlernter Hilflosigkeit“ (Seligman 1979).

> *Beschreibung der Bewohner der therapeutischen Wohngruppe*
> *(Auszug aus einem Praktikumsbericht)*
> D.J., 15 J.: Posttraumatische Belastungsstörung (ICD 10: F 43.1)
> S.E., 16 J.: Anpassungsstörung mit längerer depressiver Reaktion (ICD 10: F 43.21)
> M.R., 16 J.: Enkopresis (ICD 10: F 98.1); Störung des Sozialverhaltens mit depressiver Reaktion (ICD 10: F 92.0)
> N.R., 17 J.: Schwere depressive Episode (ICD 10: F 32.2)
> P.B., 18 J.: Kombinierte Störung des Sozialverhaltens und der Emotionen (ICD 10: F 92.0)

3.5 Der Wert des Willens

> „Meine Sozialarbeiterin hat mir gesagt, ich wäre der Chef. Obwohl sie vom Gesundheitsamt bezahlt würde, wäre ich es, der sie angestellt hätte. Das machte mich stolz. Ich kam mir richtig gut vor. Ich war noch nie Chef gewesen. Als ich eines Tages die Schnauze voll von ihr hatte, feuerte ich sie. Nachdem ich mich am nächsten Tag wieder beruhigt hatte, stellte ich sie wieder ein. Ich hatte noch nie in meinem Leben jemand gefeuert oder angeheuert. Das war ein irres Gefühl."

In dem Zitat steckt deswegen soviel Kraft, weil es ein Klientenbild vermittelt, das den Betroffenen als Chef des Hilfeprozesses begreift. So wird befördert, dass sich Menschen, obgleich sie Hilfe suchen, selbst im Zentrum des Geschehens sehen und die Kontrolle behalten. Das weiter oben angesprochene Konzept der „erlernten Hilflosigkeit" von Martin Seligman (1979) zeigt sehr eindrücklich, was geschieht, wenn professionelle Hilfesysteme den Willen und die Potenziale von Menschen nicht ernst nehmen. Die Verantwortung für Veränderungen wird an die Hilfsexperten delegiert. Klienten erleben sich selbst immer machtloser, fremdbestimmt, das Vertrauen auf die eigenen alltagsweltlichen Überlebensfähigkeiten verblasst, Ressourcen versickern, Netzwerke zerreißen. Wie eine Spirale führt dieser Prozess zu dieser ergebenen Dankbarkeit, die Menschen zu passiven Hilfeempfängern macht – ein Ergebnis, das sich hinterrücks einschleicht und nicht selten ausgelieferte Klienten, ausgebrannte Profis und ausgeleierte Hilfsorganisationen erzeugt. Nietzsche und Simmel haben eindruckvoll die deklassierende Wirkung von einseitiger Hilfe analysiert, und auch Richard Sennett zeigt die verletzende Wirkung, die wir „Hilfe" nennen, wenn Unterstützung nur in eine Richtung fließt und nichts zurückgegeben werden kann, weil von Hilflosen nichts erwartet wird. Aus dem Ausgeliefertsein resultiert Ressentiment, das man nicht mit Kooperationsunwilligkeit verwechseln sollte.

> *Szene: Irma Douglas*
> The discharge planning referral form received by Rose Hernandez, a social worker at the hospital, indicated that Dr. Brown wanted her to arrange a transfer to a skilled-care facility for 80-year-old Irma Douglas, who recently broke her hip. According to the information on the referral form, Miss Douglas was refusing to „comply" with her doctor's order. She had changed from a „sweet old lady" to a person the staff described as angry, aggressive, noncompliant, and uncooperative. When Rose met with Miss Douglas for the first time, she fielded a barrage of comments. ... „I sup-

pose you're here to tell me what to do – like everyone else. Well, save your breath! I have decided to go home. I do not want to be herded into a nursing home for those old people! It's bad enough to be held captive in this hospital so long." Rose asked, „Since you broke your hip, everything seems out of control, Miss Douglas?" „That's exactly right," the diminutive woman resounded, „I feel like shouting, ‚Stopp! I want to get off of this crazy merry-go-round.'" Rose responded, „You ‚re wanting to get back in charge of your life." Miss Douglas replied, „I' m so tired of hospitals and their ‚Do this and do that!' routines. Then some of my so-called friends tell me I should be grateful. Huh! Others come in and you can see it in their eyes: ‚Poor Irma, what a pity.' And someone even had the nerve to say I was at fault. ‚You and your scatter rugs,' she said. ‚The only person you have to blame is yourself.' I pretended to fall asleep so she would leave. But maybe they're right. Maybe I am just an old lady who expects too much." Miss Douglas continued, „I just want to feel the warmth of my home, rather than cold sterile hospital sheets. I want to smell the flowers blooming in my garden, instead of medicine in the air. I want to taste my homemade bread and preserves and not the bland stuff they peddle as food here. I just want to go home! I feel like I will never get home unless I go home now!"

In einer Umfrage, warum Hilfeplanungsprozesse im Jugendamt scheitern, war die mit Abstand häufigste Nennung der Mitarbeiter des ASD die „mangelnde Akzeptanz der in der Hilfeplanung vereinbarten Maßnahmen bei den Adressaten" (Schrapper et al. 2003, S. 53). Eigentlich darf dieses Ergebnis nicht vorkommen, wenn Hilfeplanung als professionell moderierter Prozess geschieht, in dem die Betroffenen den Ton angeben, ihre Ziele definieren und ihre Wege finden und vereinbaren. Vorstellen lässt sich, dass Schwierigkeiten bei der Umsetzung der Vereinbarungen auftauchen, weil sich Unvorhergesehenes ergibt. Wenn hingegen Adressaten von vornherein Vereinbarungen „nicht ausreichend akzeptieren", geht Hilfeplanung am Willen und an den Möglichkeiten der Betroffenen vorbei und begreift diese eher als Randfaktor der professionellen Zielbestimmung. So laufen in der Tat viele Hilfeplanungen. Da sitzt viel Fachverstand zusammen. Formuliert wird, was geschehen soll, was die Leute brauchen, und ab und zu meldet sich auch eine Mutter, ein Vater, seltener ein Jugendlicher zu Wort.

Frau R. greift das Gesagte auf und meint, dass wir jetzt endlich zum Schluss kommen sollten und wiederholt die bisher genannten Ziele: „Medikamentenabsetzung von Dieter muss im Auge behalten werden. Die Mutter soll herausfinden, wo das Gefühl der Angst herkommt. Dieter soll in der Schule mit der Lehrerin über seinen Wunsch zur Regelschule zu wechseln sprechen und klare Ziele deswegen formulieren. Die Stimmungsschwankungen von Dieter müssen noch besser werden. Die Beziehung Mutter – Sohn und das offene Reden miteinander sind Voraussetzung für eine Rückführung." (Ausschnitt aus einem Beobachtungsprotokoll zu einer Hilfekonferenz)

Wolfgang Hinte hat immer wieder die Wichtigkeit der Arbeit mit dem Willen betont und darauf hingewisen, dass sozialarbeiterische Texte den Willen von Adressaten selten dokumentieren. Im obigen Protokollausschnitt wimmelt es dagegen vor „Soll-" und „Mussformulierungen" auf. Wenn man Hilfepläne durchsieht, tauchen darin eher selten Originalformulierungen der Betroffenen auf und schon gar nicht das Wort „will". Öfter liest man schon die Verben „wünscht" und „möchte". Häufig werden „Maßnahmen" beschrieben, die ein geregeltes Leben implizieren (Franz macht Hausaufgaben, Frau B kocht eine warme Mahlzeit am Tag, Herr Z wendet sich an die Suchtberatungsstelle), die den institutionellen Auftrag der Helfer spiegeln und offen lassen, wie die Leute nun auf einmal tun sollen, was in der Vergangenheit nicht getan werden konnte bzw. wollte. Solche Vereinbarungen scheinen eher der Anpassung der Kunden an die Vorstellung der Profis geschuldet, denn aus der eigenen Lust oder Überzeugung entsprungen.

Es gibt zwei einander ergänzende Erklärungen, warum die Arbeit mit dem Willen so wichtig ist: Erstens weil darin die *Energie zur Veränderung* steckt, und zweitens weil der Wille *Ausdruck menschlicher Freiheit und Würde* ist. „Energietheoretisch" lässt sich aus der Praxis folgendes ableiten: Wenn wir nicht mit dem Willen der Leute arbeiten, werden uns Leute über kurz oder lang beweisen, dass wir einen Fehler gemacht haben. Sie werden oberflächlich zustimmen, weil sie uns nett finden oder weil wir die Macht und das Geld haben unsere Vorstellungen durchzusetzen, aber der Wille wird sich seinen Weg bahnen. Es geht also nicht darum, zu motivieren, sondern darum, Motivationen von Menschen zu finden, denn Menschen sind motiviert, wenn mit ihrem Willen gearbeitet wird. Hingegen zu versuchen, jemand für die eigenen – vielleicht sogar besseren – Ziele zu motivieren, ist ein ziemlich aussichtsloses Unterfangen, das Schweißperlen auf der Sozialarbeiterstirn, aber wenig Nachhaltigkeit erzeugt. Sobald die professionelle Energie nachlässt, pendelt sich das System wieder da ein, wo es vorher war.

Von Schopenhauer stammt die Konzeption des Willens als Urenergie und Vorstellungskraft von Veränderung und Wachstum (Schopenhauer [1859] 1998). In seiner östlich inspirierten Philosophie begreift er den „Willen" als Urkraft alles Existierenden. Der noch blinde Ur-Wille, der die materielle Welt schafft, wird beim Menschen bewusster Wille, den wir Erkenntnis nennen.

Denken ist dann der „zur Vorstellung gewordene Wille des Individuums“ und unser Verstand das Instrument unseres Willens. „Meine ganze Philosophie lässt sich zusammenfassen in einem Ausdruck: Die Welt ist die Selbsterkenntnis des Willens.“ (Schopenhauer Manuskripte 1817, Nr. 662) Diese Konzeption stellt die rationalistische Argumentation quasi auf den Kopf, in der sich der Verstand der Willenskraft bedient und weist auf einen häufigen Fehler in sozialarbeiterischer Zielplanung hin. Wir gehen oft davon aus, dass es sich bei Zielen um die geordnete, nachvollziehbare Vorwegkonzeption einer angestrebten Zukunft handelt, dass Ziele vor dem Hintergrund des institutionellen Auftrages überzeugend sein müssen, und wir erliegen immer wieder dem Irrglauben, richtige Ziele ließen sich durch rationale Argumentation irgendwie einspritzen. Die Wirklichkeit sieht anders aus.

Wir hatten einen Jugendlichen in einer Wohngruppe, dessen Erscheinungsbild und Körperhygiene ein erhebliches „Problem“ darstellten. Anscheinend aber nicht so sehr für ihn selbst, denn alle pädagogischen Bemühungen, entweder aufklärend oder verstärkend bzw. sanktionierend oder über Verträge etwas daran zu ändern, schlugen fehl. Er wollte sich zum Waschen nicht motivieren lassen; und wir waren es, die den Schweiß auf der Stirn hatten, während er interessiert, wohlwollend, durchaus kooperativ beobachtete, was sich das Team – zu seinem Besten – ausgedacht hatte. Er ließ sich stets dazu bewegen, etwas Neues auszuprobieren, aber nichts hielt sich; außer seinem Geruch. Dann, von einem Tag auf den anderen, war der Geruch plötzlich wie weggeblasen und die ernsthafte Optimierungsarbeit am Outfit war unübersehbar. Was war passiert? Der Jugendliche hatte eine Freundin gefunden und deren schiere Existenz machte anscheinend eine völlig andere Körperpflege und Kleiderordnung notwendig. Das vorher keiner Planung zugängliche Problem hatte sich förmlich in Luft aufgelöst, durch Veränderungen von Rahmenbedingungen, die der professionellen Intervention schwer zugänglich sind.

Auch der Philosoph Ernst Bloch widmete dem „Willen“ als „subjektivem Faktor“ einige Aufmerksamkeit. Das Wesen der Freiheit, so Bloch, hat den Willen hinter sich. Es beruht auf dem Emotionalintensiven, auf dem Durchbrechenden. Der Wille zum Tätigwerden bringt Praxis hervor. Bloch fragt: „Was treibt uns an? Wir regen uns, sind warm und scharf. Was lebt ist erregt, und zwar zuerst durch sich selbst. Man sagt ja auch: der Mensch lebt nicht, um zu leben, sondern weil er lebt.“ Und weiter: „In unserem Innern brodelt etwas, ein Drängen, das sobald es gefühlt wird, zum Sehnen wird. Das Sehnen ist zwar blind und orientierungslos, aber bereits nach außen gerichtet. Richtet sich das

Sehnen auf etwas Bestimmtes, so wird es zum Suchen. Diese Aktivität wird von vielen auch als Trieb beschrieben, der das allgemeine Sehen auf verschiedene Ziele hin verfeinert. Der bewusst gefühlte Trieb ist die Leidenschaft", die sich vom tierischen Trieb dadurch unterscheidet, dass sie nicht gesättigt werden kann, weil sie mit Vorstellungskraft aufgeladen ist, d. h. von Zukunft lebt. „Wird die Vorstellung von etwas zu einer Vorstellung von einem besseren Etwas, so wird das Begehren zum Wünschen. Im Wünschen liegt noch nichts von Tätigkeit, vom Tunwollen". Man kann sich wünschen, dass morgen die Sonne scheint, dass man mehr auf eine bereits geschriebene Prüfung gelernt hätte. Solch ein Wunsch mag Sinn haben, aber es wäre sinnlos, ihn verwirklichen zu wollen. Auch lässt sich Unvereinbares zugleich wünschen, oder es lässt sich wünschen, was man nie ernsthaft zu tun beabsichtigt, vielleicht deshalb um es nicht zu tun. „Wollen hingegen heißt, seine Wahl getroffen zu haben, ist ein aktives Fortgehen zu einem gewünschten Ziel und misst sich mit gegebenen Dingen. Es gibt also Wünsche ohne Wollen, aber kein Wollen, dem nicht ein Wunsch vorausginge. Es wird umso stärker sein, je lebendiger das Wunschbild dahinter ist." (Bloch 1985, S. 49-52)

Damit ist das Wollen sehr klar vom Wünschen zu unterscheiden, ein Punkt, den Wolfgang Hinte immer wieder betont: „Ein Wunsch ist eine Einstellung, aus der heraus ich erwarte, dass ein bestimmter für mich erstrebenswerter Zustand durch die Aktivität einer anderen Person oder einer Institution, über die ich keine Verfügungs- und Steuerungsmacht habe, hergestellt wird. Eine Wunsch-Haltung ist immer gekennzeichnet durch den Mangel an eigener Tätigkeit sowie durch die angefragte/erbetene/geforderte Aktivität von anderen. Der Wille ist eine Haltung, aus der heraus ich selbst nachdrücklich Aktivitäten an den Tag lege, die mich dem Erreichen eines von mir erstrebten Zustandes näher bringen. Dabei habe ich einige Ressourcen zur Erreichung des Zustandes selbst in der Hand. Welche konkreten Schritte das sein können und wer dabei in welchem Umfang welche Unterstützung leisten kann, ist Gegenstand des kooperativen Prozesses und des daraus folgenden Kontrakts." (Hinte/Treeß 2006, S. 46)

Die zweite Erklärung, warum die Arbeit mit dem Willen ein sozialarbeiterisches Axiom ist, liefert Kants Philosophie, eine der Grundlegungen unseres heutigen Verständnisses von „Würde". „Würde" ist ein Begriff ohne empirischen Gehalt. „Würde" ist nicht mit den Sinnen beobachtbar, sondern eine Konstruktion unserer Vernunft. Ist sie deshalb für das wirkliche Leben irrelevant? Nein, denn wir können handeln „als ob" und es macht einen immensen Unterschied. Die Würde eines Lebewesens achten, heißt dessen besondere Fähigkeiten zu respektieren. Die besondere Fähigkeit eines Geparden ist beispielsweise, sehr schnell laufen zu können. Respekt einem Gepard gegenüber heißt, seine Lebensbedingungen so zu gestalten, dass er genügend Auslauf hat, um seine Fähigkeit des schnellen Laufens ausüben zu können. Die besondere Fähigkeit des Menschen ist, sich selbst durch den eigenen Willen zu steuern, oder wie Kant das sagt: „Der Wille ist eine Art von Kausalität lebender Wesen, sofern sie vernünftig sind, und Freiheit würde diejenige Eigenschaft dieser Kausalität sein, da sie unabhängig von fremden sie bestimmenden Ursachen wirkend sein kann; so wie Naturnotwendigkeit die Eigenschaft der Kausalität aller vernunftlosen Wesen ist, durch den Einfluss fremder Ursachen zur Tätigkeit bestimmt zu werden." (Kant 2002, S. 103) Respekt vor menschlicher Würde heißt also folgerichtig, dafür zu sorgen, dass der menschliche Wille ernst genommen wird und sich in Abstimmung mit anderen Menschen verwirklichen kann. Respekt verlangt zudem, die menschliche Fähigkeit sich selbst zu steuern *immer* als gegeben zu betrachten. Menschen können sich stets entscheiden, ihrem Leben eine neue Wendung zu geben. Respekt darf nicht davon abhängen, was jemand in der Vergangenheit getan bzw. geschafft hat, sondern muss sich darauf beziehen, was jemand tun könnte, unabhängig davon, für wie wahrscheinlich ich das halte (vgl. Margalit 1999, S. 93). „Der menschliche Wille will noch lieber das Nichts wollen als nicht wollen", heißt es in Nietzsches fundamentaler Sprache. Dieses Wollen nicht zum Dreh- und Angelpunkt sozialarbeiterischen Handelns zu machen, sondern sich in bester Absicht dem Willen von Betroffenen entgegen zu stellen, kann als Angriff auf die eigene Würde erlebt werden. Glück haben die Profis dann, wenn sich jemand nicht wegduckt, sondern Widerstand leistet, denn so bekommt man den eigenen Kunstfehler mit. Die meisten Adressaten beherrschen aber nicht nur konfrontative Techniken, um den eigenen Selbstwert zu schützen. Subtilere Methoden, das sozialarbeiterische Ansinnen ins Leere laufen zu lassen, erkennt der Profi erst an den nicht eintretenden Ergebnissen. Sich dann zu ärgern über mangelnde Motivation und Kooperationsbereitschaft, ist wie einem Gefangenen den Fluchtversuch vorzuwerfen. Nicht erfolgter Widerspruch ist keine Zustimmung. Der Teufelskreis der Willenlosigkeit ist ein Abrichtungsprozess, in dem die Leute daran gewöhnt werden, ihren eigenen Willen nicht mehr zu spüren oder zu äußern. Die perfideste Strategie kommt im Fachkonzept des Widerstands zum Ausdruck, wo das an sich gesunde Aufbegehren gegen Fremdbestimmung zum Teil der Krankheit erklärt wird. Willfährigkeit und Lethargie als Ergebnis der Dressur sind das Gift für jeden Zielfindungs- und Aushandlungsprozess, obwohl sie sich für Helfer und Organisationen angenehm anfühlen. Beschwerden und Widerstand sind positiver Ausdruck des Willens, obgleich sie den Profis das Leben schwer machen.

Ziele sind Aushandlungsprozesse auf Augenhöhe, in denen die Betroffenen das Recht haben, nicht zu wollen. Das folgende Zitat stammt aus einer gerichtlichen Anleitung zur Hilfeplanung wie sie in Neuseeland üblich ist:

> „If Youth Aid Officers or victims or any other persons attend conferences with a preconceived view and are not prepared to be deflected from that, then the likely consequence of that – quite apart from the fact that the conference is unlikely to be successful in its intended purpose – is that the Court will disregard the views expressed by that person. Participants must come to a Family Group Conference, without any preconceived "bottom lines" . If the Youth Court is informed of any participant trying to force others into a corner with immutable, pre-fixed views, it may order that the Family Group Conference be reconvened and direct the offending participant to be more flexible." Andrew Becroft (Principal Youth Court Judge)

Zu fragen ist am Schluss, was mit den Situationen ist, in denen sich Sozialarbeiter qua gesetzlichem Auftrag gegen den Willen der Beteiligten durchsetzen müssen, wie dies manches Mal in Kinderschutzfällen oder bei Selbstgefährdungen notwendig sein kann. Erst einmal macht es Sinn, den Begriff „Kinderschutz" zu dekonstruieren, etwa indem man eine Formulierung wählt, die den Machteinsatz nicht kaschiert: „Verwaltungswillen gegen Widerstreben der Eltern durchsetzen, um die von diesen ausgehende Gefährdung zu stoppen". Daran wird deutlich, dass hier andere Mittel zum Einsatz kommen als die üblichen Diskursmittel, die auf rationaler (= aus eigener Überzeugung zustimmender) Motivation und Willensfreiheit basieren. Diskursmittel sind die erste Präferenz, weil sie dem Menschenbild der Aufklärung entsprechen, in dem Eltern immer als Zweck (selbst Wollende) und nie nur als Mittel (Faktoren, um das Leben von Kindern sicher zu machen) gesehen werden. Machtmittel sind verglichen mit Diskursmitteln zweitklassig und dürfen nur zum Einsatz kommen, wenn auf keine andere Art unter gegebenem Zeitdruck eine Lösung erzielbar ist. Sie sind aber auch dann nicht dazu da, den Diskurs dauerhaft zu ersetzen, sondern um ihn zu befördern bzw. wieder möglich zu machen. Daraus lässt sich einiges ableiten hinsichtlich des Gebrauches sozialarbeiterischer Gewalt. Sie ist so zu präsentieren und auszuüben, dass Betroffene – auch wenn in manchen Punkten gegen ihren Willen eine Intervention erfolgt – weitestgehende Kontrolle über das Geschehen behalten und die Mittel in die Hand bekommen, mit denen sie Einfluss ausüben, Zwangsbedingungen gestalten, verändern oder rückgängig machen können. Das kann geschehen, indem man Betroffenen Unterstützungspersonen und Anwälte zur Seite gibt, indem man Beschwerden leicht macht, indem Betroffene Einfluss auf die Gestaltung von

Zwangskontexten haben, etwa wo und wie ihr Kind untergebracht ist, was es dort anzieht, isst, in der Freizeit tut, indem sofort ein Plan aufgestellt wird, wie Eltern wieder ihre volle Willensfreiheit erlangen können, was die Bedingungen dafür sind und wie sie erfüllt werden können (vgl. auch Kleve 2006, S. 127f).

3.6 Betroffene sind Lebensweltexperten

Um 7.00 Uhr klopft das Pflegepersonal an Herrn Scheels Zimmertür. Zu dieser Zeit ist der ehemalige Oberarzt schon geraumer Zeit wach und ungeduldig. Er ist Frühaufsteher und wartet auf „seine" Mitarbeiterinnen. Die Altenpflegerinnen betreten das Zimmer mit den Worten „Guten Morgen Herr Doktor. Fertigmachen zur Visite! Vorher Ganzkörperdesinfektion." Dr. Scheel geht in die Dusche und eine der Fachkräfte assistiert ihm, indem sie in korrektem medizinischem Fachjargon nacheinander die Körperteile benennt, die Dr. Scheel daraufhin einer gründlichen Reinigung unterzieht. Nachdem er wieder fertig angezogen ist, begleitet er die beiden Altenpflegerinnen zu den „Patienten". Das sind die anderen Bewohnerinnen des Seniorenheims. Er begrüßt die Damen, fragt nach dem allgemeinen Befinden, fühlt den Puls und gibt Anweisungen hinsichtlich der medizinischen Versorgung.

Was wie ein Theaterstück anmutet, ist Teil eines findigen Pflegeplanes, mit dem es den Pflegekräften gelungen ist, an die lebensweltlichen Relevanzen des früheren medizinischen Workaholics anzuschließen. Duschen war dabei stets ein Riesenproblem, weil der an Altersdemenz leidende Arzt damit keinen Sinn mehr verbinden konnte. Er lebte in seiner beruflichen Vergangenheit, in der er früher ganz und gar aufgegangen war. Mit dem System von „Ganzkörperdesinfektion" und „Visite" war es gelungen, das Aufstehen, Duschen und Kommunizieren wieder mit Sinn für den Arzt aufzuladen.

Betroffene als Lebensweltexperten anzuerkennen heißt, davon auszugehen, dass sie Ressourcen kennen und kontrollieren, ohne die Veränderungsprozesse scheitern. Deswegen ist es zielführender, Betroffene als Kollegen denn als Klienten zu betrachten. Oder wie das Heiner Keupp sagte: „Klienten sind Bürger mit Rechten, keine Kinder in Not" Es geht darum, eine Rechte-Perspektive statt einer Bedürftigkeits-Perspektive zu kultivieren und Dialoge auf Augenhöhe zu führen statt Gesprächsführung zu machen.

Dabei muss es nicht harmonisch zugehen. Aus Provokationen und Auseinandersetzungen resultieren – wenn sie auf gleicher Augenhöhe passieren – interessante Entwicklungsdynamiken. Dialoge auf Augenhöhe zielen darauf, dass sich beide Parteien in ihrer Sicht der Dinge wechselseitig beeinflussen. Die Leute wissen meist sehr viel besser als die Profis, welche Ressourcen und Stärken in ihrer Lebenswelt zur Verfügung stehen. Das kann – wie im Beispiel des Arztes – die berufliche Vergangenheit mit ihren subjektiven Relevanzen sein, oder das können Beziehungen zu anderen Menschen und Organisationen sein. Zu denken ist auch an kulturelle Autoritätspersonen wie Pfarrer oder Imame, spirituelle Rituale wie Gebete, und natürlich die eigenen Erfahrungen und Kompetenzen, über die die Betroffenen selbst am besten Bescheid wissen – im Prinzip jedenfalls. Profis sind sehr selten die besseren Eltern, Freunde oder Partner, auch deswegen, weil sie normalerweise nicht einschätzen können, was in der Lebenswelt von Betroffenen langfristig funktioniert oder welche Veränderungen welche Nebenwirkungen zeigen.

> Ein jugendlicher Schüler einer Sonderschule für geistig behinderte Menschen kam regelmäßig zu spät zum Unterricht, weil er immer wieder den Schulbus der Einrichtung verpasste und dann zu Fuß kommen musste. Das brachte ihm eine knappe Stunde Verspätung ein. Man versuchte es mit einem Training zum Zeitmanagement, mehreren Elterngesprächen und schließlich mit einer Desensibilisierungsaktion, die die Angst vor dem Busfahren reduzieren sollte. Die therapeutischen Bemühungen der Einrichtungen brachten keinen Erfolg, denn der eigentliche Grund für das Zuspätkommen war, dass der Jugendliche nicht von seinen Freunden gesehen werden wollte, wenn er in den „Behindi-Bus" einstieg. Diese wesentliche Information kam von den Freunden des Jungen.

Die Lebenswelt ist voller Ressourcen, weil sie eine durch und durch praktische Welt ist. Umwelten als schädlich, gefährlich, nicht förderlich zu bezeichnen, verstellt den Blick darauf. Allerdings sind die Ressourcen der Lebenswelt nur aus der Lebenswelt heraus zu sehen. Professionelle Hilfsorganisationen verstellen den Blick darauf mitunter, weil sie ihre eigenen Ressourcen und Routinen haben, mit denen Probleme gelöst werden. Sozialarbeiter, die vorwiegend im Büro handeln, sehen vorwiegend die Ressourcen des Büros. Sozialarbeiter, die im Sozialen Raum agieren, sehen mehr und weiter.

> Der Jugendhilfeträger „Projekt X" gestaltet u.a. Angebote zur sozialen Gruppenarbeit im ländlichen Raum. Ein wichtiger Grundsatz im Konzept ist für den Träger, keine eigenen Räume anzumieten. Das führt dazu, ständig auf der Suche bleiben zu müssen, wo man am besten mit den Gruppen unterkommen kann. In Frage kommen Schulen, Kindergärten, Gemeindehäuser, leerstehende Büros von Unternehmen, aber mitunter auch das Zu-

Gast-Sein in Privatwohnungen, das gruppenweise Einklinken in Angebote von Sportvereinen, Jugendgruppen und Kulturvereinen. Daraus entstehen dann mitunter neue Kontakte und Möglichkeiten für die Jugendlichen, mit denen man arbeitet. Vernetzung wird damit zu einer Routine, die gleichsam eingebaut ist in die eigentliche Alltagsroutine.

Dahinter steht die Überzeugung, dass der Soziale Raum im Prinzip voll gestopft ist mit Ressourcen, Hilfsorganisationen aber selbstreferentielle Systeme sind und immer zuerst ihre eigenen Möglichkeiten in den Blick bekommen. Wer eigene Räume hat, wird diese nutzen und kommt mit weniger „fremden“ Ressourcen in Kontakt. „Fremde“ Ressourcen – egal ob auf Betroffenenseite oder bei anderen Organisationen – sind auch deswegen nicht so naheliegend, weil sie erst einmal gar nicht wie Ressourcen auf uns wirken. Stärken sind besonders schwer zu erkennen, wenn sie den eigenen nicht entsprechen und wenn sie nicht auf Anhieb zu den eigenen Vorstellungen von Stärken oder zu den eigenen Erfahrungen passen.

Eine Familienhelferin, die mit einer asiatischen Familie arbeitete, war alarmiert wegen zahlreicher Hämatome eines Kindes. Der Rücken war übersät von rotbläulichen Flecken. Erst als sich herausstellte, dass der Onkel begonnen hatte sich dem Wohlergehen seines Neffens anzunehmen und mit ihm eine Schröpfkur gemacht hatte, konnte die Fachkraft die blauen Flecken als Ansatzpunkte sehen, mit dem Onkel nachzudenken, was er noch alles für den Neffen tun könnte.

Die Kunst stärkenorientierter Arbeit ist es, die Eigensinnigkeit und das Unkonventionelle, das in fremden Lebenswelten auf Profis trifft, auszuhalten, professionelle Urteile und Strukturierungen, die Fachkräfte sicher machen, einzuklammern, Chancen, die in der Lebenswelt stecken, zu erkennen und Lösungswege so zu arrangieren, dass diese Möglichkeiten provoziert werden.

Im Vergleich zu Profi-Lösungen sind lebensweltliche Lösungen oft Provisorien und nie hundertprozentig „wasserdicht“. Menschen machen Fehler, woraus sie bekanntlich lernen. Lebensweltliche Lösungen funktionieren vielleicht nur eine gewisse Zeit und brauchen dann eine Überarbeitung. Hilfeformen fehlerfrei, risikofrei und auf Dauer anzulegen, raubt Menschen die Chance auf Entwicklung. In dem Maß, in dem das Risiko von Lösungen minimiert wird, wird Kontrolle, Entmächtigung und Fremdeinwirkung maximiert. Man kann als Fachkraft mit institutionellem Auftrag zwar nicht jedes Risiko eines Lebensweltprovisoriums eingehen, aber andererseits gibt es sehr wenige Risiken, die sich nicht durch geschickt arrangierte Absicherungsschleifen kontrollieren lassen. Darin besteht die Aufgabe von Sozialer Arbeit, die Menschen als Lebensweltexperten begreift, und nicht im Arrangieren von „sicheren“ Profilösungen, die nur allzu oft entmündigend und freiheitsreduzierend wirken.

Die Ambulante

STARK FÜR ANDERE

Wir bieten Ihnen umfassende Hilfe und Unterstützung

Krankheit und Pflegebedürftigkeit kommen oft schnell und überraschend. Dann brauchen Sie zuhause sofort Hilfe und Unterstützung bei der Pflege und den hauswirtschaftlichen Aufgaben.

Dafür sind wir da.

Wir betreuen Sie in der gewohnten Umgebung und tun unser Bestes um Ihren Bedürfnissen und Wünschen zu entsprechen.

Wir kümmern uns um die kleinen und großen Sorgen und um Ihre häusliche Pflege.

Wir haben die Zulassung für alle Krankenkassen.

Wenn wir Ihnen nicht direkt helfen können, vermitteln wir Sie gerne weiter an Fachleute, Kliniken, Behörden und Organisationen, die weiterhelfen.

Zum Abschluss noch ein Beispiel, wie die Expertenschaft der Lebenswelt durch professionelle Experten kolonialisiert werden kann. Sicherlich ist dieser Werbeflyer eine Selbstdarstellung und es geht hauptsächlich darum darzulegen, was der Träger leistet. Die Dominanz des institutionellen „Wirs“ zeigt aber anschaulich die Selbstbezogenheit der Dienstleistung. Von dem, was Betroffene wissen und können, und dem Bestreben, daran anzuschließen, ist keine Spur zu entdecken, bis auf die Frage nach den „Wünschen“ vielleicht, aber zu „Wünschen“ wurde ja schon im vorhergehenden Abschnitt einiges gesagt.

3.7 Gelegenheiten schaffen

Auf der Ebene Individuum lässt sich folgende Gleichung aufstellen: Stärken x Wille = Wirkung. Wenn einer der Faktoren des Produktes Null ist, wird die ganze Gleichung Null. Das ist die individuelle Seite (vgl. Rapp 1998, S. 35). Der sozialräumliche Ansatz funktioniert aber auf mehreren Ebenen, da das Ziel Inklusionsvermittlung bzw. Exklusionsvermeidung ist. Sozialräumlich orientierte Fallarbeit ist immer auch fallunspezifische Arbeit, wodurch „Gelegenheiten“ geschaffen werden, die integrative Chancen bieten. Sozialarbeit selbst kann nicht integrieren.

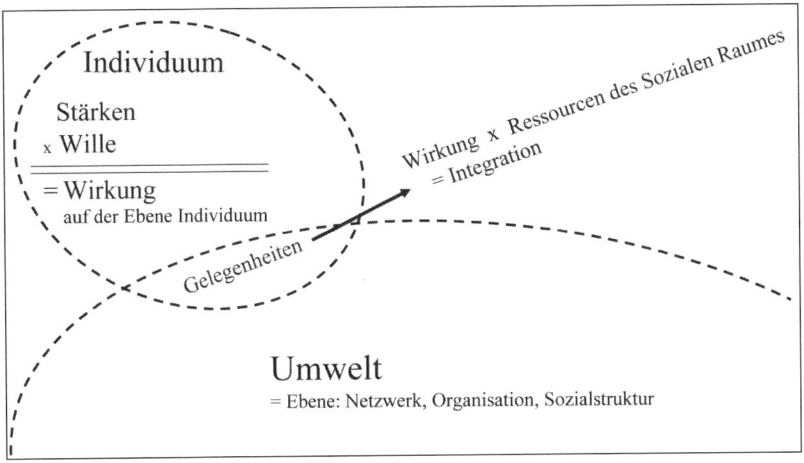

Oder präziser: Soziale Arbeit kann nur in Soziale Arbeit integrieren. Dieser Prozess ist mit der Desintegration von Menschen aus den Zusammenhängen verbunden, in denen sie kompetent sind. Ein Heim kann zwar jemanden in die Einrichtung integrieren und dem Bewohner vermitteln, wie man sich dort verhält, aber das ist nicht Integration, die mit dem Auftrag an Soziale Arbeit gemeint ist. Integrieren im sozialräumlichen Sinne können nur Normalsysteme: Arbeitsförderungsmaßnahmen also nicht, aber der Arbeitsmarkt. Eine Sonderschule kann nicht integrieren, aber eine Regelschule, weil sie Anschlüsse an den Mainstream schafft. Integrieren kann ein Verein, eine Kirchengemeinde oder auch eine Bank. Sozialarbeit kann aber Integration wahrscheinlich machen, indem sie Gelegenheiten dafür schafft. Das lässt sich nur leisten, wenn man auch in der Fallarbeit nicht auf der Ebene „Individuum“ bleibt. Individuelle Stärken, Ressourcen und der eigene Wille sind zwar wichtige Faktoren, aber sozialraumorientierte Sozialarbeit muss mindestens genauso gut im sozialen Raum verankert sein. Fachkräfte müssen nicht nur ihre Fälle kennen, sondern auch deren Nachbarn und vieles mehr, was im Handlungsfeld „*Netzwerk*“ dargestellt wird. Gelegenheiten lassen sich oft nicht mehr schaffen, wenn ein Adressat vor der Tür steht und ein Problem präsentiert, sondern es braucht dazu einen Vorlauf, den man fallunspezifische Arbeit nennt (s. Fieldbook Handlungsfeld „*Netzwerk*“). Wenn fallunspezifische Arbeit erfolgreich ist, dann haben Fachkräfte Ressourcen auf Lager, die im konkreten Fall als Gelegenheiten fungieren können.

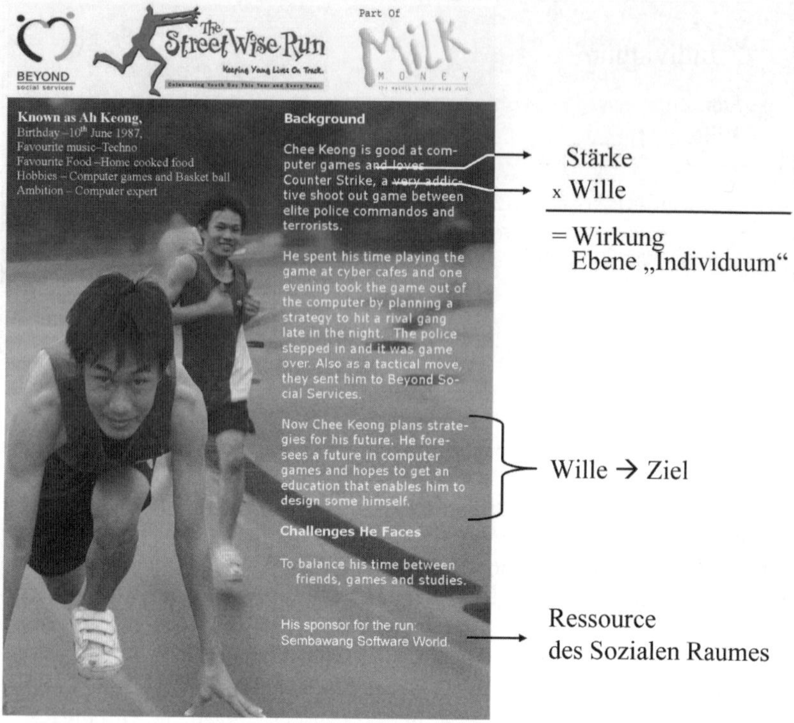

Eine sozialraumorientiert arbeitende Einrichtung kann natürlich nicht für einen einzelnen Jungen einen Volkslauf (Street Wise Run) wie im Beispiel organisieren, sondern so ein Lauf muss Jahre vorher etabliert sein, wodurch für Chee Keong später eine Gelegenheit entsteht. Sein Lieblingsspiel ist Counter Strike, ein brutales Computerspiel. Das wird weder heruntergespielt noch pathologisiert, sondern es wird herausgearbeitet, wie gut Chee Keong in diesem Spiel ist und wie viel Spaß er an Computerspielen hat. Sein Ziel ist, in einer Softwarefirma zu arbeiten, die Computerspiele programmiert. Eine Gelegenheit entsteht dadurch, dass man in dem Volkslauf eine Softwarefirma als Chee Keongs Sponsor findet, denn über den Volkslauf Jugendliche mit Sponsoren zusammenzubringen, ist eines der Ziele der Aktion überhaupt. Nicht nur Chee Keong, sondern eine ganze Reihe von Jugendlichen können über dieses Medium mit Organisationen und Einzelpersonen in Verbindung gebracht werden. Diese fungieren erst einmal nur als Sponsoren für Ausrüstung und Training, aber die Kontakte tragen oft weiter. Ob daraus eine tragfähige Lösung entsteht, wissen wir nicht. Aber die Voraussetzung, dass diese Gelegenheit überhaupt erst entstand, wurde geschaffen, lange bevor Chee Keong ein „Fall“ wurde – beim Etablieren des Volkslaufs, bei der Suche nach Sponsoren und beim Kontaktieren von Softwarefirmen in der Umgebung.

Soziale Arbeit muss auf beiden Seiten arbeiten. Auf der individuellen Stärkeseite sowie im Sozialen Raum. Das folgende Kapitel beschäftigt sich deswegen eingehend mit der Arbeit in Netzwerken und Stadtteilen, wodurch erst die Gelegenheiten entstehen, die im Fall neue Optionen bieten. Dass dazu eine sozialräumliche Organisationsform nötig ist, verweist auf das Handlungsfeld „Organisation“. Mitunter sind auch erst die Bedingungen, zum Beispiel die Finanzierung, für solche Aktionen zu schaffen, oder öffentliches Bewusstsein, dass inkludierende Problemlösungen nicht nur mit Fallarbeit zu bewerkstelligen sind. Dies ist Aufgabe der Strukturarbeit.

> Unlängst waren wir mit einer Gruppe von Studierenden in einer Justizvollzugsanstalt für Jugendliche zu Gast. Die zuständige Kollegin erzählte uns, dass sich die Insassen dort meist zum Positiven veränderten. Sie lernten, wie sie sich (in der Einrichtung) verhalten sollen. Das Resozialisierungsproblem entstünde erst nach der Entlassung: „Sie kommen mit den neuen Verhaltensschemata in ihrer alten Umgebung nicht mehr zurecht und passen ihr Verhalten wieder der alten Umwelt an.“
> Die Studenten schlugen vor, die alte Umwelt mit in die Resozialisierung einzubeziehen, Freunde in den Knast einzuladen und das pädagogische Programm mit diesen gemeinsam zu gestalten. Die kühnen Vorschläge unserer Studierenden ernteten nur ein müdes Lächeln beim Fachpersonal.

Lösungen wie die im vorliegenden Kapitel beschriebenen, unterscheiden sich von Profilösungen, weil sie nie hundertprozentig rund laufen. Perfekte Lösungen sind nur rein fachmännische, die allerdings den hohen Preis der Desintegration haben. Die Welt, die man vom Personal einer heilpädagogischen Tagesstätte gezeigt bekommt, ist eine heile Welt. Dort lernen Kinder zwar, wie man sich in der Mittelschicht verhält, aber sie lernen eher wenig über das Überleben in einer chaotischen Familie, wo es jeden Tag Krach gibt, Probleme nicht ausdiskutiert werden, sondern der Vater mit der Faust entscheidet. Dort braucht man andere Kompetenzen als in einer Mittelschichtfamilie, die man allerdings in einem desintegrierenden Hilfesystem, das nach allen Regeln der Kunst abläuft, nicht lernen kann.

Einige Rezepte zum Abschluss

Entpowern

Glauben Sie, wissen zu müssen, wie sich das Problem lösen lässt.

Versuchen Sie das Phänomen diagnostisch einzuordnen.

Gehen Sie der Ursache des Problems auf den Grund.

Stellen Sie dabei den Betroffenen und dessen Familie in den Mittelpunkt ihrer Recherche.

Prüfen Sie alle Lösungsvorschläge der Betroffenen zuerst ganz genau auf ihre Machbarkeit und Risiken.

Tun Sie was Ihre Organisation in solchen Fällen üblicherweise tut.

Schauen Sie, was das Gesetz vorschreibt und lassen Sie alles durch Vorgesetzte absichern.

Versuchen Sie die Lösungen 100% wasserdicht zu machen, und trauen Sie dabei in erster Linie der Fachkompetenz von Experten.

Empowern

Stärken sind besonders schwer zu erkennen, wenn sie den eigenen nicht entsprechen und wenn sie nicht auf Anhieb zu den eigenen Vorstellungen von Stärken passen.

Betrachten Sie jeden Adressaten, der Sie gefunden hat, als motiviert. Ihre Aufgabe besteht nun darin, herauszufinden, WAS ihn motiviert und kreativ genug sein lässt, diese Motivation zu nützen.

Leute machen Fehler, woraus sie bekanntlich lernen. Hilfeprozesse fehlerfrei anzulegen, raubt Menschen die Chance auf Entwicklung.

In dem Maß, in dem das Risiko von Lösungen minimiert wird, wird Kontrolle, Entmächtigung und Fremdeinwirkung maximiert.

Sozialarbeiter, die im Büro handeln, sehen auch nur die Ressourcen des Büros. Sozialarbeiter, die im Sozialen Raum agieren, sehen mehr und weiter.

Reden Sie mit den Leuten, machen Sie keine Gesprächsführung, lassen Sie sich beeinflussen, entdecken Sie Gemeinsamkeiten und geben Sie Adressaten Gelegenheit, sich ein Bild von Ihnen als Mensch zu machen.

Beginnen Sie mit etwas Konkretem, etwas Nützlichem, das seine Wirkung aus sich selbst heraus entfaltet.

4 Handlungsfeld „Netzwerk“

Sozialraumorientierung schließt im Handlungsfeld „Individuum“ an die Stärken und an den Willen ihrer Adressaten an. Diese Kompetenzpfeile, die einzelne Menschen oder Familien im Köcher haben, reichen nicht für jede Problemlösung aus. Nachhaltige und inklusive Lösungen verlangen darüber hinaus ein Agieren in sozialen Netzwerken und in professionellen Netzwerken, um vor Ort Ressourcen zu erschließen oder Netzwerkverbindungen neu zu entwickeln, die Bürgerinnen und Bürger stark machen. Das professionelle Denken in Netzwerken bedeutet, sich soziale Beziehungen zwischen Menschen und Organisationen als Netze vorzustellen. Die einzelnen Menschen sind die Knotenpunkte, die Verbindungsmaschen stellen die Beziehungen zwischen ihnen dar. Sie können als Förderbänder gedacht werden, auf denen die vielfältigsten Austauschprozesse ablaufen und unter der Hand die Integration der Individuen in die Gesellschaft erfolgt. Nicht jede Netzwerkkonstellation ist für die Bearbeitung jedes Problems geeignet, und die Chancen, weitläufige Netzwerke auf- und auszubauen, sind gesellschaftlich ungleich verteilt. Dennoch stecken in der Konzentration auf Netzwerke enorme Chancen, die professionelle Sozialarbeit noch lange nicht ausgeschöpft hat. Das Kapitel beschreibt, welche Möglichkeiten in lebensweltlichen und in professionellen Netzwerken stecken und warum diese Potenziale qualitäts- und integrationssteigernde Wirkungen für die Soziale Arbeit bieten.

Erstes Fallbeispiel: Ein Kinderhort öffnet sich zum Stadtteil
Kitas mit „schwarzen Zahlen“ zu führen ist ein Unterfangen, das nur gelingt, wenn die öffentlichen Zuschüsse, die Elternbeiträge, das Spielgeld und das Essensgeld wirtschaftlich eingesetzt werden. Im Luise-Kinderhort in M-stadt führt das seit Jahren zu einer einfachen, aber kostengünstigen Verköstigung der „Mittagskinder“ aus einer leistungsfähigen Küche des Seniorenwohnheims im selben Stadtteil. Günstig heißt in diesem Falle aber

auch, dass die seniorengerechte Kost bei den Jungen und Mädchen nicht auf Gegenliebe stößt: Gemüsesuppe, Salat, Kartoffeln, „Packerl-Soße“ führen dazu, dass der Anteil der Kinder, die „keinen Hunger haben“, zunimmt. Größer wird die Zahl der Kinder, die „Süßkram“ mitbringen oder Ketchup-Spuren des verzehrten Hamburgers an der Backe haben.
Im Mitarbeiterteam wird dieser Trend immer wieder mal diskutiert. Hinzu kommen Beschwerden von Eltern, bei denen das Maulen der Kinder oder der Wunsch nach Essensgeld für den Fastfood-Kauf am Kiosk landet. Als ein Mitglied des Elternbeirats sarkastisch feststellt, so gut könne er auch kochen, ist die Idee geboren. Es finden sich vier Mütter und ein Vater, die an einem Tag in der Woche kochen. Das neue „Projekt“ beschert dem Hort ein neues Thema, denn jetzt kann das Essen miteinander geplant werden. Das erweitert den Speiseplan erheblich. So gibt es jetzt z. B. das „Cowboy-Menü“ (Westernkartoffeln mit Tomatensauce). Die Geschmackskonjunkturen der jungen Gäste wechseln aber, und selbst Eiersoße mit Pellkartoffeln oder gar Möhren-Apfelrohkost schmecken, wenn sie ausgehandelt worden sind. Geburtstagskinder können sich das Essen aussuchen. Dass jeder mal zu „seinem Essen“ kommt, verbessert weiter die Stimmung. Die Küche wird auch zu einem wichtigen Ort, in dem die Jungen und Mädchen vorbeigucken.
Die Küchenkultur macht die Runde im Umfeld der Kita. Ein wenig von der guten Stimmung schwappt über in die Nachbarschaft und erreicht zwei ältere und allein lebende Männer. Die wenden sich an die Hortleitung, weil ihnen das „nur für sich Kochen“ keinen Spaß macht. Nach einer Beratung im Team und einer Diskussion im Elternbeirat ist alles klar: Die beiden Kochmuffel werden gegen einen angemessenen Essensbeitrag die ältesten Hortnutzer in M-stadt.
Bilanz: Der Hort ist um zwei Senioren-Mitarbeiter reicher geworden: als Zuhörer, wenn die Jungen und Mädchen aus der Schule berichten, als Geschichtenerzähler am Mittagstisch oder danach, als „Immer-mal-wieder-Hausmeister“, wenn kleinere Reparaturen zu machen sind. Als einer der beiden erkrankt, wird ihm „Essen auf Dreirädern“ nach Hause geliefert und für die Kids entsteht eine Gelegenheit zur Wohnumfelderkundung.
Aktueller Stand: Das Konzept, Eltern für die Hortküche zu gewinnen, funktioniert immer noch zur überwiegenden Zufriedenheit der Kids und zur vollen Zufriedenheit der Profis. Nach wie vor hat eine begrenzte Anzahl von Erwachsenen der nahen Hortumgebung die Möglichkeit, ihr Essen im Hort einzunehmen und sie bringen ihre Fähigkeiten in die Einrichtung ein. Die Variante „Essen auf Dreirädern“ wurde ausgeweitet. Derzeit liefern die Kinder an sechs Nachbarinnen, denen die Großküchenkost des konventi-

onellen „Räder-Essens“ nicht mehr schmeckt. Warme Küche und Besuch bekommen – das passt gut zusammen und lässt das Essen besser rutschen. Essen bei fremden Leuten servieren ist für Kinder spannend. Manchmal bekommt man ein kleines Geschenk oder eine Geschichte erzählt.
Profitiert haben Jungen und Mädchen, Seniorinnen und Senioren der Nachbarschaft, Mütter und ein Vater. Sie entdecken, dass sie etwas zu bieten haben und nachgefragt sind. Profitiert hat ein Hort, der sein Angebot attraktiver gestalten kann und ein Stadtteil ist um einen Hort reicher geworden, der Gelegenheiten nutzen kann.

Zweites Fallbeispiel: Der Party-Service „Crossover Fingerfood“
Bei immer mehr Veranstaltungen der Migranten- und Frauenszene in N. übernimmt ein neuer Partyservice, der sich „Crossover Fingerfood“ nennt, die Bewirtung. Das Büffet ist dann mit Gerichten aus den Ländern Südostasiens bestückt, manchmal werden daneben auch lateinamerikanische, afrikanische und chinesische Speisen angeboten. Jede Platte ist mit dem jeweiligen Landesfähnchen geschmückt, liebevoll handgeschriebene Etiketten nennen Namen und Zutaten der Gerichte. Dieses Büffet findet begeisterten Zuspruch, die „Produzentinnen“ und Serviererinnen sind freundliche, fröhliche Frauen aus den Philippinen, deren gutes Deutsch allseits überrascht. Was und wer steckt hinter diesem erfolgreichen Partydienst? Rosaria S., die Leiterin und Gründerin von „Kofiza“, einer schon lange in N. tätigen Beratungsstelle für Heiratsmigrantinnen aus Asien, Afrika und Lateinamerika, hat die Geschichte hautnah miterlebt und erzählt:
„Maria M., eine Besucherin und spätere Honorarmitarbeiterin von Kofiza, hatte einen Job gefunden. Ihr deutscher Ehemann, den sie erst relativ spät kennen gelernt hatte, war Frührentner mit einem kleinen Einkommen. Sie hatte zwar eine Ausbildung als Lehrerin, aber in Deutschland keine Chance in diesem Beruf zu arbeiten. Deshalb war sie froh, in einer Privatklinik einen Putzjob zu bekommen. Bald zog sie andere Philippinas, die eine bezahlte Tätigkeit suchten, in die Reinigungs“mannschaft“ nach: Erst heuerte ihre Nichte an, die durch Marias Vermittlung ebenfalls einen deutschen Ehemann gefunden hatte, dann Marias Freundin und schließlich eine weitere Philippina aus F., die zur ständigen Kofiza-Besucherin geworden war. Alle vier waren ganz zufrieden mit den Arbeitsbedingungen, hatten sich gemeinsam in der Klinik ein Stück „etabliert“, Maria war sogar in den Betriebsrat gewählt worden.
Als sich die Finanzsituation der Klinik verschlechterte, wurde als erstes der Reinigungsdienst „outgesourct“, die Frauen – allen voran Maria – kämpf-

ten vergeblich dagegen an, aber wenigstens eine Abfindung konnten sie herausschlagen.
Bei dem großen Geburtstagsfest, das Rosaria Anfang Oktober feierte, organisierten viele Kofiza-Frauen das gesamte Essen gemeinsam. Dieser Einsatz war für alle ein riesiger Erfolg.
Drei Wochen später wurde beim rituellen „Samstagstreff" in Kofiza eine Zukunftswerkstatt angeboten. 25 Frauen beschäftigten sich vor allem mit ihren Berufschancen in Deutschland und arbeiteten am Ende gemeinsam drei realistisch erscheinende Alternativen für eine selbstständige Erwerbstätigkeit heraus. Zwei kleine Gruppen verfolgten dabei die Idee eines „exotischen" Partyservices konsequent weiter, eine philippinische Gruppe mit Maria und ihrer Freundin als festem Kern, und eine kleine Gruppe brasilianischer Frauen.
Rosaria holte eine Mitarbeiterin der städtischen Existenzgründungsberatung in die Kofiza-Treffs, Seminare zu Preiskalkulation und anderen wirtschaftlichen und rechtlichen Fragen wurden durchgeführt. Maria wurde – nach monatelangem Bemühen in der Arbeitsagentur – eine „Ich-AG". Sie beschäftigt die anderen Frauen als Mitarbeiterinnen auf Honorarbasis. Der Trägerverein von Kofiza stellt die zentrale Ressource: die Lehrküche der hauseigenen Familienbildungsstätte. Maria hat den (deutschen) Führerschein und ein Auto zur Verfügung, es wird für die Lieferungen eingesetzt. Für die Werbung werden persönliche wie berufliche Netzwerke eingesetzt: Rosaria hilft den Flyer zu formulieren, ihr Sohn entwirft das Logo für das junge Unternehmen, und bei der Ausstandsparty ihres Mannes bei einer großen Firma hat „Crossover" seinen ersten großen Einsatz. Die Ausländerbeiräte in N. und der Nachbarstadt E. buchen den Partydienst. Ein aus Kolumbien stammendes Mitglied des Ausländerbeirates ist beruflich bei einer „Weltfirma" für die Betreuung südamerikanischer Gäste zuständig: Ein weiterer Kundenstamm tut sich auf. Das Netzwerk der Frauenprojekte in N. funktioniert ebenfalls: Bei Veranstaltungen der Frauenbeauftragten und anderen Projekten übernimmt „Crossover" große und kleine Aufträge, und alle Profis verteilen die Flyer des Partydienstes engagiert weiter. Das Netz der Heiratsmigrantinnen, die sich durch Kofiza seit Jahren kennen, hält sogar die Konkurrenz der beiden Partydienste aus: Das philippinische und das brasilianische Jungunternehmen empfehlen sich gegenseitig. Wenn das Angebot kulinarisch noch breiter sein soll, können beide auf eine Afrikanerin und eine Chinesin zurückgreifen. Noch reichen allerdings die Aufträge nicht für ein Auskommen aller beteiligten Frauen aus …

4.1 Theorie des Sozialen Kapitals

Historie

Professionelle wissen häufig viel über die Lernfelder ihrer Klienten, noch mehr über die professionellen Ressourcen, weniger über die Stärken ihrer Klienten und oft nichts über die Ressourcen in den verschiedenen Sektoren von deren Lebenswelt: Beruf, Freizeit, Familie, Nachbarschaft, Freundeskreis (Budde/Früchtel/Loferer 2003). Natürliche Vernetzungen ins Singuläre zu zerschlagen und Klienten quasi ins Freie zu stellen, nennen wir dann Einzelfallhilfe, was der Strategie gleichkommt, von einem einzelnen Zahnrad eines Uhrwerks die Zeit ablesen zu wollen. Mary Richmond, die gemeinhin als Pionierin der Einzelfallarbeit gilt, wusste schon vor fast 100 Jahren, dass gelingende Einzelfallarbeit über den Einzelfall hinausgehen und den Fall mit dem Feld verbinden muss.

In Richmonds Case Work ist die menschliche Persönlichkeit ein komplexes Arrangement individueller Anlagen, Fähigkeiten und Kräfte sowie sozialer Einflüsse und Ressourcen, die in einen permanenten Prozess wechselseitiger Formung und Beeinflussung stehen (wider self). Erfolgreiche Soziale Arbeit nutzt dementsprechend „Kräfte" aus beiden Sphären und kennt sich aus mit:

- Family Forces – den Kräften der Kernfamilie
- Personal Forces – den Kräften von Verwandten und Freunden
- Neighborhood Forces – den Kräften von Nachbarn, Vermietern, Arbeitgebern, Pfarrern, Bekannten aus der Kirchengemeinde, Ärzten, Gewerkschaften, Vereinen, Abendschulen, Sparvereinen, Wohnungsbaugesellschaften, …
- Civic Forces – den Kräften von Lehrern, Beratungslehrern, Polizei, Bewährungshelfern, Besserungsanstalten, Postboten, …
- Charitable Forces – den Kräften von Kirchengemeinden, einzelnen Wohltätern, Selbsthilfegruppen, Arbeitsprojekten, Kinderschutzvereinen, Gemeindeschwestern, Suppenküchen, …

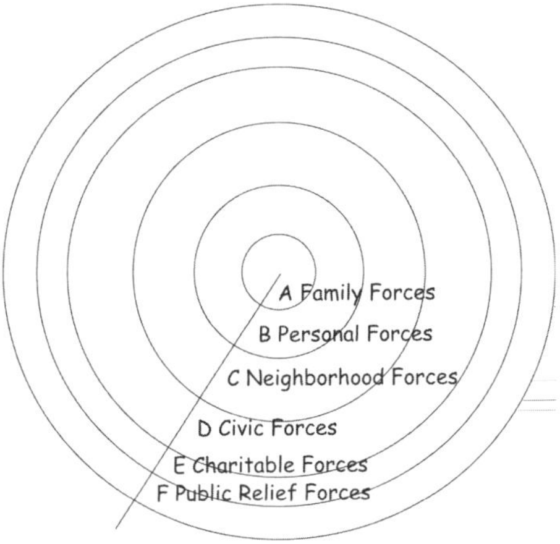

- Public Relief Forces – den Kräften von Sozialämtern, Krankenhäusern, ... (vgl. Sachße 2003, S. 253f)

Wenn wir die Ressourcen dieser Umwelten wegfiltern, bleibt ein hilfebedürftiges, saft- und kraftlos anmutendes Etwas namens „Klient“ übrig, umfeldentwurzelt und ins Treibhaus wohlmeinender Einzelfallhilfe umgetopft. Das macht Sozialarbeiter mit ihrem Instrumentarium mächtig und Kontexte bedeutungslos, in ihrer „Verantwortung“ wie in ihren Potenzialen. So versucht die Fallarbeit in der klassischen deutschen Sozialarbeit Adressaten für ein Leben fit zu machen, das aber oft nur mit einem guten Beziehungsnetz gemeistert werden kann. Sozialraumorientierte Arbeit hingegen fragt, ob nicht unsere gesellschaftlichen Vorstellungen vom Erfolg die Rolle des Einzelnen übertreiben und die Potenziale von Netzwerken unterschätzen. Im Sozialkapitalmodell wird versucht, dieses Netzwerkpotenzial konzeptionell zu fassen.

Die dominierende Vorstellung von unserer Gesellschaft ist geprägt durch die ökonomische Theorie. Danach besteht die Gesellschaft aus einer Menge unabhängiger Individuen, die alle im Eigeninteresse ihre Zielen verfolgen und sie unabhängig voneinander erreichen – oder auch nicht. „Steigerung der Wohlfahrt aller durch den marktgeregelten Egoismus aller“ – hat Herbert Spencer (2004) dazu gesagt. Der Markt wirkt gerade dadurch, dass sich die Marktsubjekte nicht absprechen, sondern im Verfolgen ihrer Eigeninteressen wie von einer „unsichtbaren Hand“ (Smith 2005) abgestimmt werden. So elegant diese ökonomische Theorie auch sein mag, es gelingt ihr nicht einmal zu erklären, warum sich Menschen überhaupt auf ökonomische Verträge einlassen, oder warum sich ein Geschenk anders anfühlt als ein Kauf, oder warum Menschen oft Sachen füreinander tun, gerade weil sie kein Geld dafür bekommen. Mit der Metapher „Soziales Kapital“ wird die ausgesprochen untersozialisierte ökonomische Theorie erweitert und gleichzeitig das theoretisch brauchbare Konzept des „Kapitals“ weiterverwendet.

Der Kindergarten im Wohngebiet der Hubers hat einen schlechten Ruf, eine genauso schlechte Ausstattung und demoralisierte Erzieher. Die Hubers überlegen, ob sie ökonomisch oder sozial investieren wollen, indem sie für Sven entweder einen Platz in einer Elite-Kita am anderen Ende der Stadt suchen oder sich im Elternbeirat des besagten Kindergartens um die Ecke engagieren. Ihr Erfolg im Elternbeirat wird davon abhängen, wie viel Soziales Kapital sie mitbringen und wen sie neu mobilisieren können. Je mehr Nachbarn, Freunde und Promis sie gewinnen, desto wahrscheinlicher werden sie neue Ressourcen locker machen sowie Beziehungen und Betriebsklima im Kindergarten ändern. Sie werden natürlich auch individuelle Vorteile davon haben, z.B. lernen, wie man eine Gruppe führt oder wie man Geld bei Politikern und Sponsoren einwirbt. Ganz nebenbei werden die Hubers im Stadtteil bekannt werden und ihr soziales Netz erweitern, was später einmal nützlich werden kann, und schließlich springt für ihren dreijährigen Sohn eine bessere Kinderbetreuung heraus. Wenn der neue Elternbeirat gut funktioniert, hat das dort entstandene Soziale Kapital Wirkungen, die nicht nur seinen Mitgliedern zugute kommen, sondern auch anderen, wenn beispielsweise die Qualität steigt oder sich das Image der Einrichtung verbessert. Die wieder stattfindenden Feste des Kindergartens werden den Stadtteil aufwerten, Leute werden herziehen, weil die Kinderbetreuung einen guten Ruf hat. Wenn so neue Gruppen entstehen, schafft das sogar Arbeitsplätze ... (vgl. Colemann 1991, S. 411)

„Kapital" ist akkumulierte Arbeit (vgl. Bourdieu 1983, S. 183). Im ökonomischen Kapital sind Arbeit, Zeit und Verfügungspotential gespeichert. Kapital ist kein Naturprodukt, sondern Ergebnis menschlichen Tuns, ein Produkt, das versorgt, weil wir es tauschen können, das sich vermehrt, wenn es genutzt wird, und das wir leihen und ausleihen können. *Soziales* Kapital steckt zwar nicht wie ökonomisches Kapital in Geld, Immobilien oder Anlagen, sondern zeigt sich in ganz anderen Erscheinungsformen und hat ganz andere Effekte, aber es weist auch viele Gemeinsamkeiten mit dem ökonomischen Kapital auf.

Drittes Fallbeispiel: Frau M.

Eine etwa 80-jährige alte Dame, nennen wir sie Frau M., verwitwet, körperlich und geistig mobil, wird von einem ambulanten Pflegedienst in ihrer citynahen Großstadtwohnung unterstützt. Die Pflege beschränkt sich auf Hilfen im Bad und wird nach einiger Zeit um „Essen auf Rädern" ergänzt. Im Laufe der Zeit entwickelt Frau M. altersgemäße körperliche Einschränkungen und einen ambivalenten Blick auf die Fachkräfte. Ihre Befürchtung wächst, in ihrer Wohnung „Fremden" ausgesetzt zu sein und Situationen nicht mehr kontrollieren zu können. Schließlich häufen sich Tage, an denen sie der Pflegekraft und dem Taxifahrer, der das Essen bringt, nicht mehr öffnet. Die Pflegekraft wendet sich an den Allgemeinen Sozialdienst und meldet Frau M.s absehbare Versorgungs- und Hygieneprobleme. Führt der weitere Weg über die Betreuungsstelle auf geradem Weg in eine stationäre Senioreneinrichtung? In dem vorliegenden Fall haben die Fachkräfte anders gearbeitet. (Vgl. Manderscheidt 1997, S. 6)

Die Fachkräfte wissen um ein paar Ressourcen von Frau M. Sie ist für ihr Alter körperlich „gut auf den Beinen". Sie hat einen guten Kontakt zu einem Kioskbesitzer namens Attila ganz in der Nähe ihrer Wohnung. An seinem „Wasserbüdchen" trinkt sie mehr oder weniger regelmäßig „ihr Bierchen". Außerdem liebt sie Sahnetorte und über diese Passion hat sich ein guter Kontakt zu einem Café um die Ecke entwickelt. Aus diesen Ressourcen konnten die Fachkräfte ein maßgeschneidertes Lösungsarrangement machen: Das „Essen auf Rädern“ wird am Kiosk serviert. Denn dem Pächter Attila traut Frau M. Die Café-Betreiberin stellt dem Pflegedienst die Personaldusche zur Verfügung. Kiosk und Café dienen als Ort für Gespräche zwischen ASD-Fachkraft, Pflegedienstmitarbeiter und Frau M. So bleiben die Profis auf dem Laufenden. Alles in allem natürlich eine filigrane Lösung, nicht so sicher wie ein Umzug in ein Altenheim. Aber: Die Lösung setzt an den Kompetenzen und am Willen von Frau M. an. Sie kann bis auf weiteres in ihrer Wohnung bleiben. Das Besondere: Die Lösung besteht zum großen Teil aus Sozialem Kapital.

Was ist Soziales Kapital?
Soziales Kapital ist der Stoff, aus dem unsere Netzwerke sind. Es zeigt sich zum einen als *Vertrauen* (vgl. Coleman 1991, S. 396). Wer sich bemüht vertrauenswürdig zu sein, hat nicht nur seinen eigenen Vorteil davon, sondern begünstigt auch vertrauensvolles Verhalten anderer, was das Vertrauenspotenzial einer ganzen Gruppe erhöht. Dadurch entstehen mannigfaltige, auch ökonomische Vorteile innerhalb dieser Gruppe. Vertrauen beruht darauf, dass wir mit einem bestimmten Verhalten rechnen können oder eine bestimmte Haltung unterstellen können. Der Kitt zwischen zwei Menschen, die sich vertrauen, ist ihr Soziales Kapital, das jeweils in der Beziehung steckt. Wenn in einem Rosenheimer Kindergarten eine Mutter, die episodisch stationär behandelt werden muss, ihr Kind in diesen Zeiten in den Haushalten wechselnder Kindergarteneltern sicher weiß, so basiert dieses Wissen auf ihrem Sozialen Kapital.

Soziales Kapital ist das *Element, das Normen ihre Bindungswirkung verleiht*, vor allem dann, wenn sie nicht im unmittelbaren Eigeninteresse liegen: Eine Mutter zieht von einer Großstadt in ein Dorf um mit der Begründung, es sei dort sicherer für die Kids, alleine draußen zu spielen, weil die Norm gilt, dass die Nachbarn ein Auge auf Kinder haben, die ohne Begleitung Erwachsener sind. Man könnte diesen Unterschied der unterschiedlichen Menge Sozialen Kapitals an beiden Orten zuschreiben.

Soziales Kapital zeigt sich auch als *soziale Kreditbeziehungen*. Jede Investition in eine Beziehung erhöht unser Soziales Kapital und gleichzeitig die sozialen Schulden unseres Gegenübers, auf deren Ausgleich wir rechnen können. Wenn eine Familie anlässlich einer Konfirmationsfeier ihre Nachbarschaft mit sogenannten „ausgezogenen Krapfen“ versorgt – wie das z. B. in Oberfranken üblich ist – dann kann sie sicher sein, dass die Nachbarn sich mit Geschenken für den Konfirmanden revanchieren und mit „ausgezogenen Krapfen“, wenn bei ihnen ein entsprechendes Fest stattfindet. Das wiederum wird die erstere Familie veranlassen, ihre sozialen Schulden auszugleichen. Was betriebswirtschaftlich betrachtet wie ein ineffizientes Nullsummenspiel aussieht, ist sozial betrachtet eine effektive Tradition zur Vermehrung von Sozialkapitalrenditen, denn mit den „ausgezogenen Krapfen“ wird natürlich auch das Band zwischen den Familien zumindest bestätigt, wenn nicht gestärkt. So schaffen wir Verpflichtungen, indem wir etwas für andere tun. Wir erwerben uns einen sozialen Kredit und bezahlen interessanterweise in einer für uns schwachen Währung (eine Steuererklärung ist eine einfache Sache für einen Steuerberater), bekommen aber den Gewinn vielleicht in einer für uns starken Währung zurück (Obstbäume trimmen kann der Nachbar, dem mit Unterstützung bei der Steuererklärung geholfen wurde).

Im professionellen Bereich arbeiten wir in diesem Zusammenhang schon immer mit großem Erfolg. Wenn eine Erziehungshilfeeinrichtung einem Sportverein Trikots sponsert, so schafft sie eine soziale Kreditbeziehung im oben genannten Sinne. Sie erwirbt Soziales Kapital, das zurückfließt, wenn sich die Profis der Einrichtung an den Sportverein wenden, weil er eine Rolle in einer Lösungsplanung nach § 36 SGB VIII spielen soll.

Die beschriebene Win-Win-Situation wird zum Erfolg, weil beide Parteien, soziale Einrichtung und Sportverein, eine Währungsform in die Kreditbeziehung einbringen, die in der jeweiligen Einrichtung ausreichend vorhanden ist (Geld in der Erziehungshilfeeinrichtung, Integrationspotenzial im Verein) und in einer Währung „ausgezahlt“ wird, die im eigenen Geschäft nicht so leicht herzustellen ist (Integration für die pädagogische Einrichtung, Geld für den Verein) (vgl. Coleman, 1991, S. 402).

Das Beispiel macht aber auch deutlich, dass sich *ökonomisches Kapital und Soziales Kapital konvertieren lassen,* d. h. es gilt das Prinzip der Erhaltung Sozialer Energie. Diese Feststellung hat Bedeutung für eine Profession, die oft mit Menschen zu tun hat, deren Benachteiligung sich ökonomisch zeigt und die ihren Kapitalstamm anders begründen müssen: durch Einsatz von Zeit, Dienstleistungen, Verlässlichkeit oder lebensweltlichem Wissen. Dies sind alles Ressourcen, die in vielen Kontexten eine starke Währung darstellen können. Analog dazu *lässt sich Soziales Kapital borgen*: Wenn A nicht weiß, ob er B vertrauen soll, ermöglicht es vielleicht der gemeinsame Bekannte C, die Vertrauenswürdigkeit von B herzustellen. Und schließlich *wächst Soziales Kapital durch seine Nutzung*. Unser Begriff „Nimmkraft“ meint, dass Leute, die sich von Leuten helfen lassen, nicht nur sich selbst einen Gewinn verschaffen, sondern auch anderen die Möglichkeit geben, ihr soziales Sparguthaben aufzustocken (soziale Kreditbeziehungen). Wenn der Staat hilft, verliert sich dieser Effekt und das Soziale Kapital der Gemeinschaft wird nicht vergrößert.

Soziales Kapital ist *kein Naturprodukt*, sondern Ergebnis fortlaufender Aufbau- und Investitionsarbeit. Dabei werden Zufallsbeziehungen in Beziehungen umgewandelt, die dauerhafte Verpflichtungen nach sich ziehen. So bedarf Soziales Kapital unaufhörlicher Beziehungsarbeit, wobei es sich umso schneller akkumuliert, je größer der vorhandene Grundstock bereits ist.

Im Unterschied zum ökonomischen Kapital, bei dem eine gesellschaftliche Verantwortung juristisch festgelegt wurde (Art. 14 Abs. 2 GG: „Eigentum verpflichtet. Sein Gebrauch soll zugleich dem Wohle der Allgemeinheit dienen"), ist Soziales Kapital immer auch ein öffentliches Gut. Wenn sich im Kita-Beispiel das Elternpaar entscheidet, seine Kinder in einem nur mäßig ausgestatten Kindergarten anzumelden, und sich in der Folge im Elternbeirat engagiert, Sponsoren sucht, Kommunalpolitiker gewinnt und damit Zugänge zu einer besseren Kita-Ausstattung erreicht, so gewinnt das Elternpaar, aber auch der Kindergarten, die anderen Eltern und der Stadtteil.

Erscheinungsformen von Sozialem Kapital

Vertrauen ▪ Positive Erwartungshaltung ▪ Bestärkung ▪ Vertrauen schenken ▪ Sympathie ▪ „Der gehört zu uns …" ▪ Die gleiche Meinung haben	**Normen** ▪ Feedback, Soziale Kontrolle ▪ Rollenmodelle/Orientierung ▪ Gemeinsame Werte/Kultur ▪ Guter Wille/Solidarität ▪ Engagement ▪ Religiöse Leitbilder ▪ Rituale
Beziehungen ▪ Vitamin B ▪ Soziale Kreditbeziehungen ▪ Info: gemeinsam tratschen und lästern, Auskunft geben, ▪ gemeinsame Freizeitaktivität	**Nimmkraft** ▪ Um Rat/Hilfe gefragt werden ▪ Dankbarkeit ▪ Anerkennung von Unterstützungsleistungen ▪ Bedingte Wertschätzung ▪ Sich anvertrauen können

Mit Sozialem Kapital können bestimmte *Wirkungen* erzielt werden. So ist Soziales Kapital hilfreich bis nötig, um individuelle Ziele zu erreichen, etwa sich einen Job in einem fremden Feld zu erobern. Soziales Kapital kann aber auch helfen, besondere Belastungen leichter zu ertragen. Krisen sind leichter zu bewältigen, wenn jemand da ist, sich Zeit nimmt und zuhört oder dafür sorgt, dass andere das auch tun. Soziales Kapital macht sensibler für die Situation anderer. Menschen mit viel Sozialkapital haben meist ein gutes Verständnis dafür entwickelt, dass unser Wohlergehen mit dem Wohlergehen anderer Menschen enger verwoben ist, als man meint.

Wirkungen und Eigenschaften

Soziales Kapital...
- ... ist notwendig, um individuelle Ziele zu erreichen
- ... hilft traumatische Situation zu bewältigen
- ... macht sensibler für die Situation von anderen
- ... hilft kollektive Probleme zu lösen
- ... lässt sich in ökonomisches Kapital tauschen
- ... wächst durch seine Nutzung
- ... schafft Zusammenhalt und Integration

Schließlich hilft Soziales Kapital kollektive Probleme zu lösen. Kollektive Probleme sind meist nur über soziale Normen nachhaltig zu bearbeiten und durch Menschen, die diese Normen bekräftigen. Die kollektive Leistung der Mülltrennung in Deutschland ist ein gutes Beispiel einer Leistung, die nicht über Bußgelder gesteuert wird, sondern über die soziale Norm, dass Mülltrennung gut ist. Diese Norm „lebt", weil wir uns gegenseitig darin bestärken, bis hin zu Vermietern, die freundlich darauf aufmerksam machen, wo Biotonne und Altglascontainer zu finden sind.

4.1.1 Wie man Soziales Kapital messen kann

Wie sich Soziales Kapital messen lässt, hat Putnam in akribischer empirischer Erhebung vorgemacht. Seine Untersuchungen sind ausgesprochen systematisch mit unzähligen Re-Analysen und Primärerhebungen, die eine Batterie von einzelnen Kennzahlen ergeben (Putnam 2000, S. 31-182). Die Einzelindikatoren korrelieren allesamt so stark miteinander, dass von einer dahinter stehenden gemeinsamen Dimension ausgegangen werden kann, die Putnam „Sozialkapital" nennt (vgl. Abb.).

Die empirische Messung Sozialen Kapitals (vgl. Putnam 2000, S. 291 und S. 487)	
Putnams Operationalisierungsdimensionen	Jeweils zwei Beispiele für Einzelindikatoren
Organisiertes zivilgesellschaftliches Leben	▪ Anzahl von bürgerschaftlichen und sozialen Vereinen und Verbänden ▪ Anzahl der Menschen, die „Ämter" in Vereinen und Verbänden übernommen haben
Interesse an öffentlichen Angelegenheiten	▪ Wahlbeteiligung ▪ Anwesende bei öffentlichen Veranstaltungen, in denen es um kommunale Belange ging
Ziviles Engagement	▪ Freiwilligenstunden in Gemeinwesenprojekten ▪ Freiwilligenstunden in sozialen Organisationen
Informelle soziale Kontakte	▪ Zustimmung zum Item: „Ich verbringe viel Zeit mit Freunden." ▪ Item: „Wie oft haben Sie im letzen Jahr bei sich Gäste bewirtet?"
Soziales Vertrauen	▪ Zustimmung zum Item: „Man kann den meisten Leuten trauen." ▪ Zustimmung zum Item: „Die meisten Leute sind ehrlich."

In Vergleichstudien zwischen den amerikanischen Bundesstaaten hat Putnam dann eindrucksvoll nachgewiesen, dass die Lebensbedingungen in den einzelnen amerikanischen Bundesstaaten enorm von der Menge des Sozialen Kapitals abhängen. Das gilt für den Lebensstandard von Kindern (Mortalität von Säuglingen, Kindern und Jugendlichen, untergewichtige Neugeborene, Schwangerschaften Jugendlicher, vorzeitiger Abgang von höheren Schulen, Jugendkriminalität, Jugendarbeitslosigkeit, Ein-Elternfamilien und Kinder in Armutsverhältnissen) genauso wie für die Gesundheit der Gesamtbevölkerung (ebd. S. 330), die Ausbildungsqualität (S. 300), das Wirtschaftswachstum (S. 320), die öffentliche Sicherheit (S. 309), die soziale Gerechtigkeit (S. 360) und die Lebenserwartung der Menschen (S. 330). Der Zusammenhang zwischen sozialer Vernetzung und Lösung sozialer Probleme ist evident.

Netzwerke sind das organische Gewebe des Sozialen Raums, indem sie soziale Einheiten verbinden oder gegeneinander abschließen und so gleichsam das Feld erst schaffen, das wir dann als weiten/engen, vertrauten/fremden Raum erleben.

Wenn wir den Sozialen Raum vom Einzelnen aus betrachten, sehen wir das egozentrierte Netzwerk. Die Bezugspersonen von Ego haben natürlich auch wiederum Beziehungen miteinander, von denen Ego vielleicht gar nichts weiß.

Schließlich sind Netzwerke auch viel größer, denn die Bezugspersonen von Ego verfügen auch über jeweils „eigene“ Netzwerke. So ergibt sich ein außerordentlich üppiges Gewebe, das verdeutlicht, wie komplex dieser Soziale Raum ist.

Netzwerke unterscheiden sich auf eine merkwürdige Art von Gruppen, Familien oder Organisationen. Sie werden uns immer nur in Ausschnitten bewusst, denn wir aktualisieren sie immer nur anlassbezogen. Wenn das Auto kaputt ist, kommen andere „Helfer“ in den Sinn, als wenn das gleiche mit einer Paarbeziehung passiert. Sie sind dadurch dem Ego nicht in jeder Situation verfügbar, sondern kontextabhängig. Der Umfang dieser Netzwerke kann leicht unterschätzt werden. So verfügt der Durchschnittsbürger in Deutschland über ca. 1000 Kontaktpersonen in seinen Netzwerken zweiter Ordnung (Kähler 1983a, S. 226). D.h. jeder von uns könnte durch die Mobilisierung seines Netzwerkes eine stattliche Demonstration auf die Beine stellen – eine Erkenntnis, die sich vor allem das amerikanische Community Organizing zu eigen macht, wenn auf den Snow-Balling-Effekt von Einzelkontakten gesetzt wird (vgl. Brand 1995, Chambers 2004, S. 44).

4.1.2 Die Stärke schwacher Beziehungen

Ein weiteres erstaunliches Phänomen im Zusammenhang mit Netzwerken sind sog. „schwache“ Beziehungen. Das sind die ausgesprochen dünnen Drähte, die wir zu anderen Menschen haben. Im Volksmund redet man manchmal auch von Bekanntschaften über drei Ecken. Damit sind Leute gemeint, die wir nicht selbst, sondern nur über einen gemeinsamen Freund kennen, Leute, die wir nur flüchtig kennen gelernt haben oder zu denen man einmal eine starke Beziehung hatte, die aber im Laufe der Zeit ausgedünnt ist. Wenn Menschen an (ihre) Netzwerke denken, kommen ihnen zuerst immer die starken Beziehungen in den Sinn. Das sind Menschen, mit denen wir viel Zeit verbringen, viele gemeinsame Themen haben oder auf die wir zählen, weil sie unsere Geschwister, Eltern, Kinder etc. sind. Beobachtbar ist, dass wir unsere starken Beziehungen *über*schätzen und das Leistungspotenzial unserer schwachen Beziehungen unterschätzen, weil wir meinen, es sind unsere guten Freunde und Verwandten, auf die es ankommt. Das stimmt deswegen nicht, weil es etwas komplizierter ist: Starke Beziehungen bringen uns, wenn nötig, den Kamillentee ans Bett, über schwache Beziehungen hingegen bekommen wir einen neuen Job.

Je stärker die Beziehung zwischen zwei Netzwerkmitglieder A und B ist, desto größer ist die Teilmenge aus S, zu denen sowohl A als auch B verbunden sind, also die Anzahl der gemeinsamen Bekannten (siehe Abb. A).

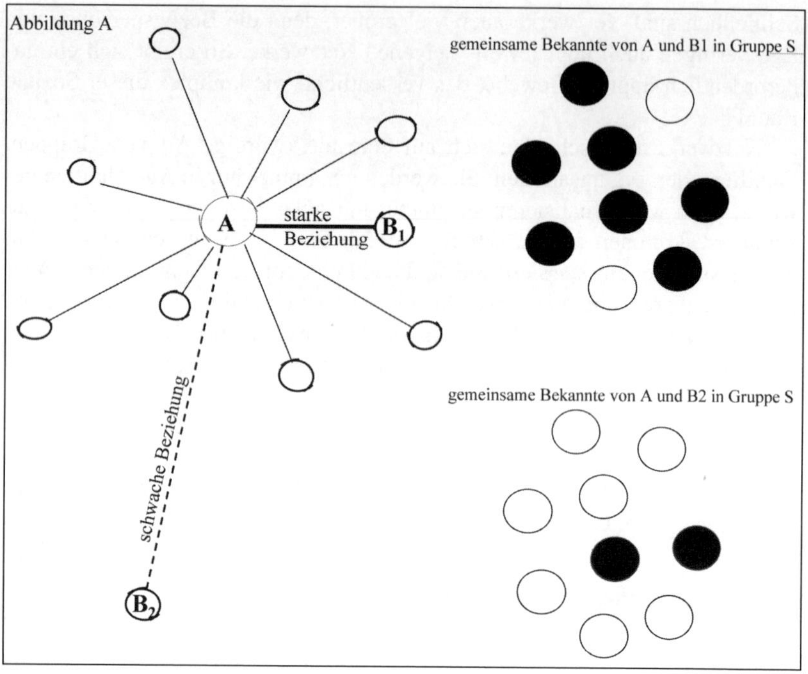

Daraus wiederum lässt sich ableiten: Wenn zwischen A und B eine starke Beziehung besteht und zwischen A und C auch eine starke Beziehung besteht, ist die Wahrscheinlichkeit groß, dass zwischen B und C auch eine Beziehung besteht (Abb. B). Betrachten wir Abbildung C und fragen uns, welche die unwahrscheinlichste Triade ist, so kommen wir zu folgendem Ergebnis: Es ist nicht sehr wahrscheinlich, dass zwischen den Personen A und B und zwischen den Personen A und C starke Beziehungen herrschen, sich B und C aber gar nicht kennen (Nr. 5).

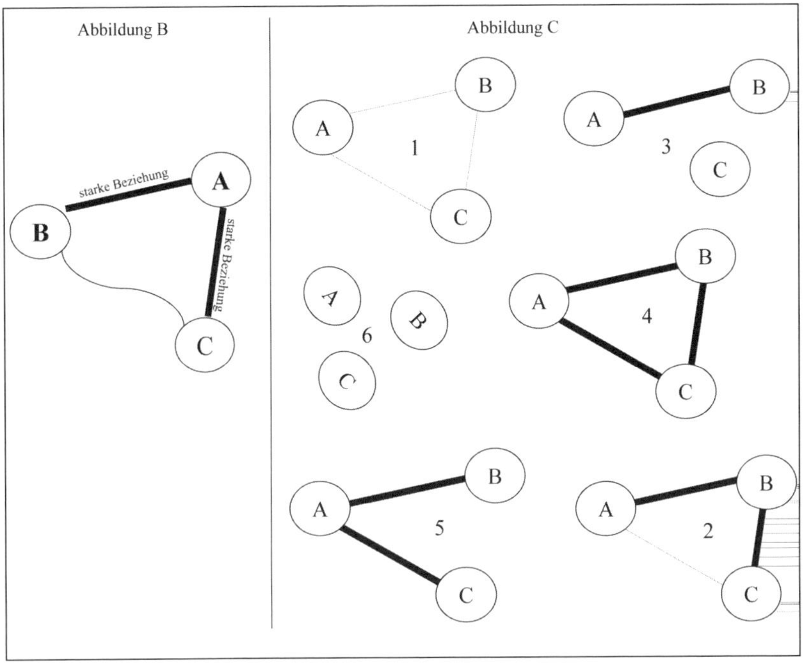

Das ist so, weil es die schwachen Beziehungen sind, die die Brücken zwischen verschiedenen Netzwerken herstellen. Man kann auch sagen, dass schwache Beziehungen besser dazu taugen, Menschen verschiedener Gruppen oder Milieus zu verbinden als starke Beziehungen. Dies ist natürlich eine wichtige Erkenntnis für Soziale Arbeit, wo es ja oft um Integration ausgeschlossener Menschen in Regelsysteme und in den Mainstream geht. Wenn jemand sich verändern will, ist er dabei mit hoher Wahrscheinlichkeit auf schwache Beziehungen angewiesen, denn die Verbindung zu „fremden“ Netzwerken geschieht – wenn die obige Darstellung stimmt – über schwache Beziehungen. Freunde unserer Freunde (starke Beziehungen) sind meist auch unsere Freunde. Was sie wissen, wissen wir oft auch. Schwache Beziehungen hingegen bringen uns in Kontakt mit Leuten und Information, die im eigenen Netzwerk nicht verfügbar sind (Granovetter 1973, Keupp/Röhrle 1987, S. 24-29). Oder anders ausgedrückt: Starke Beziehungen und schwache Beziehungen haben unterschiedliche Stärken. Starke Beziehungen verfügen über hohe Unterstützungsmotivation, schwache Beziehungen schaffen Verbindungen zu Möglichkeiten oder Ideen, die wir selbst nicht haben.

4.1.3 Sozialstaat und Sozialkapitalisten

Hans Thiersch hat beschrieben, dass der Sozialstaat eine dem Kapitalismus abgerungene Konzession ist (2001). Der Sozialstaat ist erkämpft worden. Die bewegende Kraft in diesem Kampf war die solidarische Selbstorganisation benachteiligter, ausgeschlossener Gesellschaftsgruppen. Dabei lässt sich Solidarität begreifen als ein Spezialfall von Sozialem Kapital. Denn Solidarität war die Realisation von Brüderlichkeit für ein gemeinsames Ziel, d. h. der Tausch individueller Freiheit gegen gemeinsame Interessenverfolgung. Durch Sozialkapital wurden individuelle Interessen so gebündelt, dass kollektive Wirksamkeit entstand, die wiederum zu einem öffentlichen Gut werden konnte. Soziales Kapital war dabei einerseits Machtverstärker, andererseits auch die Überzeugung, dass das Glück eher in der Gemeinsamkeit als in der Einsamkeit zu finden sei, im gemeinsamen Kampf um Gerechtigkeit, in einer Kultur des gegenseitigen Unterstützens innerhalb der eigenen Gruppe.

In der Erzählung „Jonas oder der Künstler bei der Arbeit“ illustriert Albert Camus mit dem Wortspiel „Solidaire“ und Solitaire“ das schwierige Verhältnis von Individuum und Gesellschaft. Nur einen Buchstaben ausgetauscht und aus gemeinsam wird einsam, das schiere Gegenteil, vielleicht deswegen, weil das eine im anderen enthalten ist. Was ist der Einzelne in einer Gesellschaft? Wie kann der Einzelne bei sich sein und doch Teil der Gesellschaft? Gilt es „allein bei sich zu sein“ oder „in der Gemeinschaft zu sein“? Die Bewegung, die unseren Sozialstaat erstritten hat, hat diese existentialistische Spannung in Richtung „gemeinsam“ aufgelöst und war sehr erfolgreich in der Durchsetzung eines Hilfesystems, auf das wir stolz sein können. Die sozialstaatliche Idee ist eine Idee der Revolte, einer Revolte, die letztlich mittels Reformen zu Veränderungen führt. Voraussetzung für die solidarische, proletarische Revolte war die Erfahrung prinzipiell gleicher Not, die Selbstorganisation zur Durchsetzung sozialer Gerechtigkeit plus die egalitäre, gegenseitige Hilfe unter seinesgleichen, wie das im wohl bekanntesten Lied der Arbeiterbewegung zum Ausdruck kommt:

> „Vorwärts, und nicht vergessen, worin unsre Stärke besteht.
> Beim Hungern und beim Essen: Die Solidarität (…)
> Wer im Stich lässt seinesgleichen, lässt ja nur sich selbst im Stich.
> Unsre Herrn, wer sie auch seien, sehen unsre Zwietracht gern,
> denn solang sie uns entzweien, bleiben sie doch unsre Herrn.“
>
> *(Bertolt Brecht (Text) und Hanns Eisler (Komposition) für den Arbeiterfilm „Kuhle Wampe“ von Slatan Dudow (1932), anzuhören unter: www.arbeiterlieder.de/soli.htm)*

Mit der endgültigen Durchsetzung des Sozialstaates im 20. Jahrhundert wurde auch Solidarität durchgesetzt in Form verrechtlichter Arbeitsbedingungen, Lohnersatzleistungen und Rechtsansprüchen auf psychosoziale Hilfen, wie z.B. auch auf Hilfen zur Erziehung. Das ist zweifellos als gewaltiger sozialer, gesellschaftlicher und kultureller Fortschritt zu sehen. Gleichzeitig wurde durch Verberuflichung und Verrechtlichung die Unterstützung ent-emotionalisiert. Hilfe findet nicht mehr statt im Zeichen persönlicher Betroffenheit, gleicher Not und gemeinsamer Interessensdurchsetzung, sondern durch professionelle Zuständigkeit. Das fachliche Konstrukt der Parteilichkeit ist noch der letzte Rest des alten Solidaritätskonzeptes. Habermas schreibt dazu: „Die Klientenrolle in der wohlfahrtstaatlichen Bürokratie ist das Pendant, das eine zur Abstraktion verflüchtigte, ihrer Effektivität beraubte politische Teilnahme akzeptabel macht." (1988b, S. 515) Der soziale Staat hat sich als eine der genialsten politischen Erfindungen erwiesen. In dem Maße, wie gesellschaftliche Risiken für die einzelnen Menschen staatlich abgefedert und die Ökonomie von sozialen Fragen entlastet wurden, legitimierte sich die Marktwirtschaft als Erfolgsrezept für die Starken und für die Schwachen. Es entstand ein lange ultrastabiles System, das man mit dem Begriff „Spätkapitalismus" von dem System unterschied, dem es abgerungen war.

Unsere These ist nun, dass der soziale Staat sich weitgehend sozialkapitalneutral verhält. D.h. für den Sozialstaat ist Soziales Kapital irrelevant. Zwar berücksichtigt der Sozialstaat meist das ökonomische Kapital seiner Adressaten, aber nicht deren Soziales Kapital. Was das heißt, wird an der typischen – d.h. stationären – Lösung für Frau M. deutlich. In guten Altenheimen ist alles inklusive: Gymnastikkurse und Erzählwerkstätten, Nostalgieräume und Singstunden, Andachten, Seelsorge, Feste im Jahreskreis, Besuche durch Kindertheatergruppen, Animationen, Kaffeefahrten u. v. m. Attila, der Imbissbudenmann wird dort substituiert durch Großküche und Getränkeautomat. Man könnte auch sagen: Der soziale Staat ist ein Sozialkapital-Verschwender, setzt nahezu ausschließlich auf staatliche und professionelle Hilfe, fast gar nicht auf Nachbarschafts-, Kollegen-, Netzwerk-, Freundes- und Verwandtenhilfe. Wenn sich Leute von anderen Leuten helfen lassen, verschaffen sie sich nicht nur sich selbst einen Gewinn, sondern geben gleichzeitig anderen die Möglichkeit, ihr soziales Sparguthaben aufzustocken (soziale Kreditbeziehungen). Wenn der Staat hilft, verliert sich dieser Effekt und das Soziale Kapital der Gemeinschaft wird nicht vergrößert. Wenn ein Kind misshandelt wird, schreien die Medien nach dem Jugendamt, nicht nach den Nachbarn oder Pateneltern, obwohl wir doch eigentlich wissen, dass es ein ganzes Dorf braucht, um ein Kind gut und sicher zu erziehen.

Daraus resultieren auch einige der *Wirksamkeits-Probleme* unseres Sozialstaates. Die Betroffenen werden zu Amateuren der Lösung ihrer Probleme gemacht, wenn Profis wissen, wie sie zu lösen sind und entsprechende Angebote auf Lager haben. Was niemand beabsichtigt und dennoch fast systematisch geschieht, ist die Entwertung und Erschlaffung von Problemlösungsfähigkeiten der Lebenswelt.

Verelendung und Entfremdung schaffen Gemeinsamkeiten, die sich organisieren lassen und dadurch zur Waffe werden. Rechtliche, medizinische, pädagogische, therapeutische Betreuung und Kompensation wirken zwar für die einzelnen viel unmittelbarer, verschleiern allerdings das Gemeinsame, das Systembedingte und untergraben die Chance auf Gegenmacht. Gesellschaftliche Probleme werden so zu psychischen, und der „Klassenkampf ist in die Amtsstuben der Sozialbürokratie verlagert worden“, schreibt Ulrich Beck. „Die amtliche Statistik scheint der letzte Ersatz für das Klassenbewusstsein geworden zu sein“ (Beck 1986, S. 151), sie entfaltet allerdings keine mobilisierende Wirkung. Solche Enthistorisierung und Psychologisierung bewirken einen Verlust gesellschaftlichen Denkens und verlegen die Ursache gesellschaftlicher Probleme bzw. Widersprüche in die Menschen hinein. So wird Armut zu Sozialhilfebedürftigkeit, Arbeitslosigkeit zu einem Motivierungs- und Qualifizierungsproblem und die Benachteiligung von Kindern mit Migrationshintergrund in der Schule zu einem Problem mangelnder elterlicher Erziehung und Förderung.

In dem Maße wie die Lebenswelt gelernt hat, ihre Probleme so zu sehen und an den Sozialstaat zu delegieren, verschluckt sich dieser an der lebensweltlichen Hilflosigkeit, die er selbst erzeugt. Martin Seligmann spricht auch von erlernter Hilflosigkeit (1979). Gleichzeitig kann von Entsolidarisierungsprozessen im Alltag gesprochen werden. Menschen gehen an den Bettlern vorbei mit dem Bewusstsein „Ich zahle ja Steuern!“. Nachbarn rufen allenfalls die Polizei an, wenn es in der Wohnung nebenan kracht und Kinder schreien, setzen sich dann aber wieder vor das Fernsehgerät. Eltern wollen ihre pubertierenden Sprösslinge an ein Heim loswerden, wenn sie mit ihrem Latein am Ende sind. Onkel und Tanten finden das zwar nicht gut, fühlen sich aber nicht zur Einmischung berufen.

Praktiker, Wissenschaftler und Politiker, die diese Zusammenhänge problematisieren und die Position vertreten, dass es sinnvoll ist, Bürger bei der Bewältigung von Notlagen konsequent zu beteiligen, werden nicht selten in einer finanz- und sozialpolitisch neoliberalen Ecke vermutet. Zumindest brandet neoliberaler Beifall auf. Vor Missverständnissen soll hier gewarnt werden. Hier wird nicht für weniger, sondern für eine andere Soziale Arbeit plädiert, die mehr von der Bewegung der Selbstbemächtigung hat, wie sie für die Pioniere unserer Profession noch selbstverständlich war, aber im Lauf des Professionalisierungsprozesses unserer Zunft der Spezialisierungsidee untergeordnet wurde. Dass sich das auch finanzpolitisch rechnen mag, ist möglich und sogar wünschenswert. Es ist aber nicht das Ziel der Reform. Barbara Solomon, die Erfinderin des Begriffes „Empowerment“ hat in ihrem Buch „Black Empowerment“ (1976) gefragt, ob für Menschen, die unter Einflussdefiziten leiden, pädagogische und therapeutische Dienstleistungen der Selbstdisziplinierung das sind, was diese Menschen brauchen.

Gefordert wird hier eine Soziale Arbeit, die mehr davon vertritt, wofür unsere professionellen Altvorderen gekämpft haben, nämlich eine Soziale Arbeit, die Menschen nicht als Klienten, sondern als Bürger sieht, die nicht nur beteiligt, sondern mit Einfluss ausgestattet werden müssen. Es geht darum, deren Ressourcenkontrolle durch solidarische Organisation zu erweitern. Oder um eine altbekannte Metapher zu erweitern: Hungrigen Fische zu schenken ist gut. Besser ist, den Leuten Angeln zu geben. Am besten geholfen wäre ihnen aber, wenn sie Fischereirechte eroberten. Es geht um eine Soziale Arbeit, die nicht motiviert, sondern den Willen der Leute sucht, findet, ernst nimmt und mit ihnen auf Augenhöhe umgeht (Hinte 1980). Und: Erforderlich ist eine Soziale Arbeit, die durch überbrückendes Sozialkapital Verbindungen schafft. Dadurch wird für Betroffene mehr möglich als durch reine Hilfe, z. B. Integration.

Fortsetzung des dritten Fallbeispiels: Frau M.
Kehren wir an dieser Stelle noch einmal zu Frau M. zurück. In Fallbesprechungen werden häufig Genogramme herangezogen, die den sozialen Kontext thematisieren sollen. Aber schon bei der namentlichen Benennung der Großelterngeneration und bei der Darstellung der Onkel, Tanten, Neffen und Nichten müssen viele Fachkräfte passen. Gibt es die überhaupt? Wo die wohnen? Was die dazu sagen? Darüber ist meist wenig zu erfahren. Diese Wissenslücken haben aber Folgen für die Qualität von Lösungen.
Ein Sozialkapital-Genogramm für Frau M. sieht anders aus. Es macht deutlich, dass die Generation der Urenkel sich zwar auf vier Kinder beschränkt, es aber sieben Enkel und deren Partner, drei eigene verheiratete Kinder, sechs Neffen und Nichten und noch drei Familienmitglieder aus der Generation von Frau M. gibt. Eine solche Erfassung des Sozialen Kapitals von Adressaten ist die Voraussetzung, um überhaupt etwas mobilisieren zu können, was dann vielleicht zu Lösungen führt, die näher an der Lebenswelt der Leute liegen, wie das bei Frau M. der Fall war (vgl. Budde/Früchtel 2005a). Methodische Möglichkeiten, die Chancen, die in schwachen wie starken Beziehungen liegen, in den Blick zu nehmen, sind das Eco-Map-

ping und das Genogramm als Ressourcensucher (→FB-I „Techniken zum Finden von Netzwerk-Ressourcen").

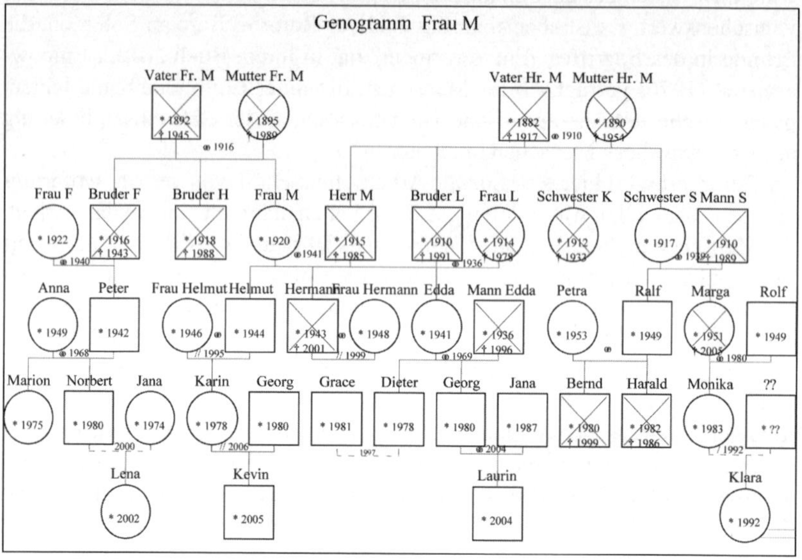

Wenn Fachkräfte so arbeiten, sind sie *Sozialkapitalisten*, die mit Sozialem Kapital genauso professionell arbeiten wie mit Recht, Verwaltung und Beratung. Was ist ein Kapitalist? In seiner berühmten Abhandlung „Die protestantische Ethik und der Geist des Kapitalismus" hat Max Weber (1988) eindrucksvoll gezeigt, dass es den Gründervätern nicht um Profitmaximierung zum Zwecke der persönlichen Bereicherung ging. Sie haben ihre Arbeiter angetrieben, weil sie selbst Getriebene waren, getrieben vom Verlangen, ein gottgefälliges Leben zu leben. Der wirtschaftliche Erfolg war eines der Zeichen, die darauf hindeuteten. Deswegen haben sie die Gewinne auch nicht für sich selbst ausgeben dürfen, sondern sie re-investiert. Im Konsumverzicht des Kapitalisten zum Zwecke der Re-investition steckt eines der Erfolgsrezepte der Marktwirtschaft. Wenn es den Wirtschaftskapitalisten um ein größeres Ziel als Reichtum ging, müsste es Sozialkapitalisten um mehr gehen als darum, das Gemeinwesen zum Zwecke der Kostenersparnis zu melken. Es muss Sozialkapitalisten um nichts Geringeres als um die Vision einer anständigen Gesellschaft (Margalit 1999) mit Gemeinsinn gehen, in der Bürger nicht als Ursache ihrer Probleme, sondern als Akteure der Problemlösung gesehen werden.

Was man von Weber lernen kann, ist erstens, dass Sozialkapitalisten Überzeugungen haben müssen. Wesentlich ist die Überzeugung, dass Klienten kompetent sind und dass Familien, Freunde, Netzwerke und Stadtteile über Wissen und Ressourcen verfügen, die Profis normalerweise nicht haben. Zweitens braucht es Organisationsformen und bürokratische Abläufe, die begünstigen und nicht verhindern, dass sich Soziales Kapital materialisiert. Deswegen muss man Organisationen so gliedern, dass Zuständigkeiten für den Sozialraum entstehen. Drittens braucht es Methoden, die Betroffene in ihren Netzwerken sichtbar machen, die Soziales Kapital finden, provozieren, verstärken und flankieren. Das sind Methoden, mit denen Profis systematisch einen Spürsinn für Gelegenheiten entwickeln, indem sie Gemeinwesen als Schatztruhen begreifen (im Wort „greifen" steckt ein aktives Tun). Und nicht zuletzt brauchen wir Methoden, welche die Selbstbestimmung, d.h. den Willen der Leute, zentral stellen. Denn nur wenn ich dieses Recht groß mache, kann sich auch eine große Verpflichtung entwickeln, etwas selbst zu bewältigen.

Sozialarbeiter, die in dieser Konzeption erfolgreich arbeiten, werden zu Sozialkapitalisten, weil sie das Soziale Kapital und nicht die technische Abwicklung zum Dreh- und Angelpunkt machen. Sie arbeiten im Handlungsfeld der Netzwerke aktivierend und ressourcen- und stärkenorientiert und kämpfen gleichzeitig auf der Ebene der Sozialstruktur für ein Stück mehr soziale Gerechtigkeit.

4.1.4 Ziele der Aktivierung

Initiatoren und Akteure: Die Bewohner eines Stadtteils tragen die Hauptaktivitäten – sie sind die eigentlichen Akteure, weil von ihnen der Bewohnerwille, die soziale Energie und die Kompetenzen, aus denen Aktivierung erwächst, ausgehen. Sie haben die Chance, einen Schritt zur Seite zu machen und nachzuschauen: Was gibt es für Ärger? Wo sind Hoffnungen? Was ist da an Problemen? Wie könnte man das anpacken? Die Bewohner verbalisieren die Themen, und sie sind es auch, die konkret handeln. Sie nutzen die Kompetenzen der Profis, indem sie von ihrer fachlichen Begleitung profitieren, ihr Know-how abfragen und mit ihrer Management- und Planungsunterstützung rechnen können. Die Profis wiederum geben den Bewohnern die Chance, genau hinzusehen und ihre Möglichkeiten des Handelns zu entdecken. Die Profis sammeln auch im Verlauf des Aktivierungsprozesses die „Vibrations", die Informationen und Anregungen. Sie organisieren Treffmöglichkeiten, sie gehen an bestimmten Plätzen oder Straßen/Wohnungen vorbei, treffen sich mit den Kindern usw. und sie ziehen sich zu gegebener Zeit wieder zurück. Daher spielen die Profis Sozialer Arbeit oder auch weitere Fachleute, die von Kommunen zur Aktivierung eingesetzt werden, eine ganz entscheidende Rolle als Initiatoren. Sie geben die Impulse zur Aktivierung und sie regen die weiteren Prozesse an und begleiten sie. Sie sind die „Beziehungsgestalter“, die „Multiplikatoren“, die „Frager“, die „Manager“. Die Bewohner zeigen ihre Gefühle und ihren Ärger, ihre Enttäuschung, ihre Überzeugung, dass etwas geschehen muss. Sie treffen dank des professionellen Managements Menschen mit ähnlichen Erfahrungen, sprechen über mögliche Aktionen, wie z. B. journalistische, darstellerische, verbale oder fotografische Aktivierungsprojektideen. Sie haben erst zu einem späteren Zeitpunkt direkten Kontakt mit der Kommunalverwaltung. Die Profis versuchen, „kurze Wege“ herzustellen und werden erst dann aktiv, wenn die Bürger entscheiden, dass etwas getan werden soll.

Als weitere Akteure betätigen sich die *„local leaders“*, die lokalen Führungspersonen. Local Leaders sind nicht diejenigen, die herrschen und die anderen ihren Willen aufzwingen und ihren Einfluss geltend machen, sondern Menschen, die etwas anregen und andere bewegen und inspirieren. Man könnte sie auch als „Lebensweltunternehmer“ bezeichnen. Meistens sind dies Personen, die im Laufe ihrer Sozialisation potenzielle Führungseigenschaften entwickeln konnten und die im Stadtteil bzw. Quartier eine angesehene Position haben. Der gezielte Aufbau von „Leadership“ führt auch dazu, dass die Bewohner nicht nur „beteiligt“ werden, sondern wirklich die Richtung anzeigen und ihre Aktionen entsprechend dieser von ihnen bestimmten Richtungsanzeige durchführen. Das Ergebnis der Aktivierung gehört den Bürgern. Die Kommune hält sich aus dem Aktivierungsprozess heraus und spielt die Diskussions- und Verhandlungsergebnisse bzw. auch die bereits umgesetzten kommunalen Beiträge wieder an die Bürger zurück.

Offenheit: Sozialräumliche Aktivierung ist zunächst einmal überhaupt nicht festgelegt, sondern offen. Sie ist themen-, effekt-, projekt- sowie zielgruppenoffen und formiert sich aus den sozialen Impulsen heraus, die aus der Bewohnerschaft kommen. Wie im Fieldbook dargestellt, heißt „Aktivierung“ auch, die Bewohner aktiv sein zu lassen. Man wird sehen, welche Themen es werden, die den Bürgern „unter den Nägeln brennen“ oder auch, welche Gruppen sich in welcher Zusammensetzung formieren. Möglicherweise entstehen besprühte Wände, Zeitungsartikel oder eine Gesprächsrunde, vielleicht Ortsbegehungen, Theatergruppen oder andere Aktionsformen wie z. B. fliegende Steine, angezündete Telefonzellen. Weder die Themen noch die Effekte, die aus der Aktivierung resultieren, sind vorher zu erkennen.

Grundmobilisierung und Erfahrungserweiterung: Aktivierung wird als eine Art Grundmobilisierung über einen längeren Zeitraum hinweg gesehen, als eine themenunspezifische, informelle und aufsuchende Vorgehensweise. Einzelprojekte werden durch eine systematische Aktivierungsarbeit gestützt, denn es geht um die Forcierung einer anhaltenden und nachhaltigen Entwicklung. Das heißt, dass nicht die einmalige Aktion, das kurze Aufflackern von Aktivitäten bereits Anlass genug ist, um festzustellen, dass etwas geschehen ist. Es geht nicht um Vorzeige- oder Leuchtturmprojekte, sondern um das Gestalten einer Nachhaltigkeit in lösungsorientierten Gesprächen und Aktivitäten. Diese Nachhaltigkeit könnte durch das Etablieren einer „Aktivierungskultur“ in Straßen oder in Quartieren erreicht werden, die sich in unterschiedlichen Gruppierungsformen wie in Clubs, in Treffs, in Stammtischen, in Kaffeekränzchen, in relativ beständigen Aktionsforen oder in Szenen ausdrückt. Die Bewohner machen durch die Aktivierung neue Kompetenz- und Widerstandserfahrungen, z. B. in Aktionen, in Politisierung, Mobilisierung, Thematisierung, Gruppierung, Darstellung usw.

Multiple Zielvorstellungen: Eine Vielzahl von möglichen Zielen begleiten den Aktivierungsprozess. In der Zielformulierung treten erneut die bereits skizzierte „Offenheit“ und das „Unspezifische“ zutage. Die Ziele sind z. B. die Förderung von selbst bestimmendem Engagement der Bürger in einem speziellen Stadtteil, das Herstellen von Kontakten der Bewohner untereinander, das Unterstützen von Bewohnern im Hinblick auf deren Reflexion ihrer eigenen und gemeinsamen Interessen, das Schaffen von Aktivierungsgrundlagen, die Etablierung von Dienstleistungen im Sinne von ressourcenorientiertem Arbeiten, die Identifizierung der Themen und Sichtweisen von Bewohnern, die Erneuerung der Aktivitäten usw. (vgl. Richers 2004, S. 112). Ziele sind vor allem das, was für die Bürger Priorität hat und nicht, was für die Experten Bedeutung besitzt. Die Menschen vor Ort sind diejenigen, die ihre Lebenswelt am besten kennen. Sie wissen am besten darüber bescheid, was sie wollen und wie sie diesen Willen am besten einsetzen, um etwas zu verändern (vgl. Lüttringhaus 2004, S. 21).

Sozialräumliche Aktivierung in der Sozialen Arbeit: Aktivierend kann jeder arbeiten. Zu einem sozialräumlich aktivierenden professionellen Vorgehen trägt z. B. jede berufliche Tätigkeit bei, die einen Gemeinwesen-, Stadtteil- oder Sozialraumbezug hat. Sozialräumliche Aktivierung kann in allen Institutionen Sozialer Arbeit verwirklicht werden, sei es im ASD, in einem Hort, in einer Beratungsstelle oder in einem Jugendzentrum. Sie kann z. B. auch als Ergänzung beraterischen Denkens verstanden werden und die Beratung begleiten, indem zwischendurch oder abschließend sensibilisierende Fragen gestellt werden wie u.a.: Wie wohnen Sie? Was ärgert Sie? Wie könnte man das in der Nachbarschaft bewerkstelligen? (z. B. Lüttringhaus/Streich 2004). Professionelle Sozialer Arbeit sind in einem sozialräumlich orientierten Verständnis „intermediäre Instanzen“ und dienen damit als Koordinatoren zwischen der Lebenswelt im Stadtteil, in der Straße auf der einen Seite und der Bürokratie, den Institutionen und Unternehmen auf der anderen Seite. Sie führen systematisch Ideen, Bedarfe, Menschen und Fördertöpfe zusammen und stehen der von Bürgern und Bürgerinnen ausgehenden Entwicklung von Einzelprojekten möglichst über einen langen Zeitraum hinweg zur Seite.

Kritische Punkte, Aktivierungsroutinen/-müdigkeit, Überforderung: Gerade in Wohngegenden, die von Verwaltungen als „prekär“ bezeichnet werden und die im Zuge verschiedener Programme besondere Aufmerksamkeit sowohl von Seiten der Verwaltung als auch von Organisationen, Institutionen und sozialen Einrichtungen erhalten, kann es durchaus zu einer „Aktivierungsmüdigkeit“ kommen. Bürger und Bürgerinnen fühlen sich nach einiger Zeit wie „Tiere im Zoo“ oder wie „Versuchskaninchen“, an denen „moderne Techniken getestet werden“. Sie sehen selbst keine Veränderung mehr und sie sind nicht mehr in der Lage dazu, einen Gewinn aus den sich ergebenden Situationen zu ziehen. Es kommt also auch immer darauf an, die unterschiedlichen Aktivierungsmethoden so zu konzipieren, dass win-win-Situationen sowohl für die Menschen vor Ort als auch für die Verwaltung und weitere Organisationen entstehen. Die Kondition und die Aufgeschlossenheit der „aktivierten“ Personen sollte demzufolge nicht zu sehr strapaziert werden. Des Weiteren ist es von Bedeutung, ein ausgeklügeltes System von Aktivierungstechniken zusammenzustellen, um nach Möglichkeit zu vermeiden, dass die leicht zu aktivierenden Personen erneut tätig werden und die anderen nicht.

Strukturelles Empowerment: Aktivierung im Sozialen Raum ist kein Allheilmittel, das hilft, strukturelle Schwierigkeiten, Probleme und Benachteiligungen aufzuheben. Die Arbeitslosenquote in einem Land kann nicht grundlegend durch sozialräumliche Aktivierung gesenkt werden. Ebenso wird es nicht gelingen, mithilfe dieses Konzeptes Standort- oder Zuliefererprobleme in regional benachteiligten Gebieten zu lösen. Erwerbsarbeitsmarkt-, Wirtschafts-, Familien- und Gesundheitspolitik sind nach wie vor gefordert, ihren Beitrag zu einer sozial gerechten Gesellschaft zu leisten. Aktivierung im Sozialen Raum ist ein Puzzlestein von vielen Puzzleteilen, die dazu beitragen, eine Gesellschaft zu gestalten, die ihre sozialen und kulturellen Kompetenzen in allen Bereichen fördert und nutzt. Das Leistungspotenzial der Aktivierung liegt in erster Linie im Zugewinn an Demokratie.

4.2 Profi-Netzwerke

Als tertiäre Netzwerke werden die Ressourcen bezeichnet, die soziale Einrichtungen durch ihre Verbindungen und gezielten Kooperationen mit anderen Fachstellen und Berufsgruppen einbringen können. So kennen Sozialarbeiter in der Asylarbeit Ärzte und Zahnmediziner, die illegale Flüchtlinge auch ohne Krankenschein behandeln. Sie haben Anwälte an der Hand, die sich auch für scheinbar aussichtslose Fälle einsetzen. In der Arbeit mit behinderten Menschen bemühen sich Sozialarbeiter um „maßgeschneiderte" Arbeitsplätze und Arbeitgeber auf dem ersten Arbeitsmarkt, indem sie erst einmal die Bürgermeister der Herkunftsgemeinden ihrer Klienten einschalten, denn diese bringen mehr persönliches Engagement für ihre Bürger auf als Kommunalpolitiker in größeren Städten.

Eine besonders wichtige Spielart der Kooperationspraxis sozialer Einrichtungen sind ihre weitgehend institutionalisierten Netzwerkbeziehungen. Sie versuchen das alte Modell des Nebeneinanders selbstreferenzieller Systeme, die sich eher konkurrierend zueinander verhalten, zu überwinden. Sie sind eine Antwort auf Modernisierungsmuster in der Sozialen Arbeit, nämlich auf die Spezialisierung von Diensten, Handlungsfeldern und Zuständigkeiten. Die funktionale Differenzierung nach professionellen Kompetenzen hat auf der Seite der Adressaten zur Vervielfachung von Einzeldiagnosen, zur Zunahme von Schnittstellenproblemen zu Lasten des Klienten und zum Ausbau von Hilfekarrieren geführt (vgl. Kurz-Adam 2002, S. 399). Verschiedene Formen von Vernetzung als Zusammenführung, Bündelung und Abstimmung zwischen den Akteuren sozialer Dienstleistungen können als eine organisatorische „Korrektur" für diesen Webfehler verstanden werden.

Profi-Netzwerke öffnen den Sozialen Raum, machen das soziale System beweglicher für die Anforderungen in einem komplexen Feld von Bedarfslagen und dynamischen sozialen Entwicklungen. Je vielfältiger die Anbieter sozialer Dienstleistungen werden – von marktorientierten privaten Trägern über etablierte Wohlfahrtsverbände, staatliche Stellen und kleinen Vereine bis hin zu Selbsthilfeorganisationen – desto wichtiger werden Brücken, die diese Vielfalt zu einem effektiven und effizienten Verbund vernetzen.

4.2.1 Formen von Profi-Netzwerken

- *Stadtteilarbeitskreise* aller professionellen, sozialen und kulturellen Einrichtungen des Quartiers, um gemeinsame Interessen im Stadtteil herauszufinden und die Abstimmung ihrer Angebote voranzutreiben. Diese Netzwerke sind richtungsoffen und können die unterschiedlichsten Entwicklungen nehmen, vom effektiven, aber politisch „unbedenklichen"

Koordinationsbündnis bis zur kommunalpolitisch agierenden „pressure group".

- *Zielgruppen- oder themenspezifische Arbeitskreise* aller Einrichtungen, welche z.B. die Situation allein erziehender Mütter und ihrer Kinder in einem Stadtviertel/einer Kommune/einem Landkreis verbessern wollen, oder die Angebote für junge Migranten effektiver machen wollen und für „ihre" Adressatengruppe ein breiteres Spektrum fachlicher Komplexität entwickeln. Themenspezifische Arbeitskreise sind psychosoziale Arbeitskreise, kriminalpräventive Vernetzungen und die interinstitutionellen AGs, die z.B. nach § 78 SGB VIII für die Jugendhilfe vorgeschrieben sind.
- Netzwerke von Profis können auch als spezifische „*Brückeninstanzen*" wirken, wo Einrichtungen und Organisationen ganz unterschiedlicher Logik für ein Thema am „runden Tisch" zusammengeführt werden, um gemeinsam neue Lösungen für ein soziales Problem zu finden und zu installieren. Aus einer „Initiative gegen Gewalt gegen Frauen" ist die Berliner Interventionszentrale bei häuslicher Gewalt „BIG e. V." hervorgegangen (www.big-interventionszentrale.de). Sie bietet als typische Brückeninstanz keine eigenen unmittelbaren Leistungen an, sondern hat ausschließlich die Innovationsfunktion, die mit dem Thema befassten Systeme wie Kriminal- und Schutzpolizei, Justiz, Anwälte, Beratungsstellen, Frauenhäuser, Männerprojekte usw. so zu koordinieren, dass gemeinsam neue Handlungsrichtlinien erarbeitet, politisch implementiert und in Fortbildungen an die verschiedenen Fachkräfte weitergegeben werden (vgl. Schweikert 1999).

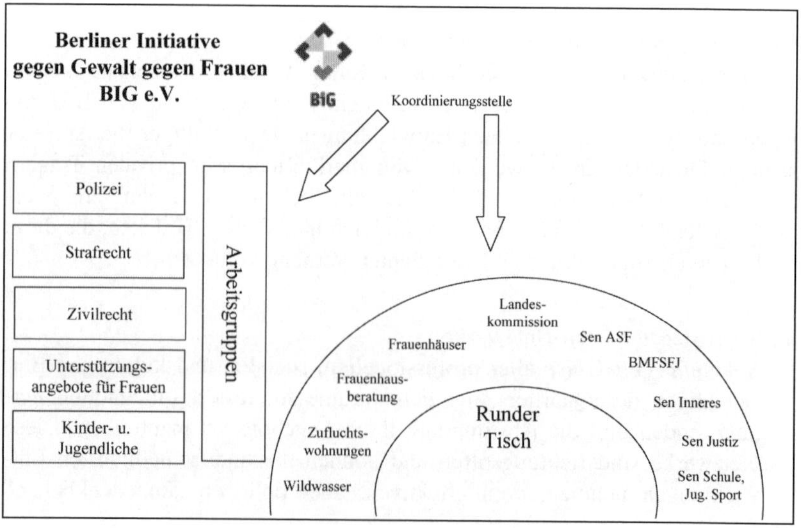

4.2.2 Leistungspotenziale

Wenn wir hier von den potenziellen Vorteilen von Profi-Netzwerken sprechen, ist nicht ihre alt bekannte psychohygienische Funktion gemeinsamer „Jammerrunden" gemeint, in denen Frustrationserfahrungen und erlebte Einschränkungen und Grenzen ausgetauscht und geteilt werden, sondern ihre prinzipiellen Möglichkeiten.

Schließen sich soziale Einrichtungen zu Netzwerken zusammen, gewinnen sie neue Handlungsräume, vervielfachen ihre Ressourcen und können das Leistungsangebot qualitativ und quantitativ steigern.

Netzwerke können als Gestalter aktiv sein, in Form

- gemeinsamer Projekte, Maßnahmen und neuer Einrichtungen,
- einer Lobby- und Fürsprecherfunktion, z. B. wenn sozialpolitisch einflussreiche Kommunalpolitiker oder Verwaltungsleute (z. B. der Chef des Sozialamts) regelmäßig zum „Rapport" geladen oder mit den neuesten lokalen Entwicklungen bei sozialen Problemen konfrontiert werden,
- der Erweiterung ihres Zuständigkeits- und Kompetenzbereichs über das Nur-Soziale hinaus, z. B. wenn gegenüber dem städtischen Energieunternehmen „Fälle" gesammelt werden, die belegen, wie die Tarif- oder Forderungspolitik des Unternehmens Haushalte in finanzielle Schwierigkeiten bringt, oder wenn ein „Schwarzbuch" zusammengestellt wird über die veränderungsbedürftigen Praktiken von lokalen Konsumentenkreditbanken und Inkasso-Firmen, oder wenn neue Beschäftigungs- und Qualifizierungsinitiativen entwickelt werden.

Profi-Netzwerke verbessern die Verzahnung von Dienstleistungen

Angebote und soziale Dienstleistungen, die in einem Netzwerk organisiert werden, können besser zur konkreten Entlastung von Bürgern beitragen als unverknüpfte Einzelangebote. So ergeben sich sinnvolle Leistungsketten ohne Überschneidungen, Widersprüche und „Verfestigungen". Im besten Fall haben Bürger erstmals faktische Wahlmöglichkeiten zwischen verschiedenen Angeboten, die sich sinnvoll ergänzen.

Profi-Netzwerke bieten Synergieeffekte und Effizienzsteigerungen

Netzwerke können Entscheidungsblockaden abbauen und vor allem eigene Ressourcen einbringen, Personen, Kompetenzen, evtl. Sach- und Finanzmittel, die wiederum den Haushalt für die stadtteilorientierten Verbesserungsmaßnahmen entlasten. Handeln in Netzwerken bringt Koordinierungsvorteile mit sich, die Ressourcen sparen und Prozesse beschleunigen können. Netzwerke fordern zwar Pflege, stellen aber auch Profis für andere Aktivitäten frei, potenzieren die Handlungsmöglichkeiten und vervielfachen das Soziale Kapital.

Überlegene Verhandlungsposition von Profi-Netzwerken
Netzwerke sind für mächtige Adressaten aus Kommunalpolitik und Verwaltungssteuerung starke und gleichzeitig auch attraktive Partner bzw. Gegner. Im Vergleich zur Auseinandersetzung mit Einzelinteressen bieten sie organisatorische Vorteile: Interessen und Argumente sind bereits gebündelt, Netzwerke weisen ein höheres Steuerungswissen auf und können das Verfahren beschleunigen, da Kommunikations- und Abstimmungswege verkürzt werden. Auf der Seite der Netzwerke erhöhen sich die Durchsetzungskraft, die Breite der Perspektive und die Absicherung gegen Sanktionen, wenn unerwünschte Forderungen gestellt oder Themen publik gemacht werden.

Garant für Nachhaltigkeit
Bei institutionalisierten Profi-Netzwerken geht es meist um kontinuierliche Aktivität und Mitgestaltung. Sie sind stabiler, weil sie weniger personell abhängig sind, sie schulen und setzen soziale, organisatorische und politische Kompetenzen frei und können in ihrer Selbst- und Fremddefinition in verantwortungsvolle Aufgaben für den gesamten Sozialen Raum, z. B. den Stadtteil, hineinwachsen. Sie haben das Potenzial, kurzfristig angelegte Förderprogramme – wie zum Beispiel das Quartiersmanagement als Institution im Bund-Länder-Programm „Soziale Stadt" – zu überdauern.

Netzwerke als Teil kooperativer Demokratie
Profi-Netzwerke weisen Merkmale einer kooperativen Demokratie auf:

- Sie bestehen aus Einrichtungen, deren Träger mitgliedschaftlich organisiert sind in Vereinen, Verbänden oder gemeinnützigen Gesellschaften,
- sie sind oft nicht (nur) gesetzlich festgeschrieben, sondern freiwillig zustande gekommen,
- sie sind dialogisch orientiert und auf kooperative Problemlösungen angelegt,
- sie sind meistens an der Politikformulierung und/oder -umsetzung beteiligt.

4.2.3 Erfolgsfaktoren

Soziale Institutionen haben ihre Dienste und Leistungen auf Spezialisierung und institutionelle Autonomie hin konzipiert. Deshalb wird der Prozess der Koordination und Kooperation – nicht nur am Anfang, sondern immer wieder einmal – über mühsame kleine Schritte gehen müssen. Profi-Arbeitskreise müssen immer dem Risiko begegnen, dass übergeordnete Organisationsinteressen der teils konkurrierenden, teils Block bildenden Träger die Kooperationsbestrebungen der Fachbasis aushebeln wollen. Die Vernetzung geschieht auf mehreren Ebenen:

Ebene der Information und Verständigung
Die Basis aller Zusammenarbeit ist die gegenseitige Information, also die Bereitschaft, Arbeitsinhalte und Arbeitsformen transparent zu machen. Es geht nicht um eine formelhafte Scheinverständigung auf einer Minimalbasis, sondern um das Erproben einer gemeinsamen Verantwortung. Die Grenzen zwischen Bündnissen, Kreisen und Parteien dürfen nicht verwischt werden, sondern die gemeinsame Wirklichkeit muss gemeinsam erkannt und benannt werden. Keiner darf einen Anspruch auf die alleinige Wirklichkeitsdeutung erheben, sondern entscheidend ist, anzuerkennen, dass man wechselseitig auf die Deutungen der anderen Kollegen und Einrichtungen angewiesen ist. Und der entscheidende Punkt ist das persönliche Kennenlernen der Mitarbeiter untereinander, die Verbindung zwischen Person und Einrichtung.

Ebene der Organisation
Auf der Ebene der Organisation des Netzwerks ist erst einmal entscheidend, welche Personen von den einzelnen Einrichtungen in den Arbeitskreis gesandt werden. Ist der Arbeitskreis durchgängig „hochkarätig" besetzt, entweder was den Status der Mitglieder in ihren eigenen Organisationen angeht oder was ihre ausgewiesene Fachkompetenz bzw. Konflikt- und Durchsetzungsfähigkeit betrifft, hat man schon einen sicheren Erfolgsfaktor.

Weiter muss der Status der Mitarbeiter in den Vernetzungsgremien geklärt sein: Wann hat der Einzelne für seinen Träger Vertretungsbefugnis, wann muss eine Einwilligung erst eingeholt werden? Mitarbeit in Vernetzungsgremien ist keine gerade noch geduldete „private" Entscheidung von Mitarbeitern einer Einrichtung über die Verwendung von Arbeitszeit, sondern eine strategische Entscheidung der Organisationsspitze und damit Gegenstand eines überlegten „Kooperationsmanagements" der Organisation.

Für die Kooperationspraxis muss eine breite Palette von Formen genutzt werden, von Stadtteilgremien, Arbeitskreisen, § 78 SGB VIII AGs, Beiräten bis hin zu kollektiven Fortbildungen.

Wichtig ist auch eine vereinbarte interne Arbeitsteilung, damit die Netzwerke als wechselseitige Entlastung und Unterstützung empfunden werden, und dass „Subunternehmerschaften" möglich werden und Regeln vereinbart sind.

Ebene der Argumentation

Der Vorteil einer Kooperation lebt davon, dass eine gemeinsame Position aus verschiedenen Perspektiven heraus entwickelt und demonstrativ beim Agieren im öffentlichen Raum vertreten wird. Ein Profi-Netzwerk kann sich mit anspruchsvolleren Zielen aus dem Fenster lehnen als eine einzelne Einrichtung. Das vernetzte Vorgehen bündelt Informationen, Begründungen, Kompetenzen, Zugangsmöglichkeiten und Gelegenheiten und schützt die einzelne Organisation vor einem „Abgestraftwerden". Wichtig für nach außen gerichtete Aktivitäten ist, dass im Arbeitskreis akzeptiert wird, dass bei einzelnen Themen oder in unterschiedlichen Arenen nicht alle Mitglieder immer eine ähnlich aktive und sichtbare Rolle spielen, sondern dass Zusammenhänge zwischen jeweiligem Träger, seinen aktuell sensiblen Themen und seinen jeweiligen Stakeholdern berücksichtigt werden.

Ebene des Handelns im Sozialen Raum

Eine entscheidende Außenwirkung für die Adressaten Sozialer Arbeit wird erreicht, wenn es gelingt, Angebote aufeinander abzustimmen, kleinere Projekte gemeinsam durchzuführen, Lücken zu füllen statt zu konkurrieren, Ressourcen wie Räume, Programme, Arbeitszeit auszutauschen oder zusammenzulegen. Profi-Netzwerke müssen den Schritt in den politischen Raum machen, Forderungen, Proteste und Resolutionen an Verwaltung, parlamentarische Gremien oder andere einflussreiche Instanzen richten. Dabei kann es um den Erhalt, die Veränderung oder die Neueinsetzung von Maßnahmen, Einrichtungen und Projekten gehen. Einem Kooperationsverbund müsste es gelingen, mit Geschick und Nachdruck auf Entscheidungsträger und potenzielle Geldgeber einzuwirken und ein Mandat für belastete Gebiete und vernachlässigte Themen zu gewinnen. Durch sichtbare Meilensteine kann sich das Netzwerk selbst effizient organisieren.

4.2.4 Profi-Netzwerke als Konkurrenten von Betroffenen-Beteiligung

Allerdings stehen diese Netzwerke auch in der Gefahr, eine professionelle Ingroup zu bilden, die sich gegenüber Einflüssen von außen abzuschotten beginnt. In Profi-Netzwerken können auch Vorurteile und Bilder über Klienten weitergegeben, die eigenen Leistungen und fachlichen Strategien bestätigt und gegen Innovationsdruck abgedichtet werden. Profi-Netzwerke können gegenüber Initiativen, kleinen Projekten, Selbsthilfegruppen, aktiven Bürgern zu „gate-keepern" für den Zugang zu kommunalen Entscheidungsgremien werden. Sie besitzen im Zweifel die besseren Verbindungen, die verständlichere Sprache, die vertrautere Logik in der Argumentation, und ihre Lösungen sind weniger sperrig und unangepasst. Das soziale Kapital von einrichtungs- und trägerübergreifenden Arbeitstrukturen muss deshalb besonders nachdrücklich auf die eigenen Exklusionsrisiken für betroffene Bürger überprüft werden. Die von ihnen vertretenen Bedarfe, Ziele und Lösungen sind an eine konsequente Betroffenenbeteiligung rückzubinden. Profi-Vernetzung bewirkt für das Koordinationsgremium und die beteiligten Einrichtungen einen Machtzuwachs, der besonders verantwortungsvoll genutzt werden muss.

5 Handlungsfeld „Organisation“

Erste Szene: Schulalltag
Rühcan ist krank. Ein komplizierter Beinbruch hat ihn für eine Woche ins Krankenhaus befördert. „Dabei ist Rühcan einer derjenigen, die sich Fehlen am wenigsten leisten können“, denkt Herr Lindner, Lehrer einer relativ neuen Kleinklasse in der Sommerrain-Schule, einer Hauptschule in B.

Die Klasse war das Ergebnis eines Verhandlungsmarathons mit dem staatlichen Schulamt, dem Jugendamt und der zuständigen Sonderschule für Erziehungshilfe. Man wollte mehr tun für die Schüler als eine gekonnte Vermittlung in die Sonderschule am anderen Ende der Großstadt. Für das neue Schulmodell brauchte es zusätzliche Deputatstunden, um die Klassengröße zu minimieren, das fachliche Know-how von Sonderschullehrern, die herüber in die Schule kommen, um die Kollegen zu unterstützen. Die Mitarbeiter des kommunalen Jugendzentrums sind zuständig für die Unterstützung der Elternarbeit und haben einen Kreis von Volunteers für die Hausaufgabenhilfe organisiert. Darüber hinaus verbinden attraktive Angebote des JUZ die neue Klasse mit den anderen Klassen und mit ansässigen Vereinen im Stadtteil. Die Sache verläuft kompliziert aber viel versprechend. Alle Schüler, die normalerweise in die E-Schule ausgeschult worden wären, können in ihrer Schule bleiben. Sie bekommen in der gestärkten Regeleinrichtung schulpädagogische Qualität geboten. Und nicht zuletzt: Sie bleiben in ihrem Stadtteil und in ihrem Kreis aus Freunden und Schulkameraden.

Als Rühcans Bein bricht, beschließt Herr Lindner nach kurzer Absprache mit den Kollegen, den Unterricht ins Krankenhaus zu verlegen. Für Biologie biete sich das sowieso an und ein begeisterter Oberarzt sagt ein paar Unterrichtsstunden zu. Für Hauswirtschaft lässt sich die Leiterin der Großküche gewinnen. Religion übernehmen die Ehrenamtlichen der Hospizstation. Am schwierigsten war die Buchhaltung für Mathe und BWL zu erwärmen. Aber es hat geklappt. Sternstunde wird der Aufenthalt in der EDV-Abteilung, weil der

Systemverwalter mit den Leuten einen Ausflug mit Google Earth auf Großbildleinwand vorbereitet hat. Das alles ergibt zwar erst im Laufe der Woche einen runden Plan, mitunter müssen Herr Lindner und seine Kollegen Lücken überbrücken und improvisieren. Aber das Konzept geht auf. Die Schüler sind interessiert und Rühcan hat einen „Heimvorteil". Er übernimmt die Organisationsverantwortung und war noch nie so hundert prozentig „dabei" wie in dieser Woche.

Zweite Szene: Servicestationen
Eine Lebensweltanalyse, die Praktiker, Wissenschaftler und wohnungslose Bürger zusammen durchgeführt haben, zeigt auffällige Parallelen der täglichen Wege und Aufenthaltsorte der Menschen ohne Wohnung in X-Stadt. Es lassen sich Routen und Orte, die für die Männer und Frauen spezifische Funktionen erfüllen, in den Stadtplan einzeichnen. Daraus wird ersichtlich, welche Wege und Orte zu welchen Tageszeiten, zu welchem Zweck genutzt werden. Das zentrale Sozialamt, die Obdachlosenberatungsstelle und das Gesundheitsamt liegen allesamt fern ab der so ermittelten „Hauptverkehrsadern". Kann eine Organisation aus dieser Entdeckung etwas lernen? In X-Stadt führt die Lebensweltanalyse zu Organisationsveränderungen. Es wird beschlossen, Organisationsstrukturen und -leistungen entsprechend der Alltagsbedarfe der Adressaten umzugestalten.

Der erste Schritt ist die Einrichtung von Servicepunkten: beim Aldi, an einem schattigen Brunnen der Fußgängerzone, am Hauptbahnhof, an einer überdachten Stelle am Eingang des Stadtparks und an einer öffentlichen Toilette, die einer Kleiderkammer eines Wohlfahrtsverbandes angegliedert ist. Die verschiedenen Punkte erfüllen verschiedene Funktionen im Sinne von Dienst- und Sachleistungen, auf welche die Adressaten Wert legen, wie z. B. Wasch- und Duschgelegenheiten, Schließfächer, Toiletten, Kaffee, Mahlzeiten. Außerdem werden die üblichen psychosozialen und medizinischen Dienstleistungen der Stellen, die für diese Zielgruppe zuständig sind, zu festen Außensprechstunden an den Servicepunkten durch Personal angeboten, das quer zu der üblichen Arbeitsteilung der Ämter gemeinsam ausgebildet wurde. Die Servicepunkte werden nach einfachen und einheitlichen Konstruktionsprinzipien stigmafrei gestaltet, sind transportabel und besitzen die Qualität, sich unterschiedlichen Orten anzupassen.

Betrachten Sie die zwei Fallgeschichten:
Was ist in den Geschichten der Gegenstand sozialarbeiterischer Intervention bzw. wer/was ist der „Fall"? Welche Ziele einer sozialraumorientierten Sozialen Arbeit sind in die Fallbeispiele eingebettet?

5.1 Was ist Sozialraumorientierung im Handlungsfeld „Organisation"?

„We are born in organizations, educated by organizations, and most of us spend much of our lives working for organizations. We spend much of our leisure time paying, playing and praying in organizations. Most of us will die in an organization, and when the time comes for burial, the largest organization of all – the state – must grant official permission" (Etzioni, 1964, S. 1). Unsere Funktionen in Organisationen, unsere Auseinandersetzungen mit Organisationen und unsere Versuche, Organisationen zu verändern, definieren sehr viel dessen, was wir als Sozialarbeiter tun. Ein Konzept, das die Ebene „Organisation" nicht mindestens genauso zentral stellt wie die Interaktion mit einzelnen Adressaten, ist vielleicht ein guter psychologischer oder pädagogischer Ansatz, als sozialarbeiterisches Konzept hingegen fragwürdig. Professionelle Intervention braucht spezifische organisatorische Rahmenbedingungen zur Entwicklung von Effektivität. Wesentliche Anstrengungen der Sozialraumorientierung beziehen sich deshalb auf die Herstellung des geeigneten institutionellen Rahmens zur Verwirklichung der fachlichen Ziele. Auf der Ebene „Organisation" ist die Organisation (häufig die eigene) der Adressat sozialarbeiterischer Intervention. Das kann eine Behörde, ein freier Träger, eine Schule, ein Heim, oder auch das System der Jugendhilfe einer Kommune sein.

Als Oliver Twist vor lauter Hunger zum Speisemeister des Armenhauses sagt "Please, sir, I want some more" (Dickens 1981 [1839], S. 13; alle Übers. d. Verf.) wird dieser blass vor Schreck. Der Vorfall ist bedeutsam genug, den sofort alarmierten Verwaltungsrat in hektische Betriebsamkeit zu versetzen: Ein Hilfeempfänger will mehr als ihm laut Organisationskonzept zusteht. Am liebsten würde man den undankbaren (und dadurch auch gefährlichen) Jungen „ruckzuck" rauswerfen. Da das aber von Amtswegen nicht erlaubt ist, wird per öffentlichem Aushang ein anderer „Leistungsträger" gesucht. Ein erkleckliches Entgelt von fünf Pfund winkt jedem, „der ihn irgendwie gebrauchen kann" (ebd.). Die „Hilfeplanung" geht auf, und Oliver wird von einem Totengräber als Hilfskraft übernommen. Der kleine Satz „I want some more!" hat den Nerv der Organisation getroffen und forderte das System in geradezu revolutionärer Weise heraus, weil er in Frage stellte, wer die Standards der Hilfeleistung setzen darf, wer definieren darf, wie viel und welche Hilfe wem zusteht. Das System reagiert auf die verständliche Forderung mit gnadenloser Aussonderung. An anderer Stelle offenbart der Armenhausverwalter das goldene Prinzip der ambulanten Armenpflege: „to give the paupers exactly what they don't want; and then they get tired of coming" (ebd., S.177). Fraglos ist, dass sich seit Dickens Zeiten Soziale Arbeit fundamental verändert hat. Die

Frage hingegen, wie Eigeninteressen von Hilfsorganisationen und Interessen von Betroffenen miteinander arrangiert werden, ist immer noch ein wichtiges Evaluationskriterium für Qualität und wird von der Sozialraumorientierung im Handlungsfeld „Organisation“ unmissverständlich gestellt.

5.2 Merkmale der sozialräumlichen Organisation

Eine sozialräumliche Perspektive verändert eine soziale Organisation grundsätzlich. Die Umstellung verlangt auf allen Organisationsebenen neue Strukturen, neue Regeln, neue Methoden und ein neues professionelles Selbstverständnis. Leitbild, Organisationsaufbau, Arbeitsmethodik, Kommunikationsregeln und Fortbildung sind sozialräumlich zu konzipieren. Mitunter ist sogar eine Neuorganisation von kommunalen Trägerlandschaften angesagt. Versuche, Sozialraumorientierung auf punktuelle Maßnahmen zu beschränken, sind wenig ertragreich. Erfolgreich sind Entwicklungen, in denen die jeweilige Leitungsebene eine sozialräumliche Ausrichtung als globales Ziel definiert und mit einem langen Atem verfolgt und die Mitarbeiter „mitnimmt“.

Die folgende Grafik zeigt, wie viele Bausteine verändert oder neu geschaffen werden mussten, damit in Stuttgart der sozialräumliche Umbau der Erzie-

Reformbausteine des Umbaus der Hilfen zur Erziehung

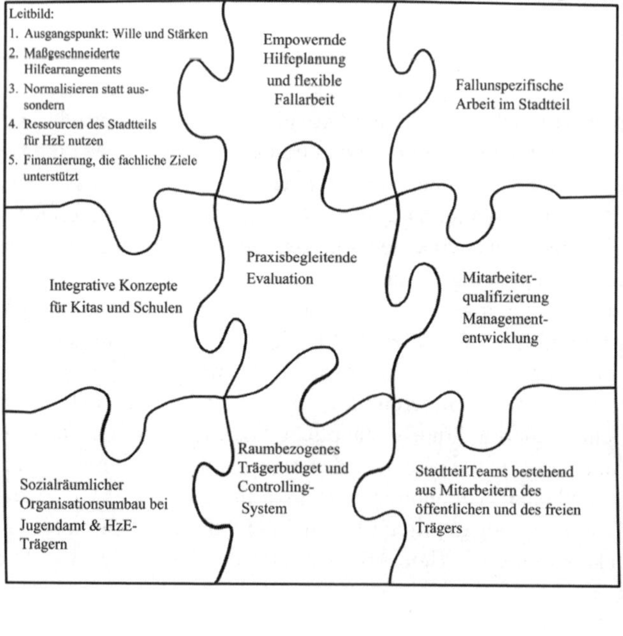

hungshilfen gelingen konnte. Die Puzzleteile betreffen nicht nur das Jugendamt, sondern auch die freien Träger der Erziehungshilfe, beinhalten reformierte Strukturen zum Beispiel der Aufgabenteilung wie notwendig gewordene Prozesse der Mitarbeiterqualifizierung und Evaluation, stellen veränderte Anforderungen an alle Organisationsebenen, an die Leitung wie an die Fachkräfte.

In diesem Kapitel werden die wichtigsten *strukturellen* Umstellungsaufgaben thematisiert. Da „Organisationen“ aber die institutionellen Akteure sozialräumlichen Arbeitens sind, erstreckt sich ein Umbau auf alle vier Handlungsfelder der Sozialraumorientierung (SONI). Deswegen streifen die folgenden Aussagen auch Aufgaben, die in anderen Kapiteln behandelt wurden oder noch werden. Ausgangspunkt sind die veränderten Ziele und Leistungen von Organisationen der Sozialen Arbeit, wenn sie sich für einen sozialraumorientierten Arbeitsansatz entschieden haben. Dabei ist es erst einmal nicht wichtig, ob die betreffende Organisation sich in kommunaler oder freier Trägerschaft befindet, es sich um eine Großeinrichtung oder um eine kleinere „Nischeneinrichtung“ handelt. Die Folgerungen, welche Organisationsveränderungen notwendig werden, sind auch unabhängig vom jeweiligen Arbeitsfeld, sind für die Jugendhilfe, die Eingliederungshilfe oder Gesundheitshilfe genauso gültig wie für Arbeit mit alten Menschen, mit Migranten, mit Alleinerziehenden, Drogenkonsumenten, Wohnungslosen und Arbeitslosen. Alle Organisationen brauchen dann veränderte Aufbaustrukturen und müssen ihre Zugangswege zu und von den Klienten kritisch überprüfen. Die Steuerung der Organisation muss nach Sozialraumaspekten erfolgen, kann sich nicht mehr nur auf interne Entscheidungen des Managements berufen, sondern muss Wege finden die Adressaten dabei angemessen zu beteiligen. Und die Finanzierung muss einer anderen Logik als der bisherigen ausschließlichen Einzelfalllogik folgen – eine Konsequenz, die an höchst sensiblen tradierten Regeln rüttelt.

5.3 Leistungen der Organisation

Organisationen definieren sich durch ihre zweckrationalen Ziele, z. B. Familien bei internen Problemen zu beraten (Allgemeiner Sozialer Dienst der Kommune, eine Erziehungsberatungsstelle oder ein Familienzentrum), psychisch Kranke zu stabilisieren (z. B. Wohngemeinschaft für psychisch Kranke), jungen Erwachsenen mit Behinderungen die Eingliederung ins Berufsleben zu ermöglichen (z. B. Werkstätten für Menschen mit Behinderungen), Jugendlichen einen selbst bestimmten Raum für ihre Freizeit zur Verfügung zu stellen (Jugendzentrum) usw. Diese Ziele haben sich die jeweiligen Trägerorganisationen in der Regel in ihren Satzungen und in ihrem Leitbild gegeben und sie sind im sozialen Bereich gesetzlich als Pflicht- oder freiwillige Leistungen geregelt. In den meisten Arbeitsfeldern haben sich für diese Leistungen über viele Jahrzehnte bestimmte Formen der Leistungserbringung eingespielt, die immer wieder – je nach veränderten Bedarfslagen, wechselnden fachlichen Paradigmen und politischem Programmwechsel – angeglichen oder ergänzt werden. Da im sozialen Bereich nicht wie in der freien Wirtschaft der Klient/der Kunde die Leistung bezahlt, sondern seine (gesetzlichen) Leistungsansprüche durch einen öffentlichen Kostenträger abgegolten werden, orientieren sich die Organisationen an den gesetzlichen Richtlinien,

Programmen und den Finanzierungsvorgaben. Denn hinter oder neben diesen inhaltlichen Zielen verfolgen Organisationen – nicht nur im sozialen Bereich – vor allem das Ziel des Selbsterhalts bzw. der Expansion der Organisation. Dieses Bemühen um Bestandserhaltung sagt man vor allem bürokratischen Organisationen nach – ein skurriles Beispiel aus der griechischen Verwaltung zeigt, dass sich eine Behörde ohne Erfüllung ihres Sachziels über Jahrzehnte halten kann. Sie lesen einen Ausschnitt aus dem Artikel „Athen: Wir müssen reden. Ein Stadtgespräch im Herzen der Krise", das Redakteure der Süddeutschen Zeitung mit griechischen Journalisten, Reformpolitikern, Wissenschaftlern und Künstlern führten.

> **SZ:** Herr Rakintzis, wir haben von einer Behörde am Kopais-See gehört, die seit mehr als 50 Jahren existiert, obwohl sie nur für ein einjähriges Projekt gegründet wurde.
> **Rakintzis:** Ja. Der Kopais-See sollte 1957 trockengelegt werden. Für diesen Zweck wurde damals eine Behörde ins Leben gerufen. Aber die gegründete Behörde hat sich nie mit der Trockenlegung des Sees beschäftigt.
> **SZ:** Sondern?
> **Rakintzis:** Eher mit der Bewässerung der Felder ringsum. … Das ist eine vergessene Behörde, die nichts mit ihrem ursprünglichen Zweck zu tun hat.
> **Telloglou:** Und diese Behörde hat seitdem konstant 30 Angestellte, die das Wasser verteilen. (…)
> **SZ:** Warum lösen Sie die Behörde nicht auf, Herr Rakintzis? (…)
> **Telloglou:** Es gibt ein Gesetz von 1911, dass Beamte nicht plötzlich entlassen werden dürfen.
> **Rakintzis:** Richtig. Nur wenn die Verwaltungsbehörde für den Kopais-See zum Beispiel abgeschafft werden sollte, würden auch die Beamten automatisch entlassen werden. Aber um eine Behörde aufzulösen, müssten wir erst mal nachweisen, dass diese Behörde keine Funktion erfüllt.
> *Quelle: Süddeutsche Zeitung Magazin, Heft 42/2011*

Diese Logik, dass (auch) Organisationen der Sozialen Arbeit für einen ausreichenden Problemnachschub sorgen müssen, damit ihre organisatorische Existenz gesichert ist (vgl. Baecker 1994), macht schon die Dramatik des Wechsels auf einen sozialraumorientierten Ansatz deutlich, der seine Leistungen letztlich auf Selbsthilfe ausrichtet und „Laien“ aus dem sozialen Umfeld des Klienten als Ressource als „Leistungsträger“ in den Mittelpunkt stellt. Die radikale Nachfrage- statt Angebotsorientierung des Sozialraum-Ansatzes verändert den bisherigen Zuschnitt vieler Leistungen grundsätzlich. Deshalb ist die Bereitschaft einer Einrichtung ihre Ziele, Leistungen und Methoden zu verändern, ein äußerst anspruchsvoller Schritt. Zwei neue Leistungsmerkmale werden jetzt näher erläutert, die Flexibilisierung und die Sozialraumarbeit im Gemeinwesen.

5.3.1 Flexibilisierung der Leistungen

Blättern Sie noch einmal zurück zu den beiden Fallgeschichten am Anfang des Kapitels „Organisation“ und beschäftigen Sie sich mit den folgenden *Auswertungsfragen:*

Die Fallbeispiele stellen jeweils eine flexible Organisation vor. Woran können Sie die Flexibilität der Einrichtungen „festmachen“? Wodurch wird diese Flexibilität Ihrer Einschätzung nach möglich?

Flexibilisierung ist die Entwicklung der Fähigkeit einer Organisation, ihre Ressourcen so einzusetzen, dass Fachkräfte und Adressaten Sozialer Arbeit „Maßanzüge“ miteinander entwickeln können. Ziel ist, Gelegenheiten zu schaffen zwischen den Stärken der Adressaten und den Ressourcen des Sozialen Raums. So verstandene Flexibilisierung ist Organisationsentwicklung, die in Fachlichkeit auf Team- und Leitungsebene investiert. Die ersten flächendeckenden Flexibilisierungskonzepte erfolgten durch die Jugendhilfestationen, die sich verstanden als „innovative Organisationen, in der von einem Team Hilfen zur Erziehung nach dem KJHG ‚aus einer Hand‘ angeboten werden. Eine Jugendhilfestation „ist für einen beschreibbaren Sozialraum zuständig. Sie hält nicht bestimmte Hilfearten vor, sondern entwickelt für die jeweiligen Einzelfälle geeignete Betreuungsarrangements. Die besondere Leistungsfähigkeit einer Jugendhilfestation beruht also auf ihrer flexiblen Anpassungsfähigkeit an verschiedenste und sich jeweils wandelnde Problemlagen von Klienten“ (Winter 1995, S. 53). Damit ändert sich der Blickwinkel: Nicht das Vorhalten von einzelnen Hilfeformen, denen Klienten ‚zugewiesen‘ werden, ist strukturell sicherzustellen, sondern die Einrichtungen „... sind so lern- und wandlungsfähig zu organisieren, dass sie ad hoc in der Lage sind, für jeden (...) eine Betreuungsform zu generieren“ (Peters/Struck 1998, S. 76, vgl. Boomgaarden

2001, S. 10f). Arbeitete man sich herkömmlich daran ab, das Verhalten und den Charakter von Klienten zu verändern, so macht sich das Flexibilisierungsprogramm an Verhalten und Struktur der Organisationen und Mitarbeiter zu schaffen. Diese sollen sich bei gleich bleibender Effizienz so verkomplizieren, dass sie sich an jede Nachfrage anpassen können, anstatt ihre Klienten an sich anzupassen oder aussondern zu müssen (Klatetzki 1998, S.327 u.1995).

Jedes maßgeschneiderte Arrangement wird zum Workshop, der Kreativität, Improvisationstalent, Connections, und fachliche Courage als Schlüsselqualitäten voraussetzt. Um an der Außenseite, im praktischen Tun, so flexibel sein zu können, dass unterschiedliche Deutungen zugelassen werden und die Dienstleistungen der Organisation variabel bleiben, muss eine Organisation auf ihrer Innenseite äußerst stabil gebaut sein. Die Stabilität bezieht sich auf sechs Ebenen:

1. Gebraucht wird eine *Organisationsphilosophie*, die Anschlüsse in der Lebenswelt sucht, anstatt sich in sich selbst zu erschöpfen, und die Bereitschaft, die Organisation entscheidend und unwiderruflich zu verändern (vgl. Sennett 1998, S. 60 und Fieldbook Kap. „Innovationsmanagement").
2. Um es mit den Herausforderungen der Flexibilisierung aufnehmen zu können, brauchen Fachkräfte ein hervorragendes *fachtechnisches Know-how* (hierzu auch Boomgaarden 2001, S. 31f) darüber, wie man Ressourcen des Sozialen Raums aufspürt und pflegt: Wie gewinnt man Regeleinrichtungen für besser passende Lehr- und Betreuungssettings? Wie spricht man potenzielle Volunteers mit One2one-Methoden an?
3. Notwendig sind *reflexive Teamkompetenzen*, die den Wechsel von Perspektiven zum Routinegeschäft machen und so Mitarbeiter unterstützen, das Wissen immer wieder einzuklammern, das sie routiniert handeln lassen würde (vgl. Klatetzki 1998, S. 327 und Fieldbook Kap. „Dynamische Denkorganisation").
4. Wenn einige Heime aufgelöst werden können, weil Unterstützungsarrangements über Tag und Nacht entstehen (vg. Weißenstein 2006, S. 250f), verlangt das Mitarbeiter, deren fachliche Identität nicht an spezifischen Betreuungsformen oder therapeutischen Methoden hängt, sondern Leute, die sich als *Generalisten mit unterschiedlichen Spezialkompetenzen* verstehen und auf fachlich hohem Niveau situativ angemessen handeln können. Sie sind im Hinblick auf Arbeitszeit und -bedingungen flexibel. In den Teams arbeiten Vollzeit-, Teilzeit und Honorarkräfte, genauso wie Volunteers auf Augenhöhe zusammen. Der Aufgabe, mit Bürgern in entstandardisierten Lebensformen zu arbeiten, folgt die Entstandardisierung der Einsatzorte, -zeiten und -formen.

5. Der Beitrag der *Führungskräfte* liegt in der Legitimation und der Vertretung dieser Praxis. Leitung hat als Autorität das plurale Sinnsystem zu symbolisieren (Klatetzki 1998, S. 328) und gleichzeitig Mitarbeiter zu unterstützen, die Verunsicherungen entstrukturierter Praxis auszuhalten. Das kann so simple Dinge wie das Einrichten moderner Kommunikationstechnologie bedeuten, genauso wie die Einführung von Jahresarbeitszeitkonten und das Installieren blitzgeschwinder Entscheidungsstrukturen. Selbstredend braucht es flexibilisierungskompatible Personalrekrutierung und -entwicklung und zwar für Haupt- und Ehrenamtliche. Qualitätssicherung ist auf flexibles Handeln so einzustellen, dass Mitarbeiter fachlich abgesichert sind, wenn sie von der Lebenswelt getragene Lösungswege arrangieren und ASD-Fachkräfte darauf verzichten können, reflexartig standardisierte Profileistungen in Auftrag zu geben.
6. Und schließlich sind vom öffentlichen Träger *Finanzierungssysteme* (Hinte 2003, Früchtel 2000, s. Abschnitt „Sozialräumliche Finanzierungssysteme") zu entwickeln, die Flexibilität ermöglichen, da sie an Ergebnisqualität statt an standardisierter Strukturqualität anschließen und damit auch belohnen, wenn ein Fall *nicht* zum Fall wird und es unsinnig werden lassen, dass Hilfen länger durchgeführt werden als dies notwendig ist (vgl. Schäfer 2003, S.51).

5.3.2 Sozialraumbezug der Leistungen

Sozialraumorientiert zu arbeiten heißt Arbeit im Sozialraum zu verrichten. Der große Vorteil dieses Ansatzes ist sein gleichzeitiger Problem- *und* Kontextbezug. Dieselbe Einrichtung macht Fallarbeit, unterstützt Klienten bei der Lösung ihrer spezifischen, individuellen Probleme, und leistet zugleich Kontextarbeit, indem sie dabei Ressourcen aus dem sozialräumlichen Umfeld ihrer Klienten nutzt bzw. sie stabilisiert oder neue schafft.

Renate W. hat bei einem schweren Verkehrsunfall ihren Ehemann verloren. Sie erhält in den ersten Wochen viel Unterstützung: Sie bekommt oft Besuch, manchmal schauen Verwandte, Kollegen, Freunde und Mitglieder des Chors, in dem sie bis zum Unglückstag gerne mitgesungen hat, nacheinander vorbei, sie wird zu gemeinsamen Unternehmungen am Wochenende eingeladen, weiter entfernt wohnende Freundinnen telefonieren fast täglich mit ihr und versuchen zu trösten und Anteilnahme und Verständnis zu vermitteln. Eine Nachbarin steht manchmal am Nachmittag mit einem Kuchen vor der Tür und versucht die Trauernde zu überreden, zum Fernsehen abends einfach herüberzukommen, „damit sie nicht so allein herumsitzt und nur grübelt". Renate ist dankbar, aber kann sich auf die gut gemeinte Unterstützung nur schwer einlassen. Das merken auch die freiwilligen Helfer und ziehen sich nach den ersten Wochen allmählich etwas enttäuscht und hilflos zurück: „Es wird ja gar nicht besser mit ihr, sie will sich ja gar nicht auf andere Gedanken bringen lassen, sondern will in ihrem schwarzen Loch bleiben."

Renate ist nach zwei Monaten mutloser als sie in den ersten Wochen war und bittet schließlich eine Sozialarbeiterin, die sie im Zusammenhang mit der Hospizarbeit für ihre vor drei Jahren verstorbenen Mutter kennengelernt hat, um „Trauerbegleitung".

Nach mehreren Gesprächen regt die Sozialarbeiterin an, dass sich alle Personen, die sich um Renate gekümmert haben und die sie „eigentlich" schätzt, zu einer Art „Familienrat" (s. Fieldbook) mit ihr und Renate zusammensetzen und miteinander klären, wer wann mit welcher Aktivität Renate unterstützen kann. Es finden sich einige regelmäßige Verabredungen z. B. zum morgendlichen Laufen oder gemeinsam wieder zum Chor gehen, Renate wird daneben klar sagen, wann sie reden und wann sie lieber allein sein will und erhält die Zusicherung, bei wem sie sich bedenkenlos selbst „anmelden" und auch mal jammern und weinen kann und wer sich besser zur „Ablenkung" eignet.

Die Freundinnen, Kollegen, Nachbarn, Sängerinnen, der Bruder und die Schwägerin, das Patenkind und eine Lieblingscousine haben sich kennen gelernt, haben Adressen und Telefonnummern ausgetauscht, haben die Kraft der großen Unterstützergruppe und die individuelle Entlastung des Einzelnen durch andere gespürt. Nach kurzer Zeit braucht Renate keine professionellen Gespräche zur Trauerbegleitung mehr und meldet der Sozialarbeiterin zurück, dass sie wieder ins Leben zurück findet – mal besser, mal schlechter.

Durch die Intervention der Sozialarbeiterin, eine Unterstützergruppe zu bilden und über beiderseitige Zumutungen und Möglichkeiten zu verhandeln, hat sich nicht nur die Situation für die Adressatin verändert, sondern auch für die lebensweltlichen Helfer: Sie sind sich ihres Wertes bewusst geworden, sie haben Anerkennung gefunden und sie haben Vertrauen in den größeren Kreis gewonnen. Ihre Optionen zu helfen oder sich von anderen „vertreten" zu lassen, haben sich vergrößert, es gibt neue Kontakte und Beziehungen zwischen ihnen, die wahrscheinlich zeitlich begrenzt sein werden, aber sozialen Optimismus vermittelt haben.

Fallunspezifische Arbeit ist eine Investition in den Sozialraum der Adressaten und der Organisation dar. Die Gemeinschaft („community"), auf die sich die Aufmerksamkeit der Sozialarbeiter richtet, kann das Netzwerk eines Menschen, die Nachbarschaft oder ein Stadtteil sein, eine kleine Gemeinde, eine Straßenzug, eine Schule, eine Kirchengemeinde. Diese Ressourcen, seien es Kompetenzen, Zeit und Engagement, Sachmittel, Beschäftigungsmöglichkeiten, Ideen, politische oder finanzielle Unterstützung, werden gesehen, wertgeschätzt, nachgefragt, aktiviert, gestaltet, neu genutzt und bereichern damit den sozialen Raum für viele. Fallunspezifische Arbeit webt neue Ressourcen in die Fallarbeit ein, stärkt abr auch das soziale Gewebe von Gemeinschaft und Gemeinwesen. Präsenz im Stadtteil zu zeigen, Verantwortung für seine Ausstattung und seine Entwicklung zu übernehmen, Bewohner und Nachbarn auf vielfältigen Wegen und in kleinen Projekten zu aktivieren und „mitzunehmen“ – das sind typische Leistungen der Sozialraumarbeit.

Soziale Organisationen haben durch ihre gesellschaftliche Funktion die strukturelle Chance als Vermittlungsinstanz zu dienen und damit Relationen herzustellen, zwischen Schulen und Beschäftigungssystem, zwischen Verwaltung und schwierigen, „eigensinnigen“ Klientengruppen, zwischen verschiedenen Lebenswelten und dem „fremdelnden“ politischen System, zwischen Alten und Jungen, zwischen verschiedenen Milieus.

Und sozialraumorientierte Einrichtungen leisten einen Beitrag zur gesellschaftlichen Integration und Inklusion, wenn sie z. B. Marginalisierte wie Menschen mit Behinderungen, psychisch Kranke, Flüchtlinge, Langzeitarbeitslose, Arme und Suchtkranke den Regeleinrichtungen und der Wohnbevölkerung „zumuten“, Laien als Mentoren, Paten, Lotsen und Vermittler gewinnen und begleiten.

In diesem Sinn werden in der Sozialraumarbeit Raum und Ort zum Gegenstand und zur Ressource für politische Verhandlungen, beleuchten herrschende Verteilungsmodelle, Zugehörigkeiten und soziale Schließungen (vgl. Kessl, Reutlinger 2011). Diese Sozialraumarbeit ist eminent politisch – mehr dazu im Kapitel „Sozialstruktur“.

5.4 Struktur der Organisation

Szene: Stadtteilstreit

„Ort der Handlung: ein ökologischer Tümpel einer Großstadt; jahrelang von engagierten Anwohnern sorgfältig gepflegt. Belebt wird er u.a. von Enten und anderem Getier, seit kurzem von einigen Entenküken. Kürzlich tauchten einige türkische Kinder und Jugendliche auf und in dieser Zeit verschwinden auch die Entenküken. Die Jungen nutzen das Gelände ausgiebig. Und das geht auf Kosten der Bepflanzung. In die Bretter der Holzbank werden zudem Buchstaben geschnitzt. In der Siedlung kocht der Ärger über die Jungen auf. Allgemeine Beschimpfungen „der Ausländer“ sind zu hören. Es kommt zu verbalen und gelegentlich auch körperlichen Auseinandersetzungen. Die Anwohner resignieren schließlich und stellen die Pflege des Geländes ein, hilflos, verärgert, nicht zuletzt auch auf ‚die Stadt, die nichts gegen die Vandalen tut‘. Toleranz, Integration, rationale Konfliktaustragung und bürgerschaftliches Engagement drohen restlos auf der Strecke bleiben. Welche öffentliche Instanz sollte in einer solchen Situation Unterstützung leisten? Der Jugendhilfe teilt das KJHG die Aufgabe zu, ‚dazu beizutragen, positive Lebensbedingungen für junge Menschen und ihre Familien sowie eine kinder- und familienfreundliche Umwelt zu erhalten oder zu schaffen‘ (§1 Abs. 3 Ziff. 4). Wenn man den Konflikt nicht auf die Enten, also auf Tierschutzfragen, reduziert, ist folglich auch das Jugendamt gefragt. Aber wer dort? Hochleistungspädagogik gibt es erst dann, wenn eine Hilfe zur Erziehung beantragt. wird. Die kann nun aber nicht von einem Tümpel-Anwohner für eines der türkischen Kinder beantragt werden. Der ASD? Es geht nicht um Trennungs- und Scheidungsberatung. Jugendgerichtshilfe ist in dieser Phase noch nicht angesagt, das Produkt „Beratung bei der Rettung von Entenküken auf einem selbst gepflegten Tümpel“ steht nicht im KGSt-Katalog. Wer da genau welche Erziehungsschwierigkeiten hat, lässt sich auch nicht sagen, und für Nachbarschaftskonflikte fühlt sich der ASD ohnehin nicht zuständig. Außerdem ist er chronisch überlastet und taucht allenfalls auf, wenn er gerufen wird. Offene Jugendarbeit? Die hat genug damit zu tun, ihre Einrichtungen voll zu kriegen, denn dafür gibt es Kennziffern. Kindertageseinrichtungen? Die kriegen oft nicht mit, wie sich die Kinder in ihrer Freizeit eine Gänsehaut verschaffen. Die Abteilung »Beschäftigung und Qualifizierung«? Die kämpfen gerade beim Arbeitsamt um den Erhalt einer Stelle und freuen sich, wenn nicht die gesamte Maßnahme gestrichen wird. Und sonst? In der Regel ist – außer der örtlichen Polizei – keine Instanz da, die sich in irgendeiner Form angesprochen fühlt“ (entnommen aus Hinte 2000, S. 21- 35).

Auswertungsfrage: Das Fallbeispiel stellt ein Jugendamt in Ausschnitten seiner Leistungsbreite dar. Nach welchem Prinzip ist das oben angesprochene Jugendamt organisiert?

Ein Schwerpunkt des Handlungsfeldes „Organisation“ liegt in der Thematisierung und Veränderung institutioneller Strukturen. Das ist der organisatorische Rahmen, in dem Soziale Arbeit stattfindet. Sozialraumorientierung braucht passende Strukturen in der Einzelorganisation, legt eine spezifische Strukturierung von ganzen Trägerlandschaften und der kommunalen Verwaltung nahe.

Es geht um den neuen Zuschnitt von Abteilungen und Sachgebieten nach sozialräumlichen Aspekten (z.B. zuständig für die Jugendcliquen am Alexanderplatz) anstelle der üblichen Gliederungen nach Fachgebiet oder Immobilie. Themen sind damit Dezentralisierung und regionale Standorte in Stadtteilen. Ziel ist es, Problemzerschneidungen zu vermeiden und eine breite Aufgabenstellung von Organisationen zu erreichen, die sich flexibel am Alltag der Adressaten orientiert. Nur dann werden Hilfeprozesse nicht mehr durch professionelle Spezialisierung und eine klientenferne Form der organisatorischen Arbeitsteilung unterbrochen. Eine sozialraumorientierte Organisation muss auch ihre Kooperationsstrukturen verändern, braucht ein verändertes System auf der Ebene der Träger und der Teamorganisation: Die Bildung von *Sozialraumteams* ist eine effiziente strukturelle Antwort.

5.4.1 Sozialräumliche Aufbaustruktur

„In Organisationen gibt es Zuständigkeiten für Zielgruppen, spezifische Problemlagen, Immobilien, oder Paragraphen, jedoch nur selten für den sozialen Raum“ (Hinte 2000, S. 152). Eine konsequent sozialräumliche Orientierung einer Organisation bedeutet die Aufgabe solcher Gliederungsprinzipien und stattdessen die Definition von Zuständigkeiten nach Quartieren, Stadtteilen, (Land-)Gemeinden, Orten usw. Am Beispiel der Familien- und Erziehungshilfen in öffentlicher Trägerschaft lässt sich dieser Wechsel besonders deutlich machen. Die traditionelle Sozialverwaltung war nach den Prinzipien der funktionalen Differenzierung und der Zentralisierung aufgebaut:

- Gliederung nach Gesetzessystematik, nach Ämtern und Abteilungen
- Spezifische Berufsgruppen sind für spezifische Angebotsformen zuständig (z.B. im Kinderheim Erzieher, in der Erziehungsberatung Psychologen, im ASD Sozialarbeiter, in der Verwaltung Verwaltungsfachkräfte)
- Trennung von Innen- und Außendienst, wobei ersterer für rechtliche und wirtschaftliche Aspekte, letzterer für die sozialpädagogische Arbeit zuständig ist
- Verteilung der Fälle nach Buchstaben im Innendienst und nach Straßen bei den Sozialarbeitern
- Konzentration in zentral gelegenen Ämtern, Jugendhäusern oder Beratungsstellen.

Diese Strukturprinzipien führen zu Problemzerschneidungen, denn je nach Fragestellung ist eine andere Abteilung oder ein anderer Träger zuständig. So kann es passieren, dass eine ganze Schar von Fachkräften unterschiedlicher

Organisationseinheiten für eine Familie arbeitet und man Konferenzen braucht um die Helfer zu koordinieren. Strukturelle Ursachen von Problemen kommen so weniger ins Blickfeld und präventives oder stadtteilbezogenes Arbeiten geht zwischen den Symptomzuständigkeiten unter.

Das Beispiel des Jugendamtes Stuttgart vor dessen Organisationsentwicklung (1998) zeigt die Umsetzung des Prinzips der funktionalen Differenzierung anschaulich:

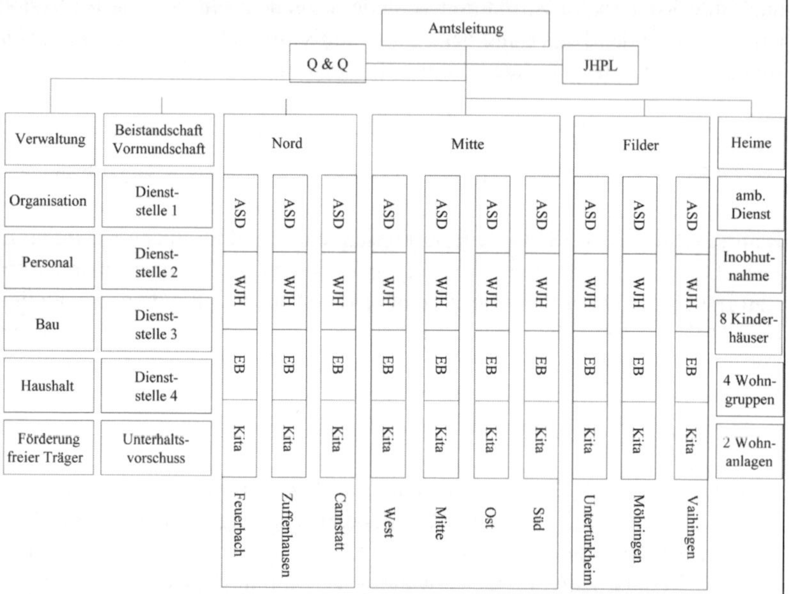

Sozialraumbezogene Organisationsstruktur Jugendamt Stuttgart

Der Allgemeine Sozialdienst ist stadtteilbezogen organisiert: zwölf einzelne Dienststellen mit ihren Büros in zwölf Stadtteilen. Die drei Erziehungsberatungsstellen und die 225 stadteigenen Kindertagesstätten haben durch ihre geographische Lage eine regional orientierte Zuständigkeit. Allerdings sind diese drei Funktionen, deren Adressaten mitunter dieselben Familien sind, drei verschiedenen Abteilungen zugeordnet, zwischen denen es nur in der Zentrale durch die Amtsleitung eine organisatorische Brücke gibt. Die Abteilungen „Soziale Dienste", „Heime" und „Kindertagesstätten" verfügen alle über eine eigene Fachberatung und dementsprechend eine eigene Abteilungskultur. Dienstübergreifende Zielsetzungen und Arbeitsansätze werden meist dieser

Abteilungskultur untergeordnet. Eine organisatorische Struktur zur gemeinsamen stadtteilbezogenen Arbeitsweise ist nicht vorhanden, weswegen der Stadtteil meist nur aus der selbstreferentiellen Fachperspektive in den Blick kommt. So war es z.B. üblich, dass sich Kinder, die vom ASD kamen, viel schwerer in Kindertagesstätten vermitteln ließen, weil dort eher das Funktionieren der Gruppe im Mittelpunkt stand und nicht die Integration schwieriger Kinder. Die Mitarbeiter des ASD mussten junge Menschen geradezu „kaputt schreiben" und völlig isoliert von ihren lokalen Netzwerken darstellen, weil sie nur so in die Raster der leistungsgewährenden Abteilung „Wirtschaftliche Jugendhilfe" passten. Die Psychologen der Erziehungsberatungsstellen, die Heilpädagogen der „Heilpädagogischen Gruppenarbeit", die Erzieher der „Sozialen Gruppenarbeit" und die Sozialarbeiter des ASD arbeiteten meist nur einzelfallbezogen, selten projektbezogen und so gut wie nie stadtteilbezogen zusammen.

Auf der Seite der freien Träger bildet sich die funktionale Gliederung der öffentlichen Verwaltung spiegelgleich ab, wie das Beispiel der Abteilung Jugendhilfe eines Caritasverbandes zeigt:

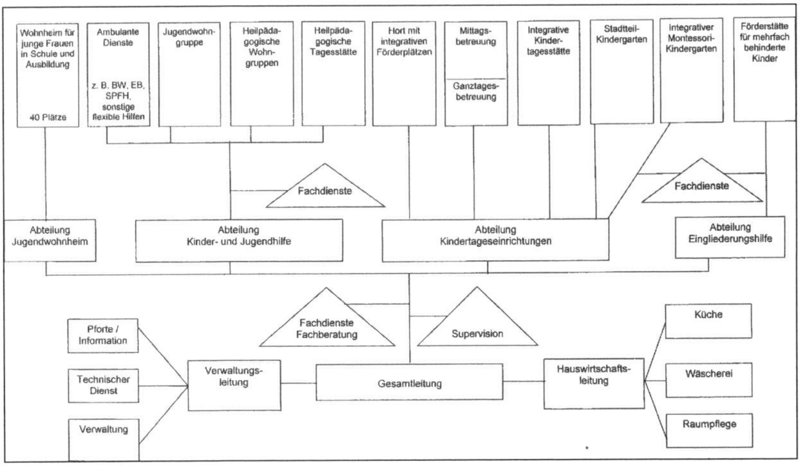

Wenn man die „Steuerungsgröße ‚Sozialraum'"(Hinte 2000, S. 29) stärker gegenüber den klassischen Steuerungsgrößen Abteilung, Fall und Immobilie gewichtet, werden Handlungs- und Strukturmaximen aus dem 8. Jugendbericht in Verwaltung und Organisation systematisch durchsetzbar und die Fachkräfte nachhaltig auf den Gestaltungsauftrag „kinder- und familienfreundliche Umwelt orientiert (ebd., S. 27). Regionalisierung ermöglicht „nicht nur den professionellen Fachkräften eine bessere Kenntnis der Sozialräume, sondern erhöht auch die Präsenz und die Erreichbarkeit der Teams für (potentielle) AdressatInnen – Organisationen in der Region bzw. im Stadtteil, nehmen diesen also nicht nur besser wahr, sondern werden in der Regel auch selbst deutlicher wahr genommen" (Peters/Koch 2004, S. 79).

Das Beispiel des Jugendamtes Stuttgart nach seiner sozialräumlichen Organisationsentwicklung zeigt, dass nur drei der ursprünglich sieben Abteilungen fachdienstbezogen zentralisiert geblieben sind. Die Abteilung „Heime" wurde – wie die freien Träger der Erziehungshilfe – intern regionalisiert. ASD, Wirtschaftliche Jugendhilfe (WiHi), Erziehungsberatungsstellen (EB) und Kindertagesstätten (Kita) wurden jeweils zu regionalen Einheiten zusammengefasst und im Stadtteil angesiedelt, mit dem expliziten Auftrag der Stadtteilzuständigkeit, die jetzt allerdings organisatorisch verankert und durch eine Stadtteilleitung unterstützt wird. Die zehn Stadtteile werden zu drei regionalen Abteilungen zusammengefasst, die regionsübergreifende Abstimmungen tätigen und die strategische Steuerung des Jugendamtes, zusammen mit der Amtsleitung, ausüben. Die organisationsweite Qualifizierung bezüglich fachlicher Entwicklungsziele erfolgt durch die Abteilung „Qualität und Qualifizierung".

Sozialraumbezogene Organisationsstruktur Jugendamt Stuttgart

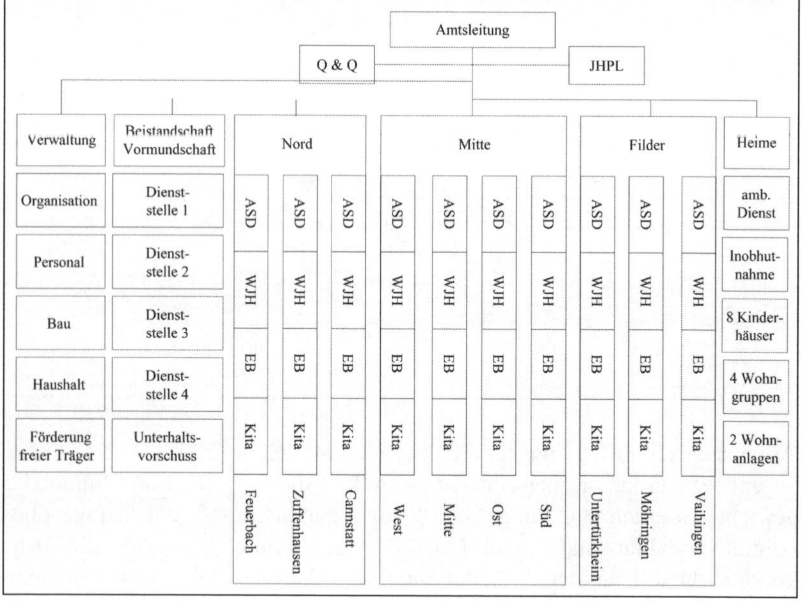

Auch die Berliner Jugendämter wurden sozialräumlich umstrukturiert (vgl. Brünjes 2006, S. 93). Die bisherige Fachbereichsgliederung wurde teilweise aufgelöst und stattdessen die Ämter in mehrere Regionen mit jeweils zwei mehreren Sozialräumen gegliedert. Die meisten Leistungen der Jugendämter werden seitdem regionalisiert erbracht, nur wenige wie die wirtschaftliche Jugendhilfe und die Amtsvormundschaften, blieben zentrale Leistungen.

5.4.2 Sozialräumliche Organisation des Jugendhauses

In Ulrich Deinets Verständnis sind Sozialräume „Aneignungsräume“ von Kindern und Jugendlichen. Das Axiom des Aneignungsansatzes besagt, menschliche Entwicklung vollziehe sich als Auseinandersetzung mit der Umwelt, durch die junge Menschen Räume erschließen, Räume umwidmen, die Symbolik des raumbezogenen Regelwerkes verstehen (s. Kap. „Sozialer Raum“; „Raumschaffende Prozesse“), verändern, so ihren Handlungsrahmen erweitern und vorgegebene Arrangements umformen (vgl. Deinet 1999, S. 42). Motorische, kognitive und soziale Kompetenz entwickelt sich durch Aneignung, d. h. auch Veränderung der immer schon durch andere Menschen vorgeformten Welt. Dies geschieht in jugendtypischen Verhaltensweisen, z. B. im „Herumhängen, Blödeln, Action machen“ (ebd., S. 63), mit denen die vorgestanzten Angebote der sozialen Welt erst einmal in „Non-Sense“ verwandelt werden, um die für die aneignende Umwidmung notwenige Distanz zu schaffen. Man schafft sich „Spielraum durch Verneinen“ (Deinet 2005, S. 178). Die Chance auf Aneignung hängt davon ab, wie Kommunen mit ihren öffentlichen Räumen umgehen. Oft schließt eine programmierte und bewehrte Mononutzung die „Umnutzung“ durch Jugendliche aus. Sozialräumliche Jugendarbeit hat die Aufgabe, mehr Spielraum zu schaffen, indem öffentliche Räume als Aneignungsräume für Kinder und Jugendliche konzipiert und verstanden werden. Insofern ist das Aneignungskonzept ein Ansatz auf der Ebene „*Sozialstruktur*“ (s. Abschnitt „Einmischung als Profi-Strategie“).

Jugendhäuser sind aber auch selbst „öffentlicher Raum“. Intern bedeutet das Aneignungskonzept eine konzeptionelle Differenzierung von Jugendhäusern, eine Erweiterung der üblichen Jugendhausversäulung in „offener Bereich“ und „Gruppenangebote“. Stattdessen könnte man das Jugendhaus gestalten als

- *Aneignungsraum*, indem Räume und Angebote durch die Jugendlichen veränderbar werden und nicht mehr an die Immobilie „zentrales Jugendhaus“ gebunden bleiben.

- *Ausgangspunkt für Aneignungsprozesse im Stadtteil*, indem mobile und stationäre Jugendarbeit integriert werden, um die Räume von Jugendlichen aufsuchen zu können, mit ganzen Cliquen arbeiten zu können und Jugendlichen neue Räume im Stadtteil erschließen zu können.
- *Brückeninstanz zu Schulen*, z. B. durch die Gestaltung von Ganztagesbetreuungsangeboten.
- *Motor sozialräumlicher Vernetzung*, indem Jugendarbeit sich ein differenziertes Sozialraumwissen erarbeitet, die Orte und Themen von Jugendlichen im Stadtteil kennt und sich kommunalpolitisch dafür einsetzt.
- *Kooperationspartner von Jugendberufshilfe, Jugendsozialarbeit und Erziehungshilfen* durch Beratungs- und Betreuungsangebote, die über das übliche Spektrum der Jugendarbeit weit hinausreichen.
- *Alternative zu kommerziellen Angeboten* für Jugendliche ohne pädagogische Vereinnahmung, z. B. durch teilkommerzielle Angebote (Jugendcafé, türkisches Café), Cliquentreffs, Öffnung für Schülerfeten, Geburtstagsparties etc.

  (vgl. Deinet 1999, S. 107-109).

Das klassische Jugendhaus braucht dazu eine fachliche und architektonische Organisationsentwicklung. Baulich müssen einzelne Räume für ganz unterschiedliche Cliquen und Jugendkulturen separat zugängig gemacht werden, um das „Nadelöhr offener Bereich" (ebd., S. 126) abzuschaffen. Fachliche Prinzipien eines derartigen Umbaus der Organisation „Jugendhaus" sind *Stadtteilorientierung und Mobilität.* In der einrichtungsbezogenen Jugendarbeit „schaue" man von der Einrichtung aus in den Stadtteil und tue sich schwer mobil zu sein, weil das „überholte" Prinzip des offenen Bereichs und die damit zusammenhängende Orientierung an der jeweiligen im Haus dominanten Gruppe die Mitarbeiter an das eigene Gemäuer binde (vgl. ebd., S. 121). Stadtteilorientierung hingegen hieße, sich an Cliquen und deren Räume im Stadtteil zu orientieren, sich nach außen zu bewegen[1*], auf die „soziale Schließung" durch den offenen Bereich zu verzichten und stattdessen mehrere kleine, dezentrale, leichter wieder aufgebbare und anderswo neu installierbare Einrichtungen entstehen zu lassen (vgl. ebd.).

5.4.3 Sozialräumlich organisierte Trägerlandschaft und Sozialraumteams

In allen Bereichen der stationären und meist auch der teilstationären Versorgung von Kindern, Jugendlichen, psychisch kranken Menschen und Menschen

1 Im Fieldbook, Kap. „Netzwerk"; „Felderkundung mit Kindern und Jugendlichen" und Kap. „Sozialstruktur"; „Nadelmethode" werden dazugehörige Techniken beschrieben.

mit Behinderung erfolgt die klassische Hilfeleistung nach der Logik der Zuweisung von Fällen an Einrichtungen. Kriterium dafür, welcher Fall zu welcher Einrichtung kommt, ist erstens das Angebotsprofil der Einrichtung und zweitens ihre Kostensätze. Je besser das Angebotsprofil eines bestimmten Trägers zum sog. „Bedarf“ passt, den zuständige öffentliche Träger feststellen und je niedriger der entsprechende Kostensatz ist, desto wahrscheinlicher ist es, dass der Fall dorthin vermittelt wird. Diese Logik ist im Kern eine marktwirtschaftliche Logik, weil der Günstigste und beste Anbieter zum Zuge kommt, in Verkettung mit einer medizinischen „Diagnose-Therapie-Logik“, weil ein von Experten festgestellter Bedarf, in die am besten geeignete Einrichtung, vermittelt wird. Nennen wir diese Logik der Einfachheit halber „marktwirtschaftliche Expertenlogik“.

Aus Sicht einer sozialräumlichen Logik fällt auf, dass das Flexibilisierungsprinzip (s. Abschnitt „Flexibilisierung von Organisationen“) nicht vorkommt. Es würde verlangen, dass sich Angebote am Einzelfall entlang entwerfen und entwickeln, weil jeder Fall anders ist und Lösungsarrangements die Besonderheit des Einzelfalls und seine Veränderungen nachzeichnen können müssen, was z.B. in der Jugendhilfe heißt, dass sie mitwachsen müssen. In der marktwirtschaftlichen Expertenlogik hingegen sind die Angebote vordefiniert und es geht darum, für einen festgestellten Bedarf das beste Angebot zu finden, das es irgendwo (!) schon fertig gibt. Dass stationäre Hilfen zwangsläufig räumlich lokalisiert sein müssen, ist aus Sicht der marktwirtschaftlichen Expertenlogik eine bedauerliche Wettbewerbsbeschränkung, weil im idealen Wettbewerb möglichst keine Ortsbindung von Gütern und Märkten existiert. Die Internetplattform Ebay kommt diesem Ideal ziemlich nahe: Der Kunde hat den vollständigen Überblick über alle Anbieter, die Bewertungen geben Aufschluss über die Vertrauenswürdigkeit der Produktbeschreibungen. Der Standort des Angebots spielt keine Rolle, weil der Artikel zum Kunden versandt wird. Genauso werden dann Klienten oft versandt, um ihnen ein passendes Angebot oder auch nur einen freien Platz zu verschaffen.

Die sozialräumliche Logik thematisiert konsequent den Zusammenhang zwischen Wohnortnähe und nachhaltigem Hilfeerfolg aus zwei Gründen. Ideale Lösungsarrangements bauen die Netzwerkpotentiale der Betroffenen ein. Sie nutzen Beziehungen, Verwandtschaften, Nachbarn und Freunde von Menschen, um Probleme zu lösen. Weiterhin müssen Lösungsarrangements, um integrativ wirken zu können, an die Ressourcen des Sozialen Raumes, an Regeleinrichtungen, Vereine, Kirchengemeinden, Nachbarn und Gewerbebetriebe vor Ort anschließen. Was taugt die beste pädagogische Betreuung, wenn sie 200 km entfernt stattfindet und Kinder von ihren Eltern, Großeltern und Freunden abschneidet, sowie einen Schulwechsel notwendig macht? Was nutzt die beste Aktivierung einer Seniorin, wenn sie an einem Ort stattfindet, wo die Oma keine Kaffeekränzchen oder Enkel hat, worauf sich die Aktivität richten könnte?

Sozialraumorientierung nutzt dagegen die Wechselwirkung zwischen Sozialleistung und Sozialraum, erstens, indem Lösungsarrangements möglichst *in* der Lebenswelt der Betroffenen installiert werden und zweitens, weil von den professionellen Akteuren die Kompetenz erwartet wird, das Inklusionspotential von Regelsystemen zu stärken. Dazu muss man Zugang und gute Beziehungen zu Kindergärten, Hausfrauenclubs, Wirten, Schulen, Jugendhäusern, Kirchengemeinden, Altenclubs, Sportvereinen, Gewerben und Behörden vor Ort haben. Fachkräfte, die 20 km weiter im nächsten Ort stationiert sind und ambulant immer wieder einmal in eine Familie einfliegen, verfügen in der Regel über wenige derartige Kontakte, weil ihr Einsatzgebiet und der soziale Raum ihrer Kunden inkompatible Größen sind. Stationäre Einrichtungen haben bereits ab einem Einzugsgebiet mit 50 km Radius nicht die mindeste Chance sozialräumlich zu arbeiten und behelfen sich mitunter damit, ihren Standort zum relevanten Sozialraum zu erklären, womit das sozialräumliche Prinzip quasi auf den Kopf gestellt wird.

Die sozialräumliche Logik setzt eine sozialräumlich aufgebaute Trägerlandschaft voraus. Das heißt erstens, dass sich interne Organisationsstrukturen an Räumen orientieren (s. Abschnitt „Dezentralisierung und regionale Organisation") und zweitens, dass eine sozialräumliche Trägerzuständigkeit etabliert wird. Letzteres heißt im Klartext: Nicht jeder Dienst besorgt sich seine Kunden irgendwoher, Hauptsache der Laden ist ausgelastet, sondern Dienste übernehmen Verantwortung für ein bestimmtes Gebiet, mit seinen Ressourcen und Fällen. In der Abbildung wird graphisch veranschaulicht, was das bedeutet. Die rechte Seite zeigt eine Trägerlandschaft einer kleinen Kommune, mit vier Trägern, die nach marktwirtschaftlicher Expertenlogik strukturiert ist. Die Herkunft der Fälle ist geographisch zufällig, ein Träger ist relativ weit entfernt lokalisiert. Zum Teil werden Menschen in Einrichtungen betreut, die weit entfernt sind (Striche, die aus dem Bild laufen), während die Einrichtungen vor Ort Menschen betreuen, die von weit her kommen (Punkte, die außerhalb der Kommune liegen). In der linken Seite der Graphik ist eine sozialräumliche strukturierte Trägerlandschaft zu sehen. Jeder der vier Träger übernimmt eine Versorgungsverantwortung für einen Raum und ist auch dort lokalisiert. Der Träger unten (★) ist zudem intern sozialräumlich organisiert, weil drei Untereinheiten für jeweils ein Teilgebiet zuständig sind.

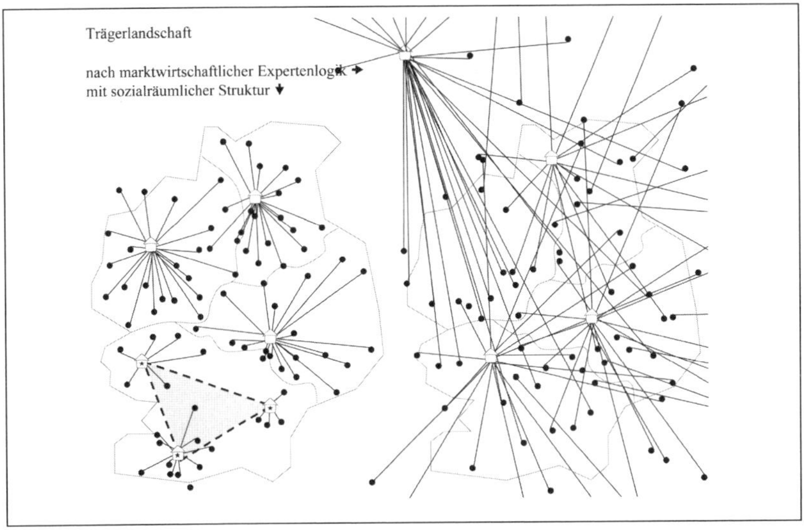

Natürlich sind ganz unterschiedliche Varianten einer sozialräumlichen Organisation der Trägerlandschaft einer Kommune denkbar. Welche Variante in Betracht kommt, hängt jeweils von den gewachsenen Bedingungen vor Ort ab.

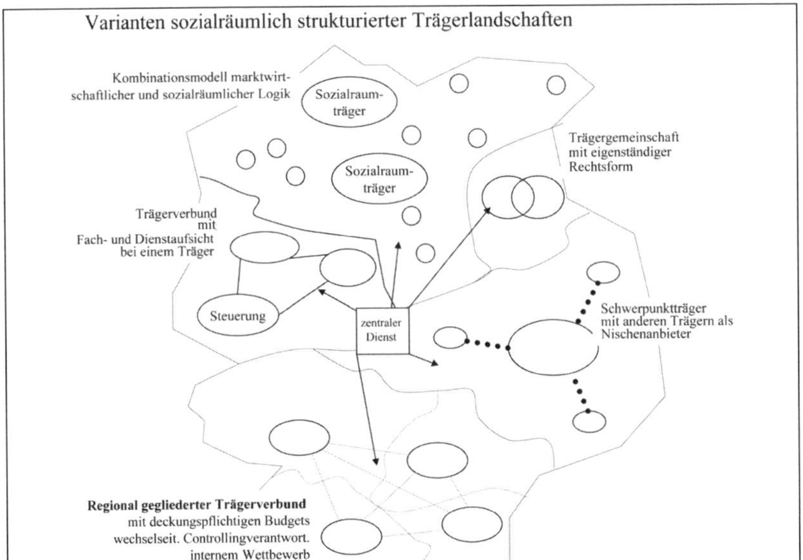

Die Kombination von marktwirtschaftlicher Expertenlogik und sozialräumlicher Logik bedeutet, dass ausgewählte freie Träger für ihre fallunspezifische Arbeit im Sozialraum gesondert finanziert werden und die Problemkonstellationen, bei denen ein sozialräumlicher Bezug von besonderem Vorteil ist, durch sie bearbeitet werden (vgl. Stähr 2006, S. 64). Dies ist als Kompromissmodell in Kommunen geeignet, in denen eine große Zahl freier Träger tätig ist, bei denen sich einige sozialräumlich aufstellen wollen, andere durch Spezialisierung auf bestimmte Problemgruppen dem Modell der marktwirtschaftlichen Expertenlogik folgen. Die Trägergemeinschaft mit eigenständiger Rechtsform meint eine Fusion zweier Träger und entspricht der konsequent weiterentwickelten Logik des Trägerverbundes, in dem eine Mehrzahl von Trägern für eine Region verantwortlich ist. Das Schwerpunktträgermodell kommt nur mit anderen Trägern als Nischenanbietern in der Realität vor und ähnelt damit dem Kombinationsmodell, allerdings mit einer anderen Prioritätensetzung. Während im Kombinationsmodell vor allem dem Prinzip der Berufsfreiheit Rechnung getragen wird, stützt sich das Schwerpunktträgermodell vor allem auf das Kriterium des Sozialraumbezugs. Schwerpunktträgermodelle sind nur in Kommunen mit einer überschaubaren Anzahl von Trägern denkbar und setzen einen konsensualen Prozess aller freien Träger, gemeinsam mit dem öffentlichen Träger, voraus. Der regional gegliederte Trägerverbund weist jedem Träger im Verbund eine teilräumliche Zuständigkeit zu, wobei Fälle aus der eigenen Teilregion durchaus an freie Kapazitäten eines Verbundpartners vermittelt werden können, dann aber dauerhaft. Um die gewollten Wirkungen des Sozialraumbudgets zu erhalten (s. u.) ist eine gegenseitige Deckungspflicht von Budgetüber- und -unterschreitungen notwendig. Diese vier Modelle sind natürlich wieder miteinander kombinierbar und schließen die Existenz zentraler Dienste nicht aus, wenn diese nach sozialräumlichen Prinzipien arbeiten.

Die Anzahl der freien Träger, mit denen ein öffentlicher Träger zusammenarbeitet, muss nach der marktwirtschaftlichen Expertenlogik möglichst groß sein, denn das bietet Vergleiche, Wettbewerb und Wahlmöglichkeiten. Die Konsequenz für die sozialarbeiterische Arbeit ist, dass die Kontakte zwischen den Fachkräften des öffentlichen und des jeweiligen freien Trägers erstens sporadisch sind, da man es ja mit sehr vielen unterschiedlichen Trägern zu tun hat. Zweitens sind die Kontakte meist ausschließlich fallbezogen. Es geht immer nur um individuelle Hilfeplanungen; der Soziale Raum, die Lage im Stadtteil und das fallunspezifische Arbeiten kommen so gut wie nicht vor. Kontakte zwischen freien Trägern existieren nur in einzelnen Kooperationen, stadtweit ist das Verhältnis eher durch Konkurrenz geprägt. Die Konsequenz ist, dass der Soziale Raum quasi in Einzelfälle aufgelöst wird und Ressourcen des Sozialraums und strukturelle Faktoren in der Fallarbeit (die ja der Löwenanteil der

Arbeit sind) nicht vorkommen. Weiterhin ist durch die Entscheidungsmacht des öffentlichen Trägers über die Belegung der freien Träger das Verhältnis zwischen diesen Trägern eher ein Unterordnungsverhältnis, in dem der freie Träger die Fachkräfte der kommunalen Stellen wie Kunden umwirbt, aber selten konstruktiv kritisch einwirkt. Schließlich macht die Fallfinanzierung öffentliche Träger und freie Träger zu wirtschaftlichen Gegenspielern. Je mehr Geld die öffentlichen Träger ausgeben, desto besser geht es den freien.

Die Sozialraumorientierung etabliert eine neue Verantwortungs- und Arbeitsteilung. Gemeinsame Verantwortung von Verwaltung und freiem Träger im Umgang mit knapper werdenden Finanzmitteln leitet einen neuen Umgangsstil ein, weg von verfügender Amtsautorität hin zu diskursiver Fachautorität. Die jeweiligen Mitarbeiter haben zwar unterschiedliche Rollen, die klar definiert sein müssen, aber das gemeinsame arbeitsteilige Arbeiten im Sozialraumteam (s.u.) bzw. im Soziale-Stadt-Projekt erfordert eine kollegiale, gleichrangige Kooperation, die vom zwanglosen Zwang des besseren Arguments (Habermas) bestimmt sein soll. Bisher ist es ja oft so, dass der öffentliche dem freien Träger (manchmal auch umgekehrt) ein Angebot macht, das dieser nicht ablehnen kann. Voraussetzung für kollegiale, gleichrangige Kooperation ist „einerseits eine Dezentralisierung und Enthierarchisierung von Entscheidungsprozessen und andererseits eine korporative Kontextsteuerung, die den Zusammenhang der dezentral hergestellten ‚Dienstleistungskomponenten' gemäß der Aufgabe/ Zielsetzung des Gesamtsystems herstellen" (Peters 2006, S. 42).

Sozialraumteams wurden bislang vor allem in der Erziehungshilfe eingeführt. Sie sind die organisatorische Umsetzung von kooperativer Steuerung und Regionalisierung: Eine Mitarbeitergruppe, bestehend aus Verwaltungsfachleuten und Sozialarbeitern vom Jugendamt und von den Erziehungshilfeträgern, ist gemeinsam für einen Sozialraum zuständig. Ihre Aufgaben gliedern sich in fallspezifische Stärkenarbeit und fallunspezifische Ressourcenarbeit. In Projekten des Programms „Soziale Stadt" gibt es zwar keine Sozialraumteams, aber Projektstrukturen, die eine enge Kooperation zwischen den städtischen Gebietsbeauftragten und dem Quartiermanagement der freien Träger voraussetzen.

5.4.4 Portale einer Organisation

Szene: Jugendhausverteidigung

„Sie kommen!" Mit diesem Schrei stürzt ein Junge ins Jugendhaus. Er hatte sich als Vorposten draußen an der Kurve aufgepflanzt, um beim Anrücken „der Russen" rechtzeitig Alarm schlagen zu können. Die Mitarbeiter des Jugendhauses Bruna und die 15 anwesenden Stammbesucher sind jetzt

zwar vorgewarnt, wissen aber doch nicht so recht, was sie tun sollen. Bei den „Russen“ handelt es sich um eine feste Gruppe von acht Jungen zwischen 15 und 17. Drei von ihnen – inklusive des Gruppenchefs – sind Spätaussiedlerkinder, was der Gruppe ihren Namen eingebracht hat. Nur einer der acht geht noch regelmäßig zur Schule, die anderen haben „das Ding hingeschmissen“ weil „du mit Quali sowieso keine Chance hast“.
Das Revier der Gruppe war bislang ein Kaufhausparkplatz. Als dort Antennen geknickt und Sterne abgesammelt wurden, vertreibt die angeheuerte Securityfirma die Clique, obwohl die Jungs „keine Peilung haben, wer das war“. Sie suchen jetzt nach einem neuen Platz und haben den Plan, das Jugendhaus Bruna zu übernehmen. Das alles wissen die Hauptamtler von „ihren“ Jugendlichen. Woher und warum die dieses Detailwissen haben, wird nicht genau recherchiert, denn es ist Handeln angesagt. Die Stammbesucher fürchten um „ihr“ Haus.
Zuerst versuchen die Fachkräfte ihre Leute zu beruhigen. Das Jugendhaus sei für alle offen, die sich an die Hausordnung halten und wenn das jeder tut, gibt's nichts zu befürchten, wenn nicht, dann gibt's Mittel und Wege mit solchen Gästen umzugehen. Hier ist Dresden und nicht Moskau. Diese Russlanddeutschen seien zwar schwer zu integrieren, aber hier kriege jeder seine Chance. Auf besagte Hausordnung sind die Mitarbeiter besonders stolz. Man hat sich im Team viele Gedanken darum gemacht, den Jugendlichen damit gerecht zu werden und gleichzeitig ein paar sinnvolle Bestimmungen wie das Rauchverbot auf dem ganzen Gelände eingearbeitet. Zuerst hat man es mit einer Selbstverwaltung und einem Hausparlament versucht, aber die Jugendlichen waren „zu träge“ und „hatten keine Einfälle für eine Hausordnung“. Jetzt halten sie sich aber daran und sehen, dass es etwas bringt, vernünftige Regeln für das Zusammenleben aufzustellen. Das sei ein Stück gelebte Demokratie. Heute spüren die Mitarbeiter, dass eine Sternstunde im Herannahen ist. Noch nie war man so fraglos mit den Jugendlichen zusammen in einem Boot, was das gemeinsame Ziel betrifft, die Ordnung im Haus aufrecht zu erhalten. Selten war die eigene Meinung so gefragt und selten verliefen die Gespräche so auf Augenhöhe. Die Jugendlichen im Haus haben einen Heidenrespekt vor den „Russen“. Zu der befürchteten Auseinandersetzung kommt es schneller als erwartet. Mark, Gymnasiast, hat „Russen-Chef“ Sascha – der sich von seinen Leuten Sascha Belij nennen lässt – draußen „gestellt“: „Hey, was wollt ihr hier. Hier ist off limits!“ Obwohl Sascha letzteres wahrscheinlich gar nicht versteht, sitzt Mark schneller als er schauen kann auf dem Hosenboden. Saschas Leute feixen etwas von „Missgeburt“ und umkreisen den Liegenden, was die bedrohliche Wirkung nicht verfehlt. Nur Richtung Hauseingang bleibt

der Ring offen, um dem dort versammelten Publikum die Sicht nicht zu nehmen. Genau in diese Lücke stößt jetzt die Hausleiterin: „Geschlagen wird hier nicht! Wenn ihr rein wollt, dann haltet euch an die Regeln!“ Jetzt stehen sich zwei Führungspersonen gegenüber und man merkt Sascha förmlich an, dass er sich so einen Ton nicht gefallen lassen darf: „Hey Alte, hast du jemanden schlagen sehn? Cool bleiben!“ Die Leiterin findet Saschas Rat aber nicht cool und der Konflikt eskaliert. Als Sascha schließlich der Hausleiterin anbietet, sie könne „ein paar auf die Ohren haben“, entschließt sie sich zum taktischen Rückzug ins Gebäude und ruft die Polizei an. Als diese eintrifft, ist von den Invasoren allerdings nichts mehr zu sehen. Die Pädagogin ist die gefeierte Person bei der hausinternen Manöverkritik in der Teestube.

Auswertungsfrage: Unter Portalen wird die Schnittstelle zwischen den Organisationen und ihren Adressaten verstanden. Wie sieht das „Portal“ dieses Jugendhauses aus?

Einrichtungen die sozialraumorientiert arbeiten setzen sich mit der Frage auseinander, wie sie und ihre Klienten zueinanderfinden. Wie können unterschiedliche Zielgruppen (Betroffene, Angehörige, Nachbarn, Volunteers, Menschen in der gleichen Lebenslage,...) effektiv angesprochen werden? Wie können Zuständigkeitsdefinition von Organisationen so gestaltet werden, dass sie möglichst gut zu den Problemdefinitionen und Lebenswelten von Adressaten passen? Wie kann eine niedrigschwellige und nicht stigmatisierende Erreichbarkeit im Gemeinwesen gestaltet werden? Ziel ist es, alle institutionellen Regeln und Organisationsabläufe zu beseitigen, die gewollt oder ungewollt Benachteiligungen oder Ausschluss bestimmter Adressatengruppen bedeuten.

Stattdessen brauchen die Einrichtungen Strukturen und Kompetenzen, die eine Aussonderung von „schwierigen“ Adressatengruppen unwahrscheinlich machen. Die Nachfrageorientierung des Sozialraumansatzes beginnt mit dem Nachdenken der Einrichtung über alle Aspekte ihrer Zugangswege, ihrer Portale.

Der Fachbegriff (lat. *porta*, „Pforte“) stammt aus der Architektur, wo er eine bewusst auffällig gestaltete Tür bezeichnet. Dann wurde er von der Informatik übernommen. Die rapide funktionale Differenzierung der Computertechnologie produzierte als ungewollte Nebenfolge das Problem, wie die unterschiedlichen Produkte, die jeweils im Hinblick auf die eigene Funktionalität hin entwickelt worden waren, aufeinander abgestimmt werden können. Im übertragenen Sinne meint Portal in der Informatik „Verknüpfung, Zusammenarbeit und Datenaustausch zwischen heterogenen Anwendungen“. Neuerdings taucht der Terminus vor allem im Internet auf, als technisch unterstützte, aber letztlich subjektiv bestimmte „Verbindung" zwischen den Akteuren des Internets durch Webseiten. So genannte Webportale gestalten die Rahmung und Präsentation einer Startseite, die Orientierung bieten und einladen soll. Leute, die dort zufällig landen, sollen eingeladen werden, sich die Sache näher anzusehen. Leute, die gewollt dort ankommen, sollen willkommen geheißen werden, Suchmaschinen sollen auf das Portal aufmerksam werden und machen, um seinen Bekanntheitsgrad zu steigern. Ein gutes Webportal lässt aber auch die Ankommenden erkennen, ob sie bei der falschen Adresse gelandet sind. Mitunter wird jedoch auch im Internet gerade aus der Verwechselbarkeit von Portalen Kapital geschlagen. Wer „www.whitehouse.gov" eingibt, kommt zur offiziellen Webseite des Weißen Hauses. Wer stattdessen „www.whitehouse.org" tippt, landet bei deren identisch aufgemachter Parodie.

In der Sozialarbeit haben Portale eine nicht zu unterschätzende Bedeutung, entscheiden sie doch darüber, welche Bürger erreicht werden und welche nicht. Portale machen Bürger darauf aufmerksam, wofür sich ein Sozialer Dienst zuständig fühlt und „erklären" Adressaten, wie sie ihr Problem schildern müssen, damit es in die Zuständigkeitskategorien passt. In einer sozialräumlich orientierten Sozialen Arbeit haben Portale eine Außen- und eine Innenseite. Die Außenseite hat die Funktion, niedrigschwellige und nicht stigmatisierende Erreichbarkeit im Stadtteil herzustellen – z. B. durch Kontakt halten mit Wohnungslosen über Mobil-Telefone, wo man per SMS über stundenweise Jobs und preiswerte Mahlzeiten informiert wird. Die Innenseite des Portals weist darauf hin, wie die Dienstleistung abläuft, nämlich als gemeinsame Aufgabe von Betroffenen und Fachkräften, in der die Erfahrungen, das Vorwissen, die Erwartungen, die Stärken und die Ressourcen der Adressaten als wesentlich für Problemlösungen gesehen werden, siehe dazu Kap. „Flexibilisierung" und Kap. „Bemächtigung".

Die Wortwahl „Portale" statt „Zugang" ist Programm. Sie soll Soziale Arbeit anregen, unter einer veränderten Perspektive über die Form nachzudenken, in der ihre Organisationen gegenüber ihren Adressaten auftreten. Welche gegenseitigen Bilder werden dabei vermittelt? Portale sind, anders als Türen, bewusst auffällige, kunstvoll gestaltete Eingänge, die für das dahinter liegende Geschehen werben, dazu einladen, neugierig machen. Man kann durch Portale gehen und wieder umkehren, weil sie am Anfang eines längeren Weges stehen und noch keine unmittelbare soziale Verpflichtung einfordern wie der Eintritt in ein Zimmer, das ein anderer bewohnt. Welche Perspektive ist also mit der Gestaltung von Portalen in der Sozialen Arbeit verbunden? Dies soll am Beispiel eines fiktiven Jugendamtes (vgl. Grotenbeck 1992, S. 175 – 181) beschrieben werden:

Portal eines Jugendamts

- Portale sind ein Zeugnis dafür, dass sich der *Eintretende aufmerksam behandelt* fühlt: Eine ungewollt schwangere junge Frau findet bei der Suche nach der Telefonnummer des Jugendamtes eine Nummer unter der Rubrik „Sorgentelefon" des Jugendamtes. Als sie dort anruft, bedankt sich eine freundliche Stimme für den Anruf und das damit verbundene Vertrauen, versichert, dass sie sich gerne Zeit nehmen werde für das Anliegen der Anruferin. Sie stellt sich als zuständige Sozialarbeiterin vor, die selbst so viel weiterhelfen werde, wie die Anruferin das möchte.
- Portale sind *Einladungen* an die Bevölkerung. Die Sozialarbeiterin bietet, nachdem sie sich die Geschichte und die Fragen der Anruferin angehört hat, einen sehr zeitnahen Termin für ein persönliches Gespräch im Jugendamt an und schlägt der jungen Frau vor, sie am Eingang abzuholen um dann gemeinsam in ein ungestörtes Zimmer zu gehen.
- Portale zeigen, dass die Gestalter *über ihre Besucher nachgedacht* haben: Da das Jugendamt groß ist, sind die Türrahmen der vielen Zimmer in unterschiedlichen Farben gestrichen, je nachdem um welches Thema sich die Fachkräfte dahinter kümmern. Diese Farborientierung findet sich auch in allen schriftlichen Informationen und Unterlagen wieder.
- Das Portal ist flexibel und *kommt den sozialräumlichen Zusammenhängen seiner Kunden entgegen*: Das Jugendamt ist übrigens alle zwei Wochen mit einem thematisch wechselnden Informationsangebot, zu den Haupteinkaufszeiten der Mütter, in den großen Supermärkten der Stadt vertreten: An seinem attraktiven Stand gibt es aktuelle Informationen zu kostengünstigen Spielangeboten für die Ferien, zu Themen wie „Fernsehen mit Kindern", „Kochen mit Kindern", „wie Kinder leichter einschlafen", „preiswert einkaufen für Kinder in der Stadt" usw.
- Das Portal sagt etwas über die *Philosophie* der sozialen Einrichtung aus: Das Jugendamt firmiert überall als "das Amt für Kinder und Eltern – für eine familienfreundliche Stadt" und hat in seinem Haus die freundlichsten kleinen Spielecken, Wickeltische und die günstigsten internen Wege für Kinderwägen der ganzen Stadt. Die Kappen, Stadtpläne für Kinder, Puzzles, Buttons usw., die es verteilt, sind bei den Kindern wegen ihrer Originalität und Sinnhaftigkeit begehrt.
- Es gibt *komplexe* Eingangsportale, die der Komplexität der Leistungen und der nachgefragten Bedürfnisse entsprechen: Unser fiktives Jugendamt hat beispielsweise neben dem rund um die Uhr besetzten „*Sorgentelefon*" und der zentralen Nummer auch ein „*Kindertelefon*" als Serviceleistung nur für Kinder, für ihre Fragen, Beschwerden, Vorschläge usw. Für Teenager gibt es die *SMS-Hotline* „Babes", die auf SMS-Beratung von Jugendlichen aus-

gerichtet ist, um diesen einen altersgemäßen Zugang bei oft sehr schwierigen Fragestellungen zu ermöglichen. Das (fiktive) Jugendamt steht aber auch hinter dem neuen Projekt der „*Familienhebammen*“ in der Stadt: Sozialarbeiter schulen Hebammen für ein umfassendes Unterstützungsangebot für junge Familien unmittelbar in der Familiengründungsphase – das ohne jede Stigmatisierung einzelner Familien allen zu Nutze kommt.

- Portale bilden *keine hierarchischen Strukturen* im Sinne von Führungspositionen und Organisationsleitern ab, sondern erleichtern den Zugang und die Wiedererkennung durch Leistungen, Ideen und die dafür verantwortlichen Professionellen. Durch Öffentlichkeitsarbeit aller Mitarbeiter und durch eine Vielzahl von ganz unterschiedlichen Projekten werden den Bürgern viele der im Jugendamt tätigen Fachkräfte bekannt. So stehen konkrete Personen und ihre Aktionen für ein Amt.

Überlegt gestaltete Portale stehen unter dem Leitziel, die Differenz zwischen den Problemwahrnehmungen Betroffener und der Zuständigkeitsdefinition einer sozialen Einrichtung möglichst gering zu halten. Der Ressourcenzugang ist auf der Außenseite durch Niedrigschwelligkeit geprägt. Das grenzt sozialräumlich bedachte Portale von Standardlösungen der Verwaltung, z. B. von standardisierten Anmeldeverfahren, Wartelisten, rigiden Kommstrukturen, abgegrenzten Zuständigkeiten usw. ab. Niedrigschwelligkeit auf der Außenseite stellt eine professionelle Konstruktion zur Frage dar, was zu Bürgern, denen sich der Sozialdienst anbietet, passt und ist insofern eine Information über die Professionellen selbst. Allerdings lässt sich die Passung der Konstruktion evaluieren.

Niedrigschwelligkeit ...

- konkretisiert sich in *flexiblen Öffnungszeiten*,
- ist aber auch eine *Ortsentscheidung*. Sie erweist sich in der Bereitschaft der Profis ihre Leistung sowohl dort anzubieten, wo Bürger ihren Alltag leben (vgl. SMS-Beratung für Jugendliche), als auch dort, wo Bürger in ihrer Lebenswelt verbergen können, dass sie Kontakt zu Sozialarbeitern suchen.
- ist *Informationspolitik*, nämlich die Antwort auf die Frage, wie Kunden über das Angebot der Einrichtung informiert werden. In einer lebensweltorientierten Sozialen Arbeit kann nicht davon ausgegangen werden, dass Bürger die Informationswege favorisieren, die Verwaltungen routiniert in der Hand liegen (Rathausjournale, öffentliche Bekanntmachungen). Niedrigschwellige Informationsarbeit erweist sich daran, dass verschiedene Medien (Flyer, Videos, Plakate in öffentlichen Verkehrsmitteln und an Bushaltestellen etc.) genutzt werden, um die Passungschance der professi-

onellen Öffentlichkeitsarbeit zu erhöhen.

Babes. We're there 4 U. SMS 81113535

- integriert auch sozialarbeiterisches Fachwissen über Zielgruppen und basiert damit auch auf *Zuschreibungen*, die die Gestaltung des Portals wesentlich prägen. Dies soll an einem Beispiel verdeutlicht werden: In einem Berliner Projekt für minderjährige Strichjungen machen Streetworker die Jungen auf das Projekt aufmerksam, indem sie einschlägige Kneipen besuchen und den Jungen ein kleines Päckchen geben, in dem sich neben einem Flyer des Projekts auch Gleitcreme und Gummibärchen befinden. Sind die Jungen mit potentiellen Freiern im Gespräch, mischt sich der Streetworker nicht ein, sondern bittet den Wirt, den Jungen später das Päckchen weiterzugeben. Das angebotene Portal versucht, widersprüchliche soziale Wirklichkeiten – Sexualität auf der einen, kindliche Bedürfnisse auf der anderen Seite – zu verbinden und einen Kontaktweg zu beschreiten, der „nah an den Arbeitsbedingungen der Jungen ist, diese aber nicht stört“ (Hosemann/Ulrich, 2004).
- kann *Projekte nutzen*, um die Zugänge zu sozialen Diensten jenseits der Rolle zu ermöglichen, in der ein Bürger „eine Leistung“ nachfragt, sondern den Zugang als Projektteilnehmer oder -nutzer wählt um das personale und inhaltliche Angebot zu testen. Als Beispiel hierfür können Soziale Dienste gelten, die ihrem Angebot einen offenen Cafébetrieb, eine Thekensituation, Aktivitäten, in die Bürger ihre Alltagskompetenzen einbringen können (wie Kochkurs, oder Fingernagel-Painting) oder Bildungsveranstaltungen voranstellen. Niedrigschwelligkeit entsteht dadurch, dass die Besucher das Angebot inhaltlich und personell vortesten können, ohne sich „outen“ zu müssen.

Auf der *Innenseite* zeigt sich das Portal in der Gestaltung eines Prozesses, der gezielt die Vorerfahrungen der Bürger mit Sozialdiensten nutzt, um in Erfahrung zu bringen, was passt und was vermieden werden sollte. Gute Portale sind so geschnitten, dass sich die Eintretenden nicht als Laien, sondern als Experten für das weitere Vorgehen sehen. Schon der Eingang markiert Co-Produktion (vgl. Imber-Black 2006), zum Beispiel durch Fragestellungen wie:

- Hatte der Besucher schon vorher Kontakt zu unserem oder einem anderen Sozialdienst?
- Was von dem, was angeboten wurde, hat ihm gut getan, ihn vorwärts gebracht, was war nicht erfolgreich?
- Was haben hat er schon versucht, was hat funktioniert, was nicht?
- Was soll heute geschehen, damit er sagen kann: Das war ein guter Kontakt?

5.5 Steuerung der Organisation

Die Steuerung von sozialen Organisationen stellt die Leitungsebene vor spezifische Herausforderungen: Das Zielsystem ist in der Regel sehr komplex und erlaubt nur beschränkt quantifizierbare Erfolgsindikatoren, es gibt viele Anspruchsgruppen in einem weiten Umfeld, die unterschiedliche Erwartungen an soziale Einrichtungen stellen. Folglich sind Controlling-Aufgaben auch nur sehr differenziert zu bewältigen. Finanzierungsprobleme stellen sich je nach Arbeitsfeld unterschiedlich, die extreme Abhängigkeit von einer Finanzierungsquelle kann nur mühsam gemildert werden. Das Personalmanagement ist ein zentraler Bereich, der für differenzierte Personalstrukturen (bezahltes Personal, Ehrenamtliche, befristete Assistenzen) und für individuelle Be- und Überlastungssymptome der Mitarbeiter Antworten finden muss.

Sozialräumliches Management muss sich erst einmal auf eine durchgängige Reflexion des Organisationshandelns einlassen und einen gewaltigen Veränderungsprozess der Organisation in Gang bringen und durchstehen. Der Umbau einer Organisation zu einer sozialräumlichen verlangt ein Organisationsentwicklungsmodell, das experimentelles Vorgehen ausdrücklich ermöglicht, Engführungen durch detaillierte Pläne vermeidet, Fehler und Irrtümer als hilfreiche Fitmacher versteht und kontinuierlich Passungen mit der Umwelt prüft und verbessert. Voraussetzungen für einen erfolgreichen Prozess der Organisationsveränderung sind gemeinsame Visionen, die im Alltag spürbar sind, unterstützende und Sicherheit verleihende Projektstrukturen und strukturell abgesicherte Beteiligungsstrukturen der Adressaten.

Im Folgenden werden aus dieser Vielfalt zwei neue Steuerungsaufgaben herausgegriffen und näher betrachtet: die Beteiligung der Adressaten an den zentralen Entscheidungen der Organisation und Sozialraumwissen als Steuerungsmedium

5.5.1 Bemächtigung der Adressaten

Bemächtigung meint die konkrete Kontrolle von Adressaten über die ihnen zugedachten Dienstleistungen und Programme. Dabei wird das in der Fachdiskussion beliebte Konzept einer „Partizipation“ der Betroffenen an der sozialen Dienstleistung schärfer und anspruchsvoller gefasst: Es geht nicht nur um demokratische Beteiligungs- und Wahlrechte auf der abstrakten Ebene der Wahl eines Verbandsvorstandes, oder der Anhörung von Bewohnern bei der Bauleitplanung. Partizipation im Sinne von Bemächtigung wird dann wirkungsvoll, wenn Betroffene selbst die Umsetzung von Programmen oder die Evaluation von Einrichtungen maßgeblich bestimmen können (vgl. Olk/Otto/Backhaus-Maul 2003, S. 9-72). Den Adressaten wird kritischer Einfluss auf die Institution selbst und die Hierarchien eingeräumt, die sich in ihr Leben und ihre Lebenswelt „einmischen“.

Eine sozialräumlich ausgerichtete Organisation stärkt die Position ihrer Adressaten in zweifacher Weise: Einmal im fachlichen Handeln der Einzelfallarbeit, wie es in den Kapiteln zur Ebene „Individuum“ beschrieben wird. Alle Menschen haben Ziele und Visionen für ihr eigenes Leben, auch wenn sie unter noch so misslichen Bedingungen leben (s. die Erfahrungen in der Arbeit mit dauerhaft Armen). Diese Ziele jedoch entsprechen nicht unbedingt den gesellschaftlichen Erwartungen. Sie sind zum Beispiel eher auf das Nutzen eigener Fähigkeiten, als auf eine angepasste Integration in den Arbeitsmarkt gerichtet (vgl. Beck 2002, S. 13f.). Das Stärkemodell nimmt die Ziele, die Betroffene selbst haben, ernst und macht sie zum Ausgangspunkt für die Zusammenarbeit, auch wenn sie mit Mainstreamerwartungen zu kollidieren scheinen.

Zusätzlich wird die Position von Adressaten durch institutionalisierte Mitsprache-, Beschwerde- und Entscheidungsrechte gestärkt, die weit über das Handeln im Einzelfall hinausreichen und das Organisationshandeln „im Prinzip“ tangieren. Für die Organisationsebene ist Bemächtigung der Adressaten umso folgenreicher, je weitgehender solche institutionell verankerten Beteiligungsrechte in Zugänglichkeit, Inhalt und Reichweite gehen. Bemächtigung der Adressaten ist eine Bringschuld der Organisation. Die Mitarbeiter müssen Wege finden, ihr Handeln gegenüber Adressaten transparent zu machen und den Informationsfluss in der Beziehung zu den betroffenen Bürgern umzukehren.

Programmbindung

Es lässt sich daran denken, die öffentliche Förderung von Programmen an die Mitwirkung von Adressaten sowohl bei der Konzepterarbeitung als auch der Evaluation der Programme zu binden. Die derzeit propagierte Wirkungs- und Qualitätsorientierung könnte damit Ernst machen und Adressaten ein entscheidendes Wort mitreden lassen, auf welche Wirkungen es ihnen überhaupt ankommt und wie diese festgestellt werden sollen. Nutzer müssen in nennenswertem Umfang mitbestimmen können, was für sie „Qualität" darstellt. „Dabei ist es durchaus vorstellbar, dass der Nutzer bei einzelnen Aspekten der Dienstleistung auch offenkundige Substandards akzeptiert, wenn diese Aspekte für ihn von untergeordneter Bedeutung sind oder durch andere positive Aspekte der Dienstleistung mehr als kompensiert werden. Hier fällt es manchem Experten noch schwer zu akzeptieren, dass der Wunsch eines betroffenen Bürgers von Fall zu Fall wichtiger ist als ein „objektiv" ermittelter Standard." (Hartmann 2000, S. 11)

Auditierung
Der Erfolg Sozialer Arbeit hängt maßgeblich von der Mitwirkungsbereitschaft und -fähigkeit derjenigen ab, deren Lebenslagen verbessert werden sollen. Verfahren zu installieren, die nicht nur am Konsum, sondern auch an der Produktion und Steuerung von Dienstleistungen beteiligen, sind demnach folgerichtig, wären da nicht tief verwurzelte fürsorgerische Befürchtungen, die eigenen Klienten könnten professionelle Qualität verkennen bzw. kurzfristigen, egoistischen oder oberflächlichen Vorteilen erliegen.

Dass sich durch entsprechende Evaluationsformate derartige Risiken in befriedigender Weise minimieren lassen, zeigen beispielsweise neuseeländische Auditierungsverfahren von Behinderteneinrichtungen durch psychisch kranke und geistig behinderte Menschen selbst. Der „Standards and Monitoring Service (SAMS)" stellt dabei ein Team von mehreren Evaluatoren zusammen, die sich in ihren spezifischen Fähigkeiten ergänzen, aber in der Mehrzahl immer „consumers or family members" sind (www.sams.org.nz). Eine Fachkraft stellt sicher, dass das Audit im Rahmen der vorher bekannt gemachten Kriterien erfolgt und so für die Einrichtung transparent bleibt. Sie schreibt den Bericht, der empirisches Beweismaterial zum Beleg der Bewertungen enthält und auf einer Konsensentscheidung des Evaluationsteams beruht. Ein Mensch mit geistiger Behinderung oder psychischer Krankheit, der in einer ähnlichen Einrichtung lebt, beurteilt aus seiner Betroffenenperspektive. Er spricht mit vielen Nutzern, hält eine Bewohnerversammlung ab und lebt während der Zeit in der Einrichtung. Ein Angehöriger konsultiert Verwandte und Freunde von Nutzern in persönlichen Gesprächen und Telefonaten. Alle drei Evaluatoren sprechen auch mit dem Personal, studieren Akten und halten während der Evaluationstage eine Bewohner- und eine Personalversammlung ab. „Being part of an evaluation represents both a great privilege and a challenge. The privilege is in being given value, respect and dignity for our personal experience of mental illness, which gives us a unique inside perspective when assessing services. (…) There is also a delightful lighter side to doing SAMS evaluations, such as those moments when staff do not realize that I am a Consumer and let their own prejudices show." (Newsletterbeitrag einer Betroffenen, die als Evaluatorin tätig ist, Quelle: ebd.)

Klientenparlamente
Seit 1996 besteht in den Niederlanden eine gesetzliche Verpflichtung zur Einrichtung von KlientInnenräten vor allem für stationäre Einrichtungen wie psychiatrische Kliniken, Behindertenheime, Alters- und Pflegeheime usw. Empfehlungen des Rates zu Tagesgestaltung und Beschwerderegelungen haben unmittelbar bindenden Charakter. Klientenparlamente müssen also auch mit entscheidender Einflusskompetenz ausgestattet sein, wenn sie erfolgreich funktionieren sollen, etwa indem die Entscheidungsmacht der Betroffenen die der Profis überwiegt – wie das in der katholischen Jugendverbandsarbeit häufig gut funktioniert. Gewählte Klientenvertreter können professionell von außen geschult und gecoacht werden. Sie können, ähnlich wie Betriebsräte, Informationen und Argumentationshilfen von Dachorganisationen erhalten. In etlichen deutschen Einrichtungen der Behindertenhilfe agieren heute nach amerikanischem Vorbild sog. „People-First"-Gruppen, die unter dem Motto „Ich weiß doch selbst, was ich will" ihre Selbstbestimmungs- und Selbstvertretungsansprüche anmelden, ausbauen und durch gemeinsame Fortbildungen auch durchzusetzen lernen (www.peoplefirst.de). Mit dem Einsatz sog. „Unterstützungspersonen", die beispielsweise Organisationsaufgaben für Gruppenbesprechungen oder die schriftliche Dokumentation übernehmen, werden Rollenzuschreibungen wirkungsvoll verändert: Der (meistens professionell ausgebildete) Unterstützer übernimmt die Funktion der Assistenz der Gruppe, also einer zurückhaltenden Begleitung, die Hilfe nur auf Wunsch gibt (vgl. Engelmeyer u.a.2000).

Betroffenenbeiräte
Für Institutionen mit viel Laufkundschaft kommen bezahlte Betroffenenbeiräte in Frage, die sich aus ehemaligen „service usern" zusammensetzen. Was hindert ein Jugendamt daran, Eltern und Jugendliche, welche die Jugendhilfe „heil überstanden" haben, als Qualitätsinspektoren auf die Gehaltsliste zu setzen anstelle der einen oder anderen hoch bezahlten Beratungsfirma? Das schafft als Nebenprodukt sogar Beschäftigungsmöglichkeiten und gibt ehemaligen Klienten die Chance vice versa etwas zurück zu geben. In den Niederlanden macht man sehr gute Erfahrungen damit, Jugendliche, die Eigenkracht-Konferenzen (s. Fieldbook, Kap. Individuum, „Verwandtschaftsrat")

schon mal erlebt haben, als Unterstützungspersonen für andere Jugendliche in Planungsprozessen einzusetzen.

Verbundsysteme und Zusammenschlüsse
Für Klientenparlamente und Betroffenbeiräte besteht zudem die Möglichkeit Verbundsysteme und Zusammenschlüsse über die verengenden Träger- und Stadtgrenzen hinaus zu gründen. Damit lassen sich Qualitätsvergleiche vielleicht schneller, günstiger und praxisnaher herstellen als in aufwändigen, expertendominierten Benchmarkingprojekten und kommunalen Vergleichsringen. Zudem steigt die politische Schlagkraft durch überregionale Zusammenschlüsse. „Die Stadt Nijmwegen hat die KientInnenpartizipation auf ihre Art geregelt. Es werden regelmäßige Besprechungen mit dem KlientInnengremium durchgeführt, in dem die verschiedenen Interessengruppen wie Alleinstehende, Menschen mit einer Sozialhilfe-Unterstützung oder Gewerkschaften vertreten sind. Zusätzlich werden KlientInnenpanels gebildet, die von neutralen Personen moderiert werden. Damit holt die Gemeinde die Meinung der Betroffenen zu ausgewählten Themen ein. Für die Panels werden SozialhilfempfängerInnen nach dem Zufallsprinzip ausgewählt und eingeladen. Eine KlientInnenbefragung zur Qualität der städtischen Dienstleistungen wird jährlich durchgeführt." (Troxler, 2001)

Ombudsleute
Bürgerbeauftragte und Ombudsleute sollen die Rechte von einzelnen Bürgern und Bürgergruppen gegenüber staatlichen Verwaltungen stärken. Jedermann kann sich ohne Instanzenweg direkt an die Bürgerbeauftragten wenden, die auch ohne festgelegten Verfahrensweg den fraglichen Sachverhalt nachprüfen und klären können. Bürgerbeauftragte sind vor allem in den skandinavischen Ländern üblich. Dort beschäftigen sich die sog. Ombudsleute und Community Officers mit der Bearbeitung individueller Beschwerden und mit der Entwicklung struktureller Qualität durch die überindividuelle Auswertung der einzelnen Beschwerden. Im finnischen „Gesetz über die Stellung und Rechte von Leistungsempfängern sozialer Unterstützung" sind soziale Ombudsleute für jede Gemeinde vorgeschrieben. Ihre Aufgaben sind: Informationen über die Rechte von Klienten und über unterschiedliche Beschwerde- und Einspruchsmöglichkeiten, Vorbereitung von Klienten auf Verwaltungsgespräche, Vermittlung zwischen Hilfesystem und Betroffenen in Konfliktfällen, sowie die Auswertung der Beschwerden und der diesbezüglichen Reaktionen des Hilfesystems, die öffentliche Berichterstattung darüber und die Darstellung von Verbesserungsmöglichkeiten. So ist sicher gestellt, dass Einzelbeschwerden in politische Aktivitäten münden, wenn sie auf strukturelle Ursachen hindeu-

ten. „Ombudsleute erfüllen eine klassische Aufgabe Sozialer Arbeit, indem sie die Kluft zwischen der oftmals chaotischen Lebenswelt Hilfeberechtigter und der geordneten Bürokratie des Hilfesystems überbrückt und Teilhabechancen erhöhen." (Weißenstein 2003, S.110). Insofern können Bürgerbeauftragte Menschen bei Konflikten mit der Verwaltung beistehen, als Vermittler oder Schlichter agieren, Beschwerden und Widersprüche unterstützen und allgemein beratend tätig sein. Sie tragen dadurch zu einem Stück mehr Transparenz von Verwaltungs- und Organisationshandeln bei. Schwierig ist, dass Bürgerbeauftragte und Ombudsleute gewissermaßen zwischen den Stühlen sitzen. Sie müssen mit den Verwaltungen und den Auftrag gebenden Organisationen kooperieren, schon allein um effektiv etwas für Bürger erreichen zu können, andererseits verlangen Betroffene, dass Ombudsleute in Konflikten auf ihrer Seite stehen (vgl. Bischoff u.a. 2001, S. 51). Ombudsleute sind nicht nur als Relaisstelle zwischen staatlichen Verwaltungen und Bürgern, sondern im Prinzip in allen Organisationen denkbar, wo die strukturelle Macht der Organisation den individuellen Willen von einzelnen Menschen zu dominieren droht und wo Organisationsinteressen mit den Interessen Einzelner konkurrieren.

Diese Formen der Output-Demokratisierung sind für Arbeitsfelder mit stabilen Innenbeziehungen – wie stationäre Einrichtungen – vertrauter, für andere, die mehr Schnittstellen der Organisationen nach außen aufweisen, noch vergleichsweise fremd. Der (internationale) Austausch der praktischen Erfahrungen einzelner Organisationen, der Vergleich von Erfolgs- und Misserfolgsbedingungen kann die „Risikobereitschaft“ erhöhen, sich auf diese konsequenten Partizipationsverständnisse einzulassen. Die vielfältigen Hoffnungen, die in der Fachdiskussion mit einer stärkeren Partizipation von Betroffenen verbunden werden, müssten diesen Prozess beschleunigen helfen: Für die Adressaten könnte ein Stück mehr soziale Integration und eine größere Passung der Dienstleistung erreicht werden, die Fachleute könnten durch eine stärkere Kunden- und Lebensweltorientierung ihrer fachlichen Entscheidungen zufriedener arbeiten, die sozialen Organisationen müssten mit mehr Handlungsinformationen aus den zentralen Umwelten effektiver handeln können und der Staat würde eine neue entlastende Steuerungs- und Legitimierungsquelle hinzugewinnen (vgl. Lange 2003).

5.5.2 Sozialraumwissen als Steuerungsmedium

Als Nonprofit-Organisationen stehen Organisationen der Sozialen Arbeit anders als wirtschaftlichen Einrichtungen nicht in gleichem Maße Geld als Steuerungsmittel zur Verfügung. Managemententscheidungen können nicht an materiellen Zielindikatoren wie Umsatz, Gewinn, Kostenentwicklung, Umfang des gewonnenen Marktsegments u.a. festgemacht werden, wenn auch Effizienz, Auslastung und andere quantitativen Merkmale durchaus in sozialen Einrichtungen Bedeutung haben. Non-Profit-Organisationen können auch nicht in gleicher Weise hierarchisch gesteuert werden, „Professionals" setzen für ihre Arbeitsinhalte und Arbeitssituationen vor Ort Handlungsspielräume voraus. Deshalb wird für Einrichtungen der Sozialen Arbeit *Wissen* als angemessenes und stimmiges Steuerungsmedium angesehen. Etzioni hat schon 1968 auf die zweifache Bedeutung des Wissens für Organisationen hingewiesen: Einmal liefert Wissen brauchbare Beobachtungen, also relevante Informationen für Organisationsentscheidungen (im Sinne von „knowledge"), zum zweiten gilt es auch als Medium der Sinnstiftung („meaning"), ähnlich wie Religion oder Ideologien. Wissen als Sinnstiftung schweißt die Organisationsmitglieder zusammen und motiviert zu Beteiligung und Unterstützung (Etzioni, 1968) – für Einrichtungen, die freiwilligem Engagement und Mitwirkung einen hohen Wert zuschreiben, unverzichtbar. Damit wird Wissensmanagement zur zentralen Thematik: „Als wesentlicher Erfolgsfaktor gilt nunmehr die Fähigkeit, Wissen zu heben, zu verknüpfen, zu entwickeln und zu nutzen – einschließlich des dezentral in der Organisation verteilten, gleichsam ‚selbstverständlichen' Erfahrungswissens." (Badelt, 1997, S.118) Das besondere Wissen der Fachkräfte in der Sozialen Arbeit hat spezifische Vorteile in Art, Umfang und Entstehungsgeschichte: Es stammt aus der konkreten Arbeit mit Betroffenen, Gruppen, Organisationen und Stadtteilen, es umfasst lebensweltliche Interpretationen neben fachlichen Kategorien, ist nicht punktuell, sondern dynamisch, in einer Art Dauerbeobachtung gewonnen, umfasst die Fragen der Klienten wie die Beobachtung der Reaktionen der sozialen Umwelt. Sozialarbeiter besitzen Personen- und Strukturwissen und können ihr Wissen in verschiedenen Sprachen ausdrücken, juristisch, administrativ, fachlich, politisch, lebensweltlich.

Die aktive Steuerung, transparente Vermittlung und Pflege von Wissen in der Organisation ist im Sozialraumansatz von besonderer Bedeutung, braucht eine unterstützende Organisationsarchitektur. Systematisch erworbenes und gesammeltes Sozialraumwissen schaltet sehr viel mehr Scheinwerfer ein als das bei einer Einzelfallorientierung notwendig ist und muss systematisch erworben und gesammelt werden. Für alle diese Aufgaben müssen geeignete Wege, Methoden, Regeln und (Zeit-)Räume gefunden werden.

Die Umstellung einer Organisation auf sozialraumorientiertes Handeln erfordert die Auseinandersetzung mit der bisherigen Wissens- und Lernkultur. Denn die Wahrnehmung muss nicht nur auf neue Aspekte umgestellt werden, sondern die fachliche Orientierung der Mitarbeiter, die bisher – wie in der Sozialen Arbeit üblich – stark in die individuelle Verantwortung gestellt war (vgl. Heiner 2004, S. 113 f.), muss mit einer neuen institutionellen Steuerung abgeglichen werden. Ein von oben verordnetes Leitbild „Sozialraumorientierung" garantiert noch keine intrinsische Verankerung in der Mitarbeiterschaft. Bevor Umsetzungsstrategien erörtert werden, sollte erst einmal Einigkeit im Grundsatz hergestellt werden, dass es überhaupt einen Handlungsbedarf für eine Sozialraumorientierung gibt. Schon der Begriff „Sozialraumorientierung" könnte bei etlichen Mitarbeitern eine Abwehrhaltung auslösen. Die dem Begriff zugrunde liegende Annahme, dass die Angebote und sozialen Dienstleistungen bisher wenig Feldbezug haben, widerspricht der Selbstwahrnehmung der eigenen professionellen Handlungsweise und dem institutionellen Selbstverständnis. Sozialräumliches Denken setzt die Auseinandersetzung mit dieser neuen Perspektive in allen fachlichen Überlegungen voraus, genauso wie die Reflexion von Klientenbildern (z. B. im Hinblick auf Defizitzuschreibungen vs. Stärkeansatz) und der Bilder von Hilfe und fachlicher Intervention. Ergebnis dieses diskursiven Prozesses ist die Verankerung der Sozialraumorientierung im Leitbild der Einrichtung und in den Köpfen der Mitarbeiter als Querschnittsziel für alle Angebote.

Neue Informationen (z. B. über Netzwerke von Menschen, über Ressourcen von Stadtteilen, von Organisationen, von Schlüsselpersonen) müssen gesammelt, gespeichert, zu einem gemeinsamen, für alle verfügbaren Wissen werden, das – wie z. B. bei der fallunspezifischen Arbeit – ergebnisoffen in der Verwendung ist. Sozialraumwissen zeichnet sich durch einen Formenreichtum aus, dass es die Kommunikation und das Handeln der Organisationsmitglieder für höchst unterschiedliche Zwecke anregen und steuern kann.

5.6 Finanzierung der Organisation

5.6.1 Sozialraumbudgets

Eine sozialräumliche Präzisierung des neuen Steuerungsmodells war der KGSt-Bericht 12/1998 „Kontraktmanagement zwischen öffentlichen und freien Trägern in der Jugendhilfe". Vorgeschlagen wurde von Wolfgang Hinte das Sozialraumbudget, ein pauschales, raumbezogenes Abrechnungsverfahren, in dem Hilfen zur Erziehung an Stelle der bisherigen Fallfinanzierung über Fachleistungsstunden oder Tagessätze abgerechnet werden (vgl. Hinte/Litges/Groppe 2003). Warum das? In den kostenintensivsten Bereichen der Sozialen Arbeit wird – wie beim Waschmaschinenmonteur – nach Stunden oder Tagen abgerechnet. Je länger Sozialarbeiter an einem Fall „arbeiten", desto mehr Geld fließt in die Kasse ihres Arbeitgebers. Dass das so ist kann den Profis und den sie anstellenden Erziehungshilfeträgern letztlich nicht vorgeworfen werden. Fallfinanzierung macht „Fallsucht" (Hinte) zu einem betriebswirtschaftlich rationalen Verhalten.

> „Ich arbeite bei einem kleinen Träger in einer Tagesgruppe. Wir haben normalerweise 9 bis 10 Kinder im Alter von 6 bis 13 Jahren. Diese werden vom Jugendamt zu uns geschickt mit verschiedenen Auffälligkeiten, wie z.B.: Aggressivität, wiederkehrende Diebstähle, Schwierigkeiten in der Schule, (...) Meist läuft die Maßnahme über zwei Jahre. (…) Die Gruppe war bis vor kurzem belegungsmäßig voll ausgelastet. (…) Leider haben wir jetzt nach den Ferien genau das umgekehrte Problem. Wir haben bis Mitte September nur noch fünf Kinder, müssen aber im Jahresdurchschnitt neun haben, um ausgelastet zu sein. Was nun? Das Amt spart und wir suchen händeringend nach neuen Kindern." (Auszug aus einem Praktikumsbericht)
> „Ich muss immer schauen: „Wie komme ich an Fälle, wie bekomme ich meine Kapazitäten voll, damit ich abgesichert bin. Ich muss schon den einen oder anderen Fall mehr mit nach Hause bringen, um Durststrecken überleben zu können." (Geschäftsführer eines Erziehungshilfeträgers über die Kooperation mit Jugendämtern)

Das Dilemma der Fallfinanzierung resultiert aus einem strukturellen Technologiedefizit (Luhmann) in der Sozialen Arbeit. Menschen und deren Probleme sind soviel komplexer als Waschmaschinen, dass man „okay" und „defekt" nicht einfach unterscheiden kann. Lösungswege sind nicht standardisierbar, sondern fall-, feld-, organisations- und fachkraftabhängig. Betriebswirtschaftliche Rationalität provoziert einzelfallfinanzierte Träger, so intensiv und so lange wie möglich besonders in den Fällen zu arbeiten, die möglichst einfach zu bearbeiten sind. Präventiv gesehen oder auf den Stadtteil bezogen führt Fallfinanzierung zu permanenten Nullrunden. Sozialarbeit wird ja erst dann bezahlt, wenn die Kinder bereits in den Brunnen gefallen sind. Die Lebensqualität im Stadtteil, Freizeitmöglichkeiten, Hausaufgabenhilfe, Anlaufstellen, Einkaufsmöglichkeiten, Wohnqualität, Kinderbetreuungsmöglichkeiten usw. müssen aus anderen Töpfen finanziert werden. Individuelle Rechtsansprüche von Betroffenen entstehen erst dann, wenn die Menschen „kaputt" sind. So geht fatalerweise viel Geld den Bach hinunter, an dem die Sozialindustrie ihre Mühlen gebaut hat und wenig Geld bleibt dafür übrig aufzupassen, dass die Kinder nicht hinein fallen.

> *Im antiken China wurden Dorfärzte von allen gesunden Dorfbewohnern bezahlt. Wer krank wurde, zahlte nicht mehr. Der Arzt hatte ein verständ-*

licherweise großes Interesse an schnellen und nachhaltigen Genesungsprozessen und die Gemeinde war daran interessiert, dass nicht all zu viele Kranke fähige Ärzte in die Migration trieben.

So ähnlich funktionieren Sozialraumbudgets, die sich auf einen geographischen Raum beziehen und alle im Rechnungsjahr dort anfallenden Unterstützungsbedarfe pauschal zu Anfang des Jahres abgelten. „Träger sind dann viel stärker daran interessiert, keine Fälle zu erhalten, sondern Fälle zu verhindern oder sie zumindest möglichst zügig entsprechend der vereinbarten Standards zu bearbeiten. Die Träger werden also aktiv daran mitarbeiten, Prävention zu betreiben.“ (Hinte 1999, S. 88).

Die Praxis des sozialräumlichen Umbaus hat in den verschiedenen engagierten Städten und Landkreisen zu ganz unterschiedlichen Budgetarchitekturen geführt. Beim Typ des *„Trägerbudgets“* wird das Gesamtbudget vom freien Träger verwaltet. Der öffentliche Träger überweist das Budget in vier bis sechs Raten an den freien Träger, dem die exakte buchhalterische Erfassung des Budgetverbrauchs obliegt. Außerdem stellt er dem öffentlichen Träger zu vertraglich vereinbarten Zeiträumen Controllingdaten zur Verfügung.

Von *„ASD-Budget“* spricht man, wenn das Budget beim öffentlichen Träger verbleibt und dort auf die ASD-Regionen aufgeteilt wird. Die buchhalterische Erfassung des Budgetverbrauchs liegt bei der wirtschaftlichen Jugendhilfe.

Geteilte Budgetformate liegen vor, wenn nur neu anlaufende Erziehungshilfen aus dem Trägerbudget finanzieren sind, laufende Hilfen bei anderen als dem Regionsträger werden aus dem ASD-Budget finanziert.

Dass nur dann von einer Budgetierung gesprochen werden kann, wenn aus Budgetunterschreitungen finanzielle Spielräume entstehen und wenn für Budgetüberschreitungen Verantwortung übernommen werden muss, soll hier unterstrichen werden. Budgetierung ist nicht Deckelung. Budgetierung schließt allerdings auch aus, dass auf eine Budgetüberschreitung automatisch ein Nachschlag folgt. Sozialraumbudgets „funktionieren“ nur, wenn die beteiligten Träger in eine gemeinsame Philosophie und einen gemeinsamen fachlich Ehrgeiz eingebunden sind. Vor diesem Hintergrund haben die uns bekannten Umbaustädte und -landkreise zu Regelungen gefunden, die die Investitionsspielräume der freien Träger bei Budgetunterschreitungen erhöhen. Teilweise werden Splittings vereinbart, d.h. festgelegte Prozentsätze der Budgetunterschreitung kommen den kommunalen Haushalten zugute.

Das Sozialraumbudget auf dem juristischen Prüfstand

Vereinbarungen zwischen öffentlichen und freien Trägern, die den Leistungsanbietern eine spezifische Zuständigkeit für bestimmte Leistungen in einem bestimmten Raum zuwiesen, haben in drei Städten zu verwaltungsgerichtlichen Überprüfungen geführt. Die Verträge durften nicht umgesetzt werden, weil sie Wettbewerbseinschränkungen für Träger bedeuten, mit denen keine Zuständigkeit für eine bestimmte Region vereinbart wurde. Das, was in Hamburg, Berlin und Lüneburg in einer juristischen Logik schlüssig scheint, könnte fachlich kurzschlüssig sein. „Wenn die fachlichen Ziele des Konzepts der Sozialraumorientierung weitgehend unstrittig sind (‚…besser und wirkungsvoller kann gute Jugendhilfe zurzeit nicht gestaltet werden.‘ Jordan 2004, S. 255), so müsste das Recht hierfür ausreichend Raum lassen“ (Stähr 2006, S. 62). Man müsste dazu qualitätssteigernde Elemente des Wettbewerbs zwischen Trägern mit qualitätssteigernden Elementen der fallunspezifischen Ressourcenmobilisierung im Sozialraum verbinden. Eine nachhaltige und nach heutigen Gesichtspunkten gute Fallarbeit setzt Investitionen in Kontakt- und Aufbauarbeiten im Stadtteil der Adressaten voraus, für die man a) einen entsprechenden wirtschaftlichen Anreiz und b) eine gewisse Nachfragesicherheit bieten muss. Träger, die sich ihre Fälle quer über ganze Großstädte oder Bundesländer zusammensuchen müssen, können nur in die direkte Fallarbeit und in die sozialräumliche Vernetzung an ihren jeweiligen Standorten (die aber dann meist nicht die Sozialräume der Adressaten sind) investieren. In der Klärung des Für und Wider darf natürlich auch der betriebswirtschaftliche der Charme von Sozialraumbudgets nicht vergessen werden. Für Leistungsanbieter wird es auch betriebswirtschaftlich rational, präventiv, effizient und nachhaltig zu arbeiten. Denn wenn die Lösung nicht hält, so sind – wie im DRG-System – die Folgekosten eben auch wieder aus dem Budget zu finanzieren. Aus fachlicher Perspektive spricht alles dafür, Sozialraumbudgets und raumbezogene Trägervereinbarungen zumindest einmal in ihren Wirkungen in abgegrenzten Projekten wissenschaftlich zu erforschen. Darauf verweisen in jüngster Zeit auch Stimmen im Lager der Rechtsexperten (vgl. Nellissen 2006).

Tabellarisch aufbereitet lassen sich die Argumente des Für und Wider zum Thema „Sozialraumbudget“ (SRB) wie folgt zusammenfassen[2]:

2 Baltz 2002, Krölls 2002, Luthe 2001, Wiesner 2002, Hamburgisches OVG 2004, VG Berlin 2004, Münder 2001, Hinte 2002, KGSt 12/1998, Stähr 2004, Stähr 2006, Pfeifle 2000, Früchtel 2001, Stiefel 2002, Herweg 2001, Schäfer 2002 und 2003, Stephan 2002, Fricke 2003, Kunze-Walther 2002, Senatsverwaltung für Bildung, Jugend und Sport 2004, Hinte/Litges/Groppe 2003.

Streitpunkt	Argumentation der Befürworter	Argumentation der Kritiker
Wunsch- und Wahlrecht	SRO zielt auf maßgeschneiderte Lösungsarrangements. Dazu wird der Wille der Betroffenen in der Lösungsplanung wie in keinem anderen Modell von Hilfeplanung zentral gestellt. Das schließt die Wahl von Trägern ein.	Arbeitet der öffentliche Träger nur mit einem Schwerpunktträger, so wird das Wunsch- und Wahlrecht der Adressaten verletzt.
Wettbewerb	Präventives, Ressourcen mobilisierendes und nachhaltiges Arbeiten von Trägern braucht eine verlässliche Kooperation mit dem Jugendamt als Grundlage, die erst möglich macht, dass Träger in Stadtteile und nicht nur in Fälle „investieren".	Arbeitet ein Jugendamt mit nur einem Träger zusammen, dann sind die Marktchancen anderer Träger eingeschränkt.
Qualität	Qualität entsteht durch eine Kombination aus fachlichen Maximen, effektiven Verfahren und Wettbewerb.	Qualität entsteht durch marktwirtschaftlichen Wettbewerb.
Trägerpluralität	Die Kooperation mit einer immensen Vielzahl von Trägern führt zu einer völligen Konzentration auf den Symptomträger, macht eine direkte Beeinflussung des Angebots unmöglich und führt letztlich zu standardisierten Hilfen.	Mehr Träger heißt mehr Wahlmöglichkeit und ist eine Voraussetzung für den Wettbewerb.
Kostenersparnis	Fakt ist, dass in den Kommunen gespart werden muss. Das SRB spart intelligent, ohne die Qualität der Sozialen Arbeit zu verringern. Zudem belohnen Sozialraumbudgets präventive und wirksame Hilfen und ermöglichen im Rahmen der fallunspezifischen Arbeit die Entwicklung von sozialen Strukturen in Stadtteilen.	Hinter der Idee „Sozialraumbudget" verstecken sich die Kostendeckelunksinteressen der Finanzpolitiker in Städten und Landkreisen.

5.6.2 Verbindung von Fach- und Finanzverantwortung

Controlling

Kostenbewusstsein lässt sich wirksam steigern, wenn die Ebenen, die Ausgaben durch Bedarfsfeststellungen erzeugen, einen detaillierten Ein- und Überblick zu den resultierenden Budgetveränderungen haben. Zeitnah und vor allem nach Kennziffern aufbereitet, können diese Informationen fachliche Entscheidungshilfen sein. Das ist Aufgabe eines funktionierenden *Finanzcontrollings*: Wann, wo, durch wen, aufgrund welcher fachlichen Zuordnung entstehen Kosten für wie lange und was wären Alternativen? Selbstredend dürfen Finanzcontroller keine betriebswirtschaftlichen „Fachidioten“ sein, sondern gewissermaßen Grenzgänger zwischen der Welt der fachlichen Ziele und der technischen Welt der Indikatoren, die finanzielle Effekte fachlichen Handelns transparent, vergleichbar und vorhersehbar machen.

Diderot schrieb einmal, es genüge nicht, Gutes zu tun, man müsse es auch gut machen. Deswegen ist das sog. *Fachcontrolling* wichtig, also Leistungsnachweise auf der Basis von fachlichen Standards und Zielen. Die Wirkungen Sozialer Arbeit lassen sich nur mittelbar über Indikatoren erfassen. „Messen“ wäre ein zu weitgehender Begriff, da er suggeriert, die Messergebnisse würden direkte Aufschlüsse über die Qualität der Arbeit liefern. Das tun sie nie, sondern sind bestenfalls Anzeiger, Vergrößerungsgläser oder Provokationen, die Interpretationen und Kontroversen auslösen, beim Bodenpersonal, bei den Abteilungs- und Amtsleitungen sowie in der §78 AG und zwischen diesen Ebenen. Die Qualität des Fachcontrollings ist an der Intensität und dem Konsequenzenreichtum dieser Diskurse ablesbar. Gelungenes Controlling wirkt wie eine gute Fortbildung. Deswegen sind die technischen Raffinessen besonders raffiniert, wenn sie möglichst wenig Fliegenbeinezählerei brauchen und möglichst viel inspirierende Auseinandersetzung bewerkstelligen. Ein Beispiel, wie sich der technische Aufwand auf ein Minimum begrenzen lässt, liegt im Rosenheimer Modell des Fallprototypings vor (Stadt Rosenheim 2004). Controlling baut auf vergleichbaren Komplexitätsreduzierungen auf, die sich wohl von innen nach außen entwerfen lassen, aber gleichermaßen der Plausibilisierung von außen nach innen bedürfen, um auch dort überzeugen zu können. Sozialraumorientierte Arbeit sieht als Außeninstanzen die Unternehmensführung, Verwaltungsspitzen, politische Gremien, aber in erster Linie auch die Betroffenen, weswegen deren Perspektiven überzeugend ins Fachcontrolling einzubauen sind.

Wesentliche Aufgabe des Fachcontrollings ist die Verhinderung von Creaming-the-poor-Effekten. Diese bewirken, dass gerade jene Betroffenen, die die meiste Arbeit machen, am unbequemsten und schwierigsten sind und die geringsten Erfolgsaussichten versprechen, tendenziell die niedrigsten Chancen auf Unterstützung haben, weil sie die Erfolgsbilanzen der Träger verschlechtern. Die fachlichen Standards von solchen Controllings müssen solche Selektionen und Ausgrenzungen verhindern, d. h. eine ethisch-fachliche Logik jeder betriebswirtschaftlichen voran stellen (vgl. Deppner/Trube 2001, S. 40f).

Die neue Steuerung

Die KGSt als zentrale Unterstützungsinstanz der Kommunalverwaltungen schlug in den 1990er Jahren die konsequente Übernahme eines betriebswirtschaftlichen Bezugsrahmens vor. Die Reformanleitungen des „Neuen Steuerungsmodells" zielen auf eine ergebnisorientierte Verwaltungssteuerung, die u. a. Umbauprozesse auf folgenden Ebenen notwendig macht (vgl. KGSt 1991):

1. Regionale Organisation unter Kommunalverwaltung sowie Dezentralisierung von Diensten in die Stadtteile,
2. Generalisierung durch breitere Zuständigkeiten, wodurch mehr Dienstleistungen aus einer Hand erstellt werden,
3. Dienstleistungsorientierung: weniger bürokratischer Verwaltungsvollzug und mehr Verhandlung mit den Bürgern (bzw. Kunden) auf Augenhöhe, flexible Öffnungszeiten, ansprechende Portale,
4. Finanzsteuerung durch Kostenleistungsrechnung und Zusammenlegung von Fach- und Finanzverantwortung auf ausführenden Ebenen, Budgetierungsmodelle und mehr Wettbewerb,
5. Outputorientierung: Gesteigerte Effizienz und Spareffekte durch produkt- und wirkungsorientierte Steuerung.

Teilweise sind die Innovationen wieder rückgängig gemacht worden, denn nicht alles, was in Produktion und Wirtschaft funktioniert, ist in der Sozialen Arbeit zielführend, so z. B. die strenge Produktorientierung, die auf der Außenseite vielleicht ganz übersichtlich wirken mag, aber mehr Verkrustung und Parzellierung von Adressatenproblemen schafft, als jemals durch wirtschaftliche Effekte ausgeglichen werden könnte. Andere Innovationskonzepte des Neuen Steuerungsmodells waren durchaus für die Sozialraumorientierung prägend. So finden sich auf der Ebene „Organisation" Umsetzungen und Konkretisierungen des Ansatzes der Neuen Steuerung. Dadurch wurde eine flächendeckende, längst überfällige systematische Bearbeitung der Dimension „Wirtschaftlichkeit" in der Sozialen Arbeit begonnen. Auch hier gilt: Nicht alles, was betriebswirtschaftlich sinnvoll und machbar ist, macht in der Sozialen Arbeit Sinn. Soziale Dienstleistung sind ja geradezu dazu erfunden worden, die nicht gewollten Nebenwirkungen und Unzulänglichkeiten des marktwirtschaftlichen Systems so gut es eben geht auszugleichen. Dass das nicht nur mit der schnittigen Übertragung betriebswirtschaftlicher Instrumente gehen kann, ist quasi per Definition schon klar. Andererseits ist es durchaus qualitätsfördernd wenn Soziale Arbeit die Steuerungsfunktion, die das Medium Geld nun einmal hat, gezielt einsetzt, um ihre fachlichen Ziele zu erreichen. Letzteres ist ein Markenzeichen der Sozialraumorientierung, die wahrscheinlich deswegen auch in vielen Kommunen aufgegriffen wird, weil sie kein klassischer Ansatz der Sozialen Arbeit ist, sondern auf der Ebene „Organisation" die Schnittstellen „Sozialadministration-Sozialarbeit" und „Sozialbudget-Sozialarbeit" bearbeitet.

Wirtschaftlichkeit und sparsamer Umgang mit offensichtlich begrenzter werdenden finanziellen Ressourcen, wird als Strategie eingesetzt, um unumgängliche Konsolidierungen ohne Qualitätsverluste bewerkstelligen zu können. Das hat nichts mit neoliberaler Gesinnung oder vorauseilendem Spargehorsam zu tun, sondern macht Sinn vor dem Hintergrund der gesamtgesellschaftlichen Wirtschaftssituation. Kombiniert werden Strategien des Einstehens für faire Umverteilungsregelungen mit qualitativ hochwertigen Dienstleistungen, insbesondere für ärmere Gruppen. Die These lautet, dass Kostenbewusstsein und Qualität in einem positiven Zusammenhang stehen, weil genauer hingeschaut wird, was für welches Geld getan wird und weil bisweilen Alternativen in den Blick kommen, die gerade deswegen nachhaltiger sind, weil sie nicht nur mit Geld zu bezahlen sind. „Angesichts steigender Nachfrage nach Hilfe und sinkender Ressourcen der kommunalen Haushalte sahen sich die Standorte mehr und mehr der Aufgabe gegenüber, Hilfen flexibler und bedarfsgerechter und damit letztlich auch effektiver zu gestalten" (Peters/Koch 2004, S. 46).

Der betriebswirtschaftliche Einblick, den das „Bodenpersonal" durch das Finanzcontrolling erhält, macht natürlich nur Sinn, wenn die Fachkräfte über Spielräume verfügen. Die Zusammenlegung von Fach- und Finanzverantwortung und eine Flexibilität zulassende Organisationskultur sind Voraussetzung dafür, dass Kostenbewusstsein zu Effizienz werden kann. Wirtschaftlichkeit ist auf fachliche Freiheitsgrade angewiesen. Nichts verhindert Effizienz mehr, als vorgegebene Interventionsschablonen, die durch entsprechende Diagnosen quasi automatisiert ausgelöst werden. Was stattdessen das Handeln der Fachkräfte steuert sind fachliche Standards, welche die sozialräumliche Arbeitsphilosophie operationalisieren. Also nicht „Wenn-dann-Steuerung": Wenn Eltern Schwierigkeiten in Erziehungsfragen benennen, vereinbaren wir x Beratungstermine in der Erziehungsberatungsstelle, sondern „Um-zu-Steuerung": Was müssen wir im Fall X tun, um die Kompetenz der Eltern zu nutzen? „Stärken statt Defizite als Ansatzpunkt der Lösung" zu nutzen ist der dahinter stehende fachliche Standard.

In der folgenden Übersicht finden Sie Anhaltspunkte, wo Sie im Fieldbook die entsprechenden Methoden und Techniken zum Kapitel Organisation finden:

Textbook	Fieldbook
Leistung einer Organisation	Inklusionsmanagement am Beispiel des Index for Inclusion
Struktur einer Organisation	Portaltechniken Innovationstechniken
Steuerung einer Organisation	Beschwerdemanagement: Kritik als Produktivkraft
Finanzierung einer Organisation	Wie berechnet man ein Sozialraumbudget? Controlling

6 Handlungsfeld „Sozialstruktur"

Das „Dixi-Klo"

Die sog. „Eisenbahner-Siedlung" mit ihren einheitlichen dreistöckigen Häuserzeilen, die schon einmal bessere Zeiten gesehen hatte, hat sich sehr verändert. Im Stadtviertel „Ostbahnhof" einer deutschen Großstadt gelegen, läuft dort seit einem Jahr das Bund-Länder-Programm „Soziale Stadt". Im Rahmen des Programms gab es bisher eine Vielzahl an Maßnahmen. Eine gründliche Sanierung der Bäder, des Heizungssystems und der Fenster in den am schlechtesten ausgestatteten Wohnblocks der städtischen Wohnungsbaugesellschaft, hat die Mietnebenkosten der Bewohner senken können. Begrünungsaktionen des Häuserumfeldes sowie die Öffnung des Schulhofes als Spielplatz am Nachmittag und am Wochenende haben die Attraktivität der Siedlung nicht nur optisch verbessert. Für Jugendliche ohne Ausbildungsplatz wurde ein Beschäftigungsprojekt initiiert, und zur Verbesserung der gesundheitlichen Versorgung älterer und kranker Bewohner wurde eine kleine Sozialstation in der Siedlung eingerichtet. Außerdem riefen Studierende einer Fachhochschule erfolgreich eine Tauschbörse ins Leben, und Nachbarschaften entdeckten über Spielplatzpatenschaften gemeinsame Aufgaben. Nach und nach haben sich verschiedene Bewohnergruppen in den Prozess der Aufwertung ihres Stadtteils aktiv eingeschaltet; Mieterbeiräte, Elterngruppen, der Stadtteilverein und viele Einrichtungen, Initiativen und Vereine arbeiten regelmäßig im Stadtteilforum mit. Dort werden die aktuellen Themen des Stadtteils diskutiert, Projekte geplant, sowie kleinere und größere Aktionen organisiert. Diese Arbeit des Stadtteilforums wird vom Quartiersmanager Stefan F. aufmerksam und umsichtig unterstützt.

Nun steht wieder einmal eine kleinere „Umbaumaßnahme" im Stadtteil an. Der bisherige „Anna-Park", eigentlich nur ein größerer Grünstreifen an einer lebhaften Straßenkreuzung, soll umgestaltet werden. Die Anwohner haben mit dem Gartenbauamt über die künftige Nutzung diskutiert und schon mehrmals sind die Pläne zwischen dem Amt und dem Stadtteilforum hin und her gewandert und überarbeitet worden. Die neueste Lösung sieht eine abwechslungsreiche Bepflanzung, einen integrierten Spielplatz und Sitzecken um einen kleinen Brunnen herum vor. Dieser Plan wird im Stadtteilforum besprochen und ist fast schon „abgesegnet", als sich Frau S. zu Wort meldet, eine Seniorin, die in der Tauschbörse aktiv mitmacht und bei Stadtteilfesten immer einen Kuchenstand „schmeißt". Sie stimmt zu, dass jetzt Kinder, Mütter und Ältere einen schönen Erholungsplatz gewinnen, fragt aber, wo denn in diesem Plan die „Männer" blieben, die sich bisher am späten Vormittag ziemlich regelmäßig im Anna-Park treffen.

„Die Männer" ist die übliche Umschreibung für die kleine Gruppe von sechs bis acht Männern unterschiedlichen Alters, die offensichtlich keine feste Wohnung im Stadtteil haben, sich aber bei einigermaßen gutem Wetter immer wieder für ein paar Stunden bei zwei alten Bänken im Anna-Park aufhalten. Sie tun dort nichts anderes als sitzen, stehen, reden, ihre Bierflaschen leeren. Sie sind selten laut, und einer von ihnen schiebt immer einen verbogenen Einkaufswagen von Aldi mit sich herum. Dieses „Cabrio" ist in der Männerrunde oft der Anlass für Lachen und Spott. Die Frage von Frau S. sorgt im Stadtteilforum für ziemliche Unruhe. Einige Teilnehmer meinen, dass dieser Einwand jetzt zu spät komme, die Pläne seien endlich „unter Dach und Fach". Andere argumentieren, dass „die Männer" ja gar keine Stadtteilbewohner seien und deshalb kein Mitspracherecht hätten. Eine Mutter erinnert daran, dass immer wieder mal Scherben von Bierflaschen herumlägen und für die Kinder und die Hunde im Anna-Park eine Gefahr darstellten. Außerdem solle der neue Anna-Park ja auch ein schönes Aushängeschild für den Stadtteil werden, weil er genau auf dem Weg von der U-Bahnstation zum beliebtesten Hallenbad der Stadt liegt. Der Vertreter des lokalen Gewerbes unterstreicht noch einmal, welche Hoffnungen die Ladenbesitzer in der Hauptstraße, die an den Anna-Park angrenzt, mit der Aufwertung des neuen grünen, attraktiven „Eingangstors" für ihre Geschäfte hegen. Es stellt sich heraus, dass viele Bewohner heimlich gehofft hatten, dass es nach der Umgestaltung der Grünanlage den wohnungslosen Männern vielleicht „zu gepflegt und ungemütlich" werden würde und sie in ein anderes Quartier weiterziehen würden. Dann hätte man einen Ort im Viertel weniger, wo es Ärger bis hin zu Polizeikontrollen geben könnte und der wieder schnell schmuddelig wirken würde.

Aber Frau S. findet auch Unterstützung und zwar von zwei weiteren älteren Frauen. Die drei setzen durch, dass man nicht einfach an „den Männern" vorbei entscheiden sollte. Es sei doch das Wenigste, die Gruppe zu befragen, was sie von den neuen Plänen halte. Herr Meissen vom Bürgerverein fragt noch einmal ironisch, ob sich einer im Raum vorstellen könnte, dass „die Penner“ hier bei ihnen im Stadtteilforum brav antreten, sich auf die Stühle setzen und nach der Rednerliste zu Wort melden würden. Dafür müsse man als „Leimrute“ eine Batterie Bierflaschen vom Anna-Park hierher auslegen oder gleich einen Besuch in der Ausnüchterungszelle unternehmen. Der Quartiersmanager schlägt ein Gespräch mit den „Männern“ direkt an ihren Parkbänken vor. Er verabredet sich mit zwei der engagierten Frauen für solch einen Besuch am übernächsten Vormittag und verspricht, alle Pläne und Unterlagen mitzubringen. Frau S. will eine Kanne Kaffee und ein paar Kuchenstücke beisteuern, die man aus der Hand essen kann, damit „das Ganze ein bisschen gemütlich wird“

Tatsächlich lassen sich die sechs Männer im Anna-Park nach einigen verlegenen Anfangsminuten auf ein Gespräch ein. Sie gehen auf das Angebot ein, davon zu erzählen, was ihnen der regelmäßige Treffpunkt hier bedeutet. Sie gehen mit den Abgesandten des Stadtteils und den Skizzen des Gartenbauamtes die geplanten Veränderungen vor Ort ab und spielen gemeinsam durch, was die Umgestaltung für sie an Chancen und Schwierigkeiten mit sich brächte. Sie loben übrigens sehr höflich den von Frau S. selbst gebackenen Kuchen.

Dieses Gespräch führt nicht nur zu weiteren Aktivitäten im Stadtteilforum. Es ist auch eine Erfahrung in der Siedlung, die sich herumspricht. „Die Penner“ haben ein paar ganz gute Ideen beigetragen. Im Stadtteilforum folgt nun eine längere Auseinandersetzung mit dem Gartenbauamt, denn die Mitarbeiter dort waren froh, alles unterschriftsreif zu haben, und verspüren wenig Lust, ihre Planungen noch einmal „aufzumachen“. Aber die Bürger setzen sich durch. Am Ende steht eine von (fast) allen zufrieden akzeptierte Umgestaltung: An der den Verkehrsstraßen abgewandten Seite des Parks sind jetzt neben dem offenen Gartenraum auch zwei kleinere, mit Hecken abgeteilte Räume entstanden, die nicht mit modernen Sitzschalen, sondern traditionellen Bänken ausgestattet sind, auf denen es sich etwas besser liegt. Und (ziemlich) unauffällig neben altem Heckenbestand ist eine mobile öffentliche Toilette aufgebaut worden – trotz anfänglichem erbitterten Widerstand des Gartenbauamtes und einiger Bewohner der nächst gelegenen Wohnstraße. Den „Männern“, die sich nach wie vor nahezu täglich hier ein paar Stunden aufhalten, passt die Innovation sehr, erstens wegen des Alltagsnutzens und zweitens: Es war ihre Idee.

Was ist Sozialraumorientierung im Handlungsfeld „Sozialstruktur"?
„Die ‚Versöhnung' von Individuum und Gesellschaft ist *die* revolutionäre Idee der Sozialpädagogik." (Hamburger 1997, S. 250) Der intermediäre Auftrag der Sozialen Arbeit bedeutet Arbeit von beiden Seiten her. Auf der Seite der *Individuen und Netzwerke* geht es um die Entwicklung einer sozial verantwortlichen Autonomie durch ent-pathologisierende Perspektiven, durch Sozialkapitalbildung und eine ausgeprägte Stärken- und Ressourcenperspektive im Einzelfall. Sozialraumorientierung aktiviert und nutzt vorhandene Ressourcen bei Einzelnen und im Stadtteil. Dieses empowernde Handlungsprinzip würde sich allerdings ins Gegenteil verkehren, beließe man es dabei, und die Arbeit in den Handlungsfeldern „Organisation" und „Sozialstruktur" ist geradezu die Voraussetzung dafür, dass Aktivierung und Ressourceorientierung möglich und sinnvoll werden.

Von der *gesellschaftlichen* Seite her bedeutet der intermediäre Auftrag Sozialer Arbeit eine aktive Mitwirkung im politischen und strategischen Bereich der Kommune. Im Handlungsfeld „Sozialstruktur" ist sozialräumliche Sozialarbeit soziale Kommunalpolitik (vgl. Olk/Otto 1981) und spezialisiert sich auf die Stärkung „schwacher" Interessen. Mängellagen, Schwierigkeiten oder Auffälligkeiten, die Sozialarbeiter in ihrem beruflichen Alltag zu bearbeiten haben, werden auf der Ebene Sozialstruktur analysiert als das Ergebnis einer Kette von institutionalisierten und verrechtlichten Präferenzen, die Lebenschancen strukturell beeinflussen. Bezugspunkt der sozialarbeiterischen Intervention sind das Politik-, Erwerbs-, Bildungs-, Sozial- und Gesundheitssystem plus deren spezifischen Institutionen wie Stadtrat, Stadtverwaltung, Unternehmen und Schulen in ihrer Wirkung und Verantwortung für die Lebenslage (meist benachteiligter) Bürger.

Ausgangspunkte dieser Policy-Arbeit sind ungleiche Verfügungschancen über Raum und ungleiche politische Einflussnahmemöglichkeiten bestimmter Bevölkerungsgruppen oder bestimmter Stadtgebiete. Es geht darum, diese strukturelle Ungleichverteilung sichtbar zu machen, zu thematisieren und die relevanten Institutionen bei ihrem Abbau in die Pflicht zu nehmen. Dabei ist der spezifisch sozialarbeiterische Weg, dass die Fachkräfte nicht *für*, sondern *mit* den betroffenen Bürgern agieren. Sozialarbeiter initiieren im Handlungsfeld „Sozialstruktur" bisweilen konflikthafte Aufklärungs- oder Bemächtigungsprozesse, welche die Einflusschancen benachteiligter Bürgergruppen steigern. Sie tun das durch soziale Aktionen, durch das Schaffen von Öffentlichkeiten, durch Einmischung in andere Verwaltungsressorts und durch eine raumbezogene, zielgruppen- und bereichsübergreifende Organisation der Sozialen Arbeit.

Das Ziel ist die Erweiterung der Ressourcenkontrolle von Bürgergruppen und Stadtteilen, die im Vergleich zu anderen Bürgergruppen und Stadtteilen weniger vom gesamten „kommunalen Kuchen“ abbekommen, obgleich sie mitunter hohe Herausforderungen zu bewältigen haben. Sozialarbeiter sind in diesem Handlungsfeld „Strukturarbeiter“, also Experten für politische Beeinflussung, soziale Aktion und Organisatoren sowie Moderatoren von Aushandlungsprozessen.

Strukturarbeit verwirklicht sich in drei Arbeitsformen:

1. Die *empirsch-normative Arbeit an der Wissensbasis* der Gesellschaft: Probleme von Personen(gruppen) werden zu gesellschaftlichen Themen gemacht, weil sie nicht individuell verursacht und lösbar sind: Es werden im öffentlichen und politischen Raum – kommunal und stadtteilbezogen – Diskurse über soziale Gerechtigkeit geführt, Beobachtungs- und Beschreibungskategorien für Stadtteile, Gruppen und Einzelne werden entwickelt, die stärkende anstatt stigmatisierende Effekte haben.
2. Die *einmischende Arbeit am professionellen System*: Die Ursachen für soziale Probleme sind normalerweise multikausal. *Einmischung als Strategie* nimmt soziale Systeme und ihre Organisationen im Verwaltungs-, Wirtschafts-, Bildungs- und Gesundheitsbereich in die Pflicht, mit ihren Mitteln zur Problemlösung beizutragen. Hier überschreitet Soziale Arbeit bewusst Ressortgrenzen und geht über die klassischen Handlungsfelder hinaus. Sie nutzt aber auch ihre Handlungsspielräume in den sozialen Feldern, indem sie die Umsetzung von Aufträgen, Gesetzen und Richtlinien im Sinne sozialräumlicher Maximen beeinflusst (*Einmischung als Vollzug).*
3. Die *aktivierende Arbeit im Stadtteil* mit Bürgern zur Stärkung ihrer Themen und zur Stärkung ihrer Strategien, auf Planung und Ressourcenverteilung Einfluss zu nehmen: Die *lokale Ökonomieförderung* gilt dabei als ökonomische Selbstorganisation zur Akkumulation von Kapital und Arbeit im Stadtteil.

Historischer Exkurs zu den Wurzeln

Obgleich sie im Schwarz-Weiß-Druck etwas schwer entzifferbar sind, zeigen die *Hull House Maps* wie um die Jahrhundertwende sozialräumlich gedacht wurde (Residents of Hull House 1895/1970). Die Auflösung geht weit über das hinaus, was heutige Sozialraumanalysen schaffen, weil es eben keine wissenschaftliche Analyse, sondern Handwerkszeug von Sozialarbeiterinnen war. Mit diesen regelmäßig publizierten „Forschungen“ über die Lebensbedingungen im Quartier wurden Stadtverwaltung und Kommunalpolitik in Chicago gezielt in Tätigkeit versetzt, denn zur damaligen Zeit (1895) wäre niemand in Politik

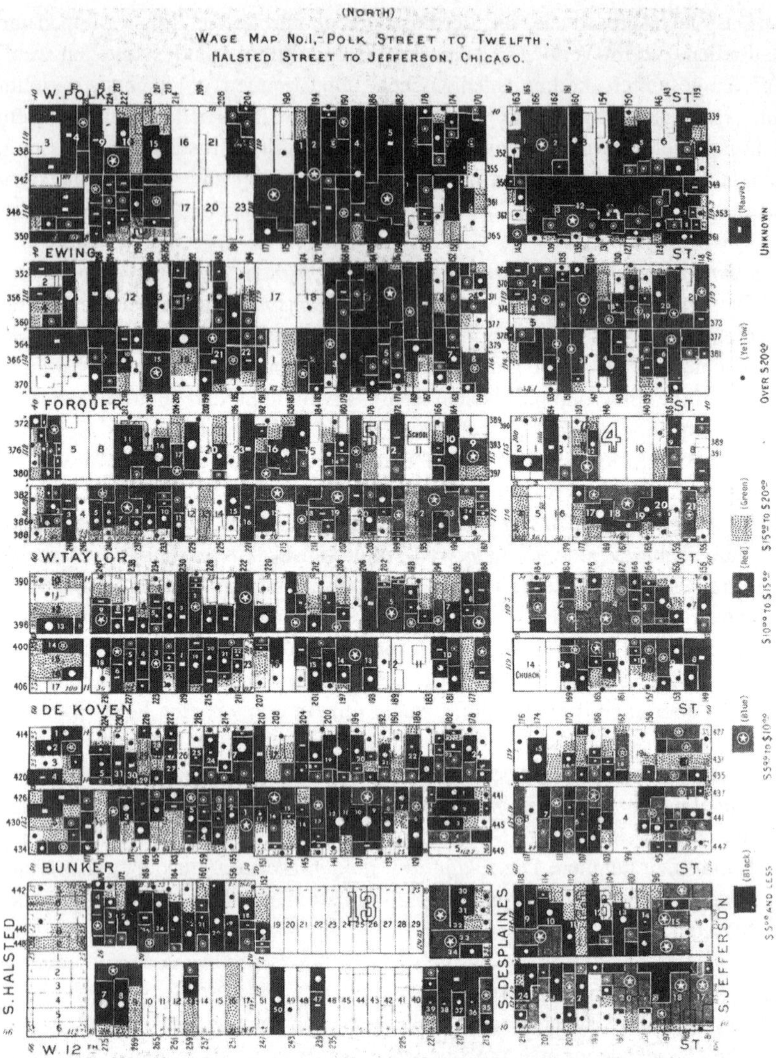

Hull House Map: Haushaltseinkommen der Bewohner Polkstreet – Halstedstreet

oder Verwaltung auf die Idee gekommen, die verdreckten Straßen, erbärmlichen Schulen in den städtischen Zusammenballungen von armen Bürgern als politisches Problem zu definieren. Die Chicagoer Pionierrinnen der amerikanischen Settlementbewegung um Jane Addams stürzten sich nämlich nicht wie etwa die Kolleginnen aus Baltimore auf Fälle – „Halten Sie sich am Einzelfall fest, denn wenn Sie den Einzelfall richtig bearbeiten, dann haben Sie in ihm die ganze Sozialreform" (Richmond 1930, S. 21) –, sondern auf Verursachung und Veränderung von Lebensbedingungen im Stadtteil, deren katalysierende Wirkung für individuelle Entwicklungsmöglichkeiten man erkannt hatte. Die Settlement-Mitarbeiter verstanden ihr Wirken insbesondere als Parteinahme für die Arbeiterbewegung und für die Gewerkschaften. Es wurden politische Versammlungen abgehalten; das Hull Haus diente als zentraler Treffpunkt für Streikende. Der *Eight-Hours-Club* kämpfte für die Einführung des Acht-Stunden-Tages, im *Working-Peoples-Science-Club* wurden Vorträge zu Themen aus der Arbeitswelt organisiert; und vom *Jane-Club,* einer großen selbstverwalteten Wohngemeinschaft mit ungefähr 50 jungen Arbeiterinnen, gingen wichtige Impulse für die lokale Arbeiterbewegung aus. Hull-House unterhielt eine eigene Arbeitsvermittlung, das *Hull-House Labor Bureau,* einen Essensdienst für Fabrikarbeiter und einen freien Kindergarten mit Ganztagesbetreuung (vgl. Addams 1910/1990).

Neuere Ansätze der Sozialen Arbeit im Handlungsfeld „Sozialstruktur" sind „Radical Social Work" (Bailey/Brake 1980, Langan/Lee 1989), feministische Sozialarbeit, Community Organizing, Gemeinwesenarbeit, Selbsthilfebewegung und Empowermentansatz. Im Unterschied zu diesen sozialstrukturell spezialisierten Ansätzen ist Sozialraumorientierung nicht auf Strukturarbeit begrenzt, sondern verbindet sie mit den Handlungsfeldern „Einzelfallarbeit", Ressourcenmobilisierung und Organisationsentwicklung. Die neueren Konzeptionen des ASD als Dienst mit Stadtteilverantwortung und des Quartiermanagements als grundsätzlich raum- und nicht fallbezogene Arbeitsform, weisen in diese Richtung.

Schlüsselfragen für die Wahrnehmung von strukturellen Ungleichheiten

Raum wird sozial gemacht. Das ist ein Prozess, bei dem Menschen kognitiv mit Orten verknüpft und daraufhin als zu bestimmten Orten passend oder gehörend wahrgenommen werden: Man fühlt sich in einem Lokal nicht wohl, wenn es zu vornehm oder zu einfach ist (Syntheseleistung). Menschen schaffen aber auch Raum, indem sie ihn besetzen: Reservierung eines Liegestuhls durchs eigene Handtuch, Nutzen einer Kirchentreppe zum Skateboarden, „Inbesitznahme" eines Jugendhauses durch eine bestimmte Gruppe (Spacing). In beiden Prozessen sind soziale Ungleichheitsdimensionen „eingebaut", die Sozialarbeiterinnen im Handlungsfeld „Sozialstruktur" etwa mit den folgenden Fragen wahrnehmbar und bearbeitbar machen:

1. Sind die Adressaten aufgrund von *Armutsaspekten* in ihren Möglichkeiten der Raumkonstitution eingeschränkt?
   - Ist die Mobilität eingeschränkt und deshalb die Möglichkeit geringer, zu attraktiven Orten zu kommen und die Verwiesenheit auf die unmittelbare Umgebung größer?
   - Haben die Adressaten schlechtere Zugangschancen zu Systemen wie Schule, Arbeitsmarkt, Konsumgütermarkt, Politik, Gesundheitssystem?
   - Sind Adressaten aufgrund ihrer schlechten Wohlstandsposition stärker auf den öffentlichen Raum verwiesen mit dem Risiko größerer Beobachtung, sozialer Kontrolle, Verdrängung und von Konflikten um die Verteilung des öffentlichen Raums?

   Beispiele:
   - *Ärmere Bevölkerungsgruppen haben nicht die finanziellen Möglichkeiten, die preiswerteren großen Supermärkte in den Industrievierteln oder am Rande der Städte zu erreichen.*
   - *Jugendliche ohne Einkommen können sich nicht in Cafés treffen, sondern halten sich am Abend oder am Wochenende in der nächsten Grünanlage, beim Spielplatz auf, wo ihr Trinken, Musikmachen und Lachen schnell den Ärger der Umwelt auslösen können.*

2. Bleiben Adressaten attraktive Räume aufgrund geringeren Wissens oder fehlender Zeugnisse versperrt?

   Beispiele:
   - *Viele Migrantenkinder haben nur oberflächliches Wissen im Gebrauch von Handys und PCs, weil sie oft keine vermittelnden Kenntnisse von Eltern zur Verfügung haben. Deshalb ist es für viele schwieriger, die virtuellen Räume des Internets effektiv zu nutzen.*
   - *Für Hauptschülerinnen und Hauptschüler sind viele sozial hoch bewertete kulturelle Räume versperrt, die Bühnen von Theater, klassischer Musik, Tanz usw. Auch bildende Kunst und Museen sind „Mittelschichtsorte und -räume“.*

3. Sind die Chancen Raum zu konstituieren beeinträchtigt aufgrund einer niedrigen sozialen Position oder einer spezifischen (Nicht)Zugehörigkeit?
   - Werden Adressaten aufgrund von Stigmatisierungen von Raumnutzungen ausgeschlossen?
   - Schließen sich die Adressaten aufgrund von Selbstzuschreibungen von sozialen Räumen aus?

- Werten Adressaten ihre eigenen Räume (z. B. Stadtteile, Straßen, Wohnungen, Schulen, Kneipen, sonstigen Aufenthaltsorte) ab, weil sie negative Zuschreibungen übernehmen?
- Gibt es Abgrenzungs- oder Verdrängungskonflikte zwischen Mehrheit und Minderheit?
- Wie helfen soziale Milieus, Biografien zeitweilig zu verankern und Zugehörigkeit herzustellen?

Beispiele:

- *Jugendcliquen aus „sozial abgehängten“ Trabantenvierteln bleiben meistens unter sich und in ihrem Stadtteil. In den Welten der Muliplex-Kinos und Kneipen der „City“ fühlen sie sich nicht wohl, weil sie die dort üblichen Verhaltensmuster nicht kennen. Sie leben ohne die jugendtypischen Freizeitmöglichkeiten der Innenstadt.*
- *„Außenseiter“ wie Wohnungslose, Arme, Drogenkonsumenten, Illegale usw. werden aus den Geschäftsbezirken und Bahnhöfen systematisch verdrängt, durch die Anwendung spezieller gesetzlicher Rahmen, durch die Installation von Video-Kameras, durch ästhetisch-architektonische Aufwertung des Raums oder durch Beschallung mit (abschreckend gedachter) klassischer Musik.*
- *Drogenszenen werden immer mobiler, die Anbahnungen von Deals werden kurzfristig über Handykontakte gesteuert, damit man der Kontrolle der Polizei entkommt.*
- *Gruppen von behinderten Kindern oder Erwachsenen sind in der Ferienanlage oder im Hotel unerwünscht.*
- *Einzelne Quartiere werden von den Kommunalpolitikern „stiefmütterlich“ behandelt, weil die dort lebende Bevölkerung einen schlechten Ruf hat und kein einziger Stadtrat aus dieser Gegend kommt.*
- *Der Bau von Moscheen wird abgelehnt, weil man keine „Überfremdung“ in seinem Wohnviertel erleben möchte.*

6.1 Wissensproduktion

6.1.1 Gerechtigkeit definieren

Soziale Arbeit muss auf neue gesellschaftliche Entwicklungen reagieren: Die sozialen Gegensätze verschärfen sich aktuell, allein die unterschiedlichen Arbeitsmarkt- und Beschäftigungschancen verstärken das Risiko des sozialen Abstiegs bei einer wachsenden Zahl von Bürgern, während die Einkommenschancen bei anderen stetig wachsen. Gleichzeitig zieht sich der Staat aus vielen Bereichen zurück und kürzt angesichts leerer Kassen Leistungen. Soziale

Arbeit ist ein wesentlicher Akteur in allen Prozessen, wo soziale Gerechtigkeit ausgelegt, ausgehandelt und verwirklicht oder wegdefiniert und übersehen wird. Auf der einen Seite ist sie sozial-staatlicher Agent, auf der anderen Seite Verstärker, Sprachrohr, Anwalt und Unterstützer lebensweltlicher Interessen ihrer Adressaten. Ihre Aufgabe der Sicherstellung von sozialstaatlichen Leistungen für die Bürger braucht Effizienz von Arbeitsvollzügen, aber auch das Er-Finden neuer Ressourcenquellen und die Einmischung in gesellschaftliche Diskurse über soziale Gerechtigkeit auf der strategischen und der Ausführungsebene.

Im Rahmen der Sozialraumorientierung stellen sich mehrere spezifische Fragen:

- Was sind gerechte Lebensverhältnisse, und wie stellen sich die Adressaten Sozialer Arbeit diese vor?
- Welche Voraussetzungen müssen gegeben sein bzw. geschaffen werden, damit Gerechtigkeitskonzepte der Adressaten gelebt werden können?
- Welche spezifische Sozialarbeitspolitik und welche Mitwirkung der Sozialarbeit in Kommunal- und Sozialpolitik wird dafür notwendig und wie lässt sie sich praktisch machen?

Bei der ersten Frage unterscheidet sich die Position der Sozialen Arbeit von der klassischen moralphilosophischen: die Prinzipien sozialer Gerechtigkeit werden nicht von den Experten „erfunden", sondern die im Sozialen Raum „vorgefundenen" lebensweltlichen Prinzipien und Praktiken sind die Ausgangsbasis. „Gerechtigkeit und Gleichheit können möglicherweise als philosophische Artefakte entwickelt werden, für eine gerechte oder eine egalitäre Gesellschaft gilt dies jedoch unserer Ansicht nach nicht. Wenn eine solche Gesellschaft – wenn auch verborgen und versteckt in unseren Konzepten und Kategorien – nicht bereits existierte, dann könnten wir sie auch in Zukunft niemals konkret ausformen und verwirklichen." (Walzer 1998, S. 20) Der reale Moraldiskurs, zum Beispiel in einem sog. „Stadtteil mit besonderem Entwicklungsbedarf", kann sich nur an den lebensweltlichen Erfahrungen der Bewohner orientieren. Die verschiedenen Bürgergruppen würden sich mit der Frage nach der abstrakt richtigen Moral nicht zufrieden geben können; sie würden die Frage operationalisieren und konkrete Verteilungsprobleme – etwa Beschäftigungsmöglichkeiten für alle Alters- und Herkunftsgruppen oder Quotenregelungen bei der Vergabe von städtischen Wohnungen – klären wollen.

Die Debatte verschiebt sich von universellen, an jedem Ort Geltung beanspruchenden Maßstäben hin zu dem, was vor Ort für die dort lebenden Menschen richtig ist (vgl. Helmbrecht 2003, S. 56). Es geht also darum, dass gelebte Praxis für sich selbst Perspektiven größerer Gerechtigkeit entwickelt. Für die Begründung von Gerechtigkeit und Gleichheit interessiert in der Sozialraumorientierung kein universeller, singulärer Maßstab, mit dem eine gerechte Verteilung von relevanten sozialen Gütern gemessen werden kann, ebensowenig können Wert und Bedeutung der Güter selbst ohne Rekurs auf ihre historische und soziale Determiniertheit verstanden werden. Denn die Kriterien der Verteilung sind Produkte gesellschaftlicher Kooperation und intersubjektiver Bedeutungszuschreibung. So erfahren wichtige Güter wie Geld, Macht, Zeit, Anerkennung oder Liebe unterschiedliche Gewichtungen, je nachdem wer, wann, wo, mit wem die Gewichte „schmiedet". Diese Orientierungsmaxime vor Ort aufzuspüren und an den konkreten Fragen mit den Bürgern und mächtigen Ressourcenkontrolleuren zu diskutierten, ist Aufgabe sozialraumorientierter Arbeit.

„Gesellschaft wäre auch jetzt nicht lebbar, wenn nicht immer schon alltäglich in den Beziehungen der Menschen etwas von einer konkret gelebten Gerechtigkeit und Solidarität produziert würde (...) Allerdings behindern die Tendenzen der Verschlechterung der Lebensverhältnisse das, was an konkret gelebter Solidarität und Gerechtigkeit entsteht. Sie führen eher dazu, dass Praktiken gewaltförmiger Existenzsicherung an Boden gewinnen." (Peters 1997, S. 196 f.) Das bedeutet, dass alle gesellschaftlichen Bereiche, wie sie sich vor Ort als Dimensionen von Lebenslagen darstellen, daraufhin geprüft werden müssen, inwieweit sie Solidarität und mögliche Gerechtigkeit behindern. Wie sind die materiellen Bedingungen vor Ort beschaffen, um die Integrität und Selbstbestimmung der Menschen zu schützen, wie sehen die Eckwerte eines von den Gruppen akzeptierten sozial gerechteren Zusammenlebens aus?

Diese Fragen bedeuten eine Aufforderung zur Re-Politisierung des Gemeinwesens. „Daran knüpft sich eine Vorstellung von Politik, die sich aus den alltäglichen Lebensbedingungen der Menschen heraus entwickelt, die von Lebensorten ausgeht und hieran Veränderungen ansetzt." (Peters 1997, S. 200) Die Teilhabe an der jeweiligen politischen Gemeinschaft wird zum zentralen Gut – Aktivierung der Bevölkerung und wirkungsvolle, nicht nur formale Beteiligung an Entscheidungsprozessen sind die entsprechenden Prinzipien der Gemeinwesenarbeit. Dazu gehört die organisatorische und argumentative Unterstützung derjenigen Gruppen, deren Stimmen im politischen Vermittlungsprozess nicht wahrnehmbar sind.

6.1.2 Sozialarbeiterisches Wissensmanagement

Da die Fragen und Antworten zu sozialer Gerechtigkeit und Ungerechtigkeit in der sich schnell verändernden und unübersichtlich gewordenen Gesellschaft nicht mehr vorausgesetzt werden können, sondern immer mehr erst diskursiv erstellt werden müssen, sieht eine sozialräumlich orientierte Sozialarbeit ihre Aufgabe darin, in den Expertendiskursen, öffentlichen und politischen Diskursen die sog. „schwachen" Interessen zu stärken. „Schwache Interessen" sind solche, die sich in der Konkurrenz mit anderen Themen und Problemen im politischen wie im von Massenmedien beherrschten Raum der öffentlichen Meinung nicht durchsetzen können. Die betroffenen Gruppen tun sich entweder schwer, sich zu organisieren, die Themen sind schwer kommunzierbar oder werden als „zu speziell" oder „zu allgemein, das trifft ähnlich doch viele andere auch..." verdrängt. Schwierigkeiten von Familien, die Lebenslagen alleinerziehender Mütter, die Situation in einem mit wenig Infrastruktur ausgestatteten Stadtteil zu wohnen, mit einem sog. eingeschränkten körperlichen oder geistigen Leistungsvermögen keinen Arbeitsplatz im regulären Beschäftigungssystem zu finden oder ohne legalen Aufenthaltsstatus im Land zu leben – das sind Beispiele für schwache Interessen, die kaum als interventionsbedürftige Probleme durchdringen.

Sozialarbeiter können „schwache" Interessen argumentativ in „starke" verändern: Das Interesse von Bewohnern an günstigen, ohne eigenes Auto zu erreichenden Einkaufsmöglichkeiten kann in einem Stadtteilforum *als gemeinsames verdeutlicht* werden, wenn die räumliche Verlagerung eines Supermarktes mit dem geringeren durchschnittlichen Einkommensniveau der hiesigen Wohnbevölkerung und den höheren Umsatzerwartungen in einem anderen Stadtteil in Zusammenhang gebracht wird. Aus heterogenen Interessenlagen können *(kleinste) gemeinsame Nenner erarbeitet* werden bzw. unterschiedliche Einstellungen zu identischen Sozial- und Lebenslagen auf ihren gemeinsamen Gehalt hin untersucht und gedeutet werden. Wenn z. B. eine Gruppe von alleinerziehenden Müttern diese Lebenslage nur als vorübergehendes Zwischenspiel bis zur nächsten Partnerschaft bzw. Kleinfamilie sieht, eine andere aber als relativ endgültigen alternativen Lebensentwurf, können mit Hilfe professioneller Moderation die gemeinsamen aktuellen Herausforderungen dieser Lebenslage herausgefiltert werden. Mit professioneller Unterstützung können zudem die *Ressourcenausstattung der „schwachen" Interessengruppe durch Kompetenzen, Zeit, Sponsorship und Koalitionen erweitert* und ihre *Organisationsfähigkeit und Konfliktfähigkeit nachhaltig gestärkt* werden. Das mögliche Sanktionspotenzial der Interessengruppe und ihre Zugangschancen zu etablierten Policy- und Verhandlungszirkeln müssen systematisch geprüft und erweitert werden, ein Vertretungs- und Repräsentationsmonopol der Interessengruppe für dieses Thema ist zu sichern und über die *geeigneten Strategien der Konfliktführung* zu entscheiden: Sind direkte Mobilisierungen und öffentliche Protestaktionen die erste Wahl oder versprechen Lobbytechniken und Einbindung in einflussreiche Netzwerke mehr Erfolg? Schwache Interessengruppen bei diesen Prozessschritten professionell zu beraten und ihnen zu assistieren ist sozialraumorientierte Strukturarbeit. Wie dies in der Praxis z. B. konkret aussehen kann, wird im Abschnitt über Community Organizing beschrieben.

Soziale Arbeit kann neben dieser aktiven Beratung und Moderation von Interessengruppen im gesellschaftlichen Diskurs um Gerechtigkeit noch ein professionseigenes Gut einbringen, nämlich ihr spezifisches Wissen, das als exklusive und damit besonders wertvolle Information und Perspektive für das politische System genutzt werden kann. „Ansatzpunkt für strukturbezogene Interventionen (...) ergibt sich aus dem Sachverhalt, dass Sozialarbeit aufgrund ihres spezifischen Aufgabenbereiches einen privilegierten Zugang zu den konkreten Ausformungen sozialer Probleme und defizitärer Lebenslagen vor Ort hat. Ihr käme daher die Aufgabe zu, diese Problemlagen zu erfassen, aufzugreifen und an den kommunalpolitischen Aushandlungs- und Umsetzungsprozess von Programmen und Maßnahmen weiterzugeben." (Olk/Otto 1981, S. 19) Am Beispiel des wachsenden sozialen Problems „Armut" wird deutlich, wie sich das Expertenwissen der Sozialen Arbeit in Inhalt und Entstehungsgeschichte von dem anderer Professionen unterscheidet, welches Politiker zu verarbeiten gewohnt sind. Das Wissen der Sozialen Arbeit stammt aus der konkreten Fallarbeit, aus der Erfahrung mit der Entwicklung von Stadtteilen und Gruppenschicksalen, aus der lebensweltlichen Verortung der individuellen Armutssituationen. Es ist nicht punktuell, sondern dynamisch, speist sich aus einer Art Dauerbeobachtung sozialer Karrieren, erweitert die traditionelle Auswahl an Armutsindikatoren und kann sich von den künstlichen Grenzziehungen und Engführungen einer quantitativ orientierten Armutsmessung lösen (vgl. Cyprian 2003, S. 99). Wenn Sozialarbeiter in einem Arbeitsfeld systematisch ihre Informationen über Problementstehung, Folgen, erfolgreiche und weniger erfolgreiche Strategien sammeln, auswerten und für lokalpolitische Akteure (Politiker, Verwaltungsspitzen, Selbsthilfegruppen, Bürgerinitiativen, Medien) aufbereiten und in den politischen Prozess einspeisen, haben sie beste Chancen, Einfluss auf den Prozess der Wahrnehmung, Interpretation und Bekämpfung sozialer Probleme zu nehmen. Die französischen Schuldnerberater haben erfolgreich vorgemacht, wie sich die in der Fallarbeit gesammelten Informationen von jeder Stadt, jedem Bezirk bis zu einem jährlichen „nationalen Schuldenbericht" hinauf organisieren lassen, um wichtige neue Veränderungen der Bedingungen für Kreditgeber und -nehmer auf den Weg zu bringen. Jeder Arbeitskreis von Sozialarbeitern in einer Gemeinde kann mit der gezielten Zusammenstellung aller Arbeitserfahrungen neue Thematisierungen und neue „Arenen" eröffnen, um Handlungsweisen von Arbeitsagenturen, Sozialämtern, Energieunternehmen, Wohnungsbaugesellschaften und anderen lokalen Akteuren zu verändern. Die (Sozial)Politik ist gerade bei engen Handlungsspielräumen in hohem Maße auf Informationen, Evaluation und Legitimation angewiesen und *sozialpolitisches Wissensmanagement durch Sozialarbeit* zwingt wiederum kommunale Machteliten, ihre Prioritäten politisch zu begründen. Sozialraumorientierte Arbeit wird so auf der Ebene Sozialstruktur zur *sozialpolitischen Wissensagentur*, indem strukturrelevante Informationen aus den Arbeitsvollzügen offensiv genutzt werden.

6.1.3 Schatzkarten statt Bedarfspläne

Die Namen South Bronx, Märkisches Viertel, South Central Los Angeles, Hasenbergl entfesseln einen ganzen Fluss von Eindrücken, auch wenn wir noch nie dort waren: Armut, Müllhaufen auf der Straße, Wohnungslosigkeit, Sozialstaatsabhängigkeit, Arbeitslosigkeit, Gewalt, beschmierte Wände, Ausländerfeindlichkeit, Kriminalität, Neonazis – „soziale Brennpunkte" eben. Wir wissen alles, was man über diese Stadtteile wissen muss, egal ob wir dort waren oder nicht. Dieses Wissen ist eine Art mentale Landkarte, die einen Teil der Wahrheit über diese Stadtteile abbildet, die wir aber für die volle Wahrheit nehmen. Wenn man einmal so eine Landkarte im Kopf hat, einen Bedarfsplan, der Probleme, Defizite und Missstände sozusagen verortet, dann ist damit auch klar, was zu tun ist: Straßensozialarbeit, Trainingsprogramme für Arbeitslose, Beratungsstellen, Antiaggressionstraining, Aufklärungsarbeit zu Drogen in Schulen, Schulsozialarbeit überhaupt und jede Menge Erziehungshilfen. Dafür gibt es dann in Zeiten knapper Kassen immer leichter Geld als für Programme, die nicht von solchen Defizitfolien gefärbt sind. Geld fließt durch das „Kaputtschreiben" von Personen und Räumen. Je schlimmer Sozialarbeiter einen Stadtteil verbal zurichten, desto eher und desto mehr Geld bekommen sie für ihn. Dabei glaubt man an die unbewiesene Annahme, Experten von außen würden Abhilfe schaffen. Dann zählen die Beziehungen der Bewohner untereinander, deren Fähigkeiten, Erfahrungen und Ideen wenig oder werden übersehen. Wichtig werden die externen Experten, auf die sowieso mehr Verlass ist, weil sie neutral sind, extern bezahlt und in ihren Bezugssystemen kontrolliert werden.

Bedarfsgesteuerte Arbeit führt zur Festschreibung, zur kognitiven Betonierung von Problemen und zur Entwertung und Resignation der Bürger vor Ort. Die Leute wollen nicht mehr hinziehen, schämen sich dort zu wohnen, sehen es als Erfolg an, von dort wegzukommen. Das wiederum beschädigt das öffentliche Leben. Wer will schon in einem „Asso-Gebiet" wohnen oder sich gar für ein solches Gebiet engagieren? Am Besten, man wird dort nicht gesehen, und verschweigt, woher man ist. Wer aus solchen Stadtteilen kommt, hat keine Chance. Es entsteht der Teufelskreis eines herunterkommenden Stadtteils, wenn das Image das Verhalten der Menschen und deren Verhalten dann wieder das Image beeinflussen. Die Finanzierungslogiken verstärken das Phänomen, denn um den Geldfluss zu sichern darf es eigentlich nicht besser werden. Im Gegenteil, in Zeiten knapper Kassen müssen die Probleme eher schlimmer werden, um weitere Sozialarbeit zu rechtfertigen.

Im *Asset Based (aktivpostenbasierte) Community Development* (ABCD) gilt dies als genau der falsche Blick auf Leistungsempfänger (Kretzman/McKnight 1993). Schon der Begriff ist verräterisch: Leute „empfangen" etwas von anderen, weil sie selbst nichts zu bieten haben. Fachkräfte geben dabei Betroffenen den Eindruck, es wären ihre Schwächen, ihre Defizite, ihre Probleme, die wichtig sind, denn um sie dreht sich dann die weitere Intervention. Im Zuge solcher „Programme" werden Menschen wie Stadtteile etikettiert, ausgegrenzt und mit Profis ausgestattet. Eine künstliche Hilfewelt entsteht, die die Ressourcen der Realwelt vertrocknen lässt, weil sie in dem Maße weniger und weniger genutzt werden, in dem man sich an die Nutzung der professionellen Ressourcen gewöhnt.

Konzeptionsauszüge eines Stadtteilprojektes für Kinder und Jugendliche
„Der Standort des Projektes befindet sich in der K-straße. Nach Einschätzung des Sozialen Dienstes leben hier viele Multiproblemfamilien, deren desolate soziale Situation sich mit individuellen Problemlagen mischt. Der Bildungsgrad ist in der Regel sehr gering, die Einkommen niedrig und die Arbeitslosigkeit hoch. Die zunehmende Verelendung in den Wohnblöcken K-straße, T-straße, L-straße, M-straße und rund um den N-platz ist als ernstzunehmende Folge der Vielzahl von Problemen zu betrachten: hoher Alkohol- und Drogenkonsum; Überschuldung; Tendenz von psychischen Erkrankungen oder Auffälligkeiten; zunehmende Gewalt und Vernachlässigung in den Familien. In unmittelbarer Nachbarschaft zum Projektstandort befinden sich die R-Grundschule mit einem Anteil von 58% Kindern nichtdeutscher Herkunftssprache, Tendenz steigend, und die G-Grundschule mit einem Anteil von 40 % Kinder nichtdeutscher Herkunftssprache, Tendenz steigend. (...) Hauptzielgruppe des Projektes sind Mädchen und Jungen im Alter von 9-13 Jahren, die aufgrund sozialer Benachteiligungen oder individueller Beeinträchtigungen in erhöhtem Maße auf Unterstützung angewiesen sind. Im wesentlichen handelt es sich um: Mädchen und Jungen aus sozial sehr schwachen Familien; Mädchen und Jungen nicht-deutscher Herkunftssprache, Mädchen und Jungen mit Verhaltensauffälligkeiten und psychosozialen Beeinträchtigungen, Aufmerksamkeitsdefizit-Syndrom (ADS) mit Hyperaktivität bzw. ohne Hyperaktivität."

Wer möchte hier Bürger sein? Wer würde, nachdem er das oben Geschilderte über sich gelesen hat, noch viel auf die eigenen Selbsthilfekräfte oder auf die Unterstützung und die Fähigkeiten der Nachbarn geben? Obgleich solche Bedarfspläne nicht falsch sind, stimmen sie nicht, erstens weil sie meist nur die halbe Wahrheit sind, und zweitens, weil es nicht die Bilder sind, die Bewohner von sich selbst haben.

Der ABCD-Ansatz geht davon aus, dass Stadtteilarbeit nur erfolgreich sein kann, wenn es gelingt die mentalen Landkarten neu zu zeichnen, denn wirkungsvolle und nachhaltige Entwicklungen lassen sich auch in desolaten Lebenslagen immer nur erreichen, wenn man an Stärken anknüpft. Man muss Stadtteile quasi von innen nach außen entwickeln, anstatt damit anzufangen, externe Ressourcen hineinzupumpen. Das schließt die Nutzung externer Ressourcen nicht aus, nur sind sie besser investiert, wenn sie an interne Motivation anschließen, und die Prozesskontrolle lässt sich so leichter bei den Bürgern verankern.

Also geht es erst einmal darum, neue Landkarten zu zeichnen, die das halb*volle* Glas sichtbar machen. Solche sogenannten „Schatzkarten" bestehen aus den Kompetenzen der Bewohner, der Kraft von Vereinen, Initiativen und Bürgergruppen und den Ressourcen der Organisation im Stadtteil, die als „Schatztruhen" gesehen werden. Schatzkarten thematisieren die Aktiva, die Leistungskraft, die Positiva von Gebieten. Sie beschreiben auch konkrete Themen, Vorhaben und Projekte von Bürgern, an denen sich deren Engagement kristallisiert. Das sind meist keine Leuchtturm- und Vorzeigeprojekte, sondern kleinteilige, von außen nicht leicht zu findende und zu verstehende Initiativen, die vom Willen ihrer Protagonisten getragen und deswegen attraktiv sind. Für diese lebensweltlichen Aktivposten externe Ressourcen als Verstärker zu besorgen, ist Aufgabe von Strukturarbeit. Weiterhin geht es bei der Erarbeitung von Schatzkarten um das Sichtbarmachen von Aktivitäten und Kompetenzen, damit diese an ähnliche Aktivitäten oder dazu passende Nachfragen anschließen können.

Hilfe, die von außen kommt, birgt immer eine nicht zu unterschätzende Gefahr, abhängig und passiv zu machen – so die Grundüberzeugungen des ABCD. Deswegen muss die Blickrichtung nach innen gehen, d. h. auf vorhandene Leistungspotentiale der Bewohner und Ressourcen des Stadtteils. Stadtteile mögen zwar Ressourcen von außen brauchen, aber diese sind wesentlich besser eingesetzt, wenn die Stadtteile vorher schon mobilisiert sind. Oft wird in der konventionellen Stadtteilarbeit eine ungeheuere Verschwendung an Ressourcen und Kompetenzen betrieben, weil man die im Stadtteil vorhandenen assets (Aktivposten) ignoriert.

In der ABCD-Arbeit sind Beziehungen zwischen und zu den Bewohnern das A und O. Definitionsmacht und Prozesskontrolle müssen bei den Betroffenen sein und bleiben, genauso wie der Optimismus und die Investitionen von den Betroffenen kommen müssen. Nur so entsteht und wächst der Stolz über die erreichten Erfolge bei den Betroffenen. Richtig ist, dass die Leute einen Bedarf haben, nämlich den, wieder in die Mitte der Gesellschaft zu kommen, aber Sozialarbeit kann nicht dorthin, sondern nur in die eigenen Programme integrieren.

E-Mail einer Kollegin aus Schweden ins weltweite ABCD-Support-Netz
Dear all,
I work with my two colleagues in an urban area in Gothenburg. We have been here since 1999, but since January we work in a new project called Brix (as we have our office in a building built in bricks and as many bricks make something bigger.). Brix has the focus on mobilizing youths in the local community with the method „Building communities from the inside out". We have visited an other area here in Sweden who works with the same method and we have listened to Prof. McKnight some weeks ago. We are thrilled about this way of working, but it feels much more difficult in the reality. People in this area are so fed up with projects and sometimes it feels like all the projects during the years have ruined peoples feelings about themselves. Many of the youngsters we meet see themselves as „clients" and not citizens who can control their own life. So, what I need some help from you is how to start. The youths are not satisfied over their situation, but they don't want to do anything. They prefer just to hang around in the neighbourhood. Sometimes they tell us that they need something special (i.e. some place to be) but they want us to do it. When it comes to their own action they are not interested. In my mind it feels like this is the effect of well-meant former projects, but how to break through it? Any suggestions or ideas? Sara

Antwort eines Kollegen aus Australien (Auszug)
Hi Sara,
One problem I think that you are experiencing is that your needs as a professional are showing through. You „need" them to start seeing themselves as citizens, not clients. You want ABCD to work. If you re-read your email, you'll see that you've defined them as being in deficit, with „ruined feelings", unable to see themselves as in control of their life, etc. You, the project workers, know what their problems are. You know what the solution is: ABCD. Throttle back. Put a choke on your own needs and expectations. As

> soon as you start „pushing" something, you start undermining the basics of ABCD. That would be advice on what not to do. Don't let your needs as a service supplier drive things. Don't conceive ABCD as a service to be supplied to communities in need.

Wesentliches Vehikel sind Ressourcen des Sozialen Raums und Soziales Kapital. In diesem Kapitel soll es nicht darum gehen, wie Ressourcen des Sozialen Raums zu erkennen und zu mobilisieren sind; das steht im Kapitel „Netzwerke". Auf der Ebene „Sozialstruktur" geht es um eine *andere Wahrnehmung* von Stadtteilen oder Adressatengruppen, die deren Leistungspotenzial zum Ausgangspunkt sozialstaatlicher Leistungen macht. Sowohl unser anspruchsbegründendes Sozialleistungsrecht als auch viele Förderungen von Stadtteilentwicklungsprogrammen setzen Defizitdiagnosen von Menschen und Gebieten voraus. So werden Probleme verengt zu Problemen von einzelnen Menschen, Stadtteilen oder bestimmten Bevölkerungsgruppen. Diese selbst werden dann zur Ursache. Dass soziale Probleme immer viel mit Verteilungen zu tun haben, kommt nicht mehr ins Blickfeld. Man kann fast sagen: Die Ursachen für die Probleme, die Menschen haben, werden in die Menschen hinein verlegt. Was auch dazu führt, dass diese Menschen dann als krank, gestört, unmotiviert, eben defizitär gesehen werden und irgendwann anfangen, sich selbst so zu sehen.

Ein alternatives Verfahren müsste – was Stadtteile betrifft – ganz anders als klassische Ungleichheitsthematisierung vorgehen. Üblicherweise werden der Ressourcenbedarf von Stadtgebieten thematisiert und Mittelzuflüsse durchgesetzt, indem die Gebiete über ihre Defizite beschrieben werden. Normalerweise sind das Arbeitslosigkeits-, Armuts-, Ausländer-, Alleinerziehenden- und Kriminalitätsquoten. Gelingt die Ausweisung eines Stadtteils als „Sozialer Brennpunkt" oder „Stadtteil mit besonderem Entwicklungsbedarf" kann man damit Finanzmittel zur Verbesserung der Ausstattung mit sozialen Dienstleistungen einfordern. Der Preis für diese Strategie ist aber die Etikettierung und Stigmatisierung des Stadtteils als „Brennpunkt", „Scherbenviertel" oder „abgehängt". Das wiederum hat enorme Effekte auf Selbstwertgefühl und Chancen seiner Bewohner, fördert Wegzüge und verschärft Segregationseffekte, die man ja eigentlich abschwächen wollte.

Der alternative Weg zur Thematisierung von Ungleichheit ist der Verzicht auf Defizitquoten und stattdessen der Vergleich von Ausstattungsquoten. Es wird also nicht geschaut, wie viele alleinerziehende, arbeitslose Mütter, sondern wie viele Ganztagesbetreuungsplätze für Kinder es gibt, wie gut die Öffnungszeiten zu den Arbeitszeiten passen, wie gut die Anbindung an den ÖPNV ist, welche Beratungsmöglichkeiten für Familien erreichbar sind, welche Mutter-Kind-Einrichtungen vor Ort attraktive Angebote machen, wie Cafés und Restaurants auf Kinder eingestellt sind usw. Weiterhin wird die generelle Lebensqualität im Stadtteil thematisiert, also das Vorhandensein von Erholungs-, Freizeit- und Spielmöglichkeiten, die Ausstattung mit Geschäften, Restaurants und Kneipen, die Qualität der vorhandenen Schulen u. a.

Das Ziel ist, dass der Ressourcenfluss einer Stadt auf Gebiete, die ausstattungsmäßig benachteiligt sind, umgesteuert wird, ohne dabei auf Belastungsquoten der Bewohner zu rekurrieren. Es geht eher darum, Indikatoren für Ausstattungsgerechtigkeit zu kreieren, die etwas darüber aussagen, wie üppig oder defizitär die Ausstattung mit Infrastruktur im Vergleich zur Kinderzahl in den Quartieren ist. Dabei muss das Augenmerk auf den Aspekten der Infrastruktur liegen, die Normalisierungspotenzial und nicht Aussonderungseffekte haben. Die besten Schulleiter und besten Deutschlehrer gehören in Gebiete, wo am wenigsten Deutsch gesprochen wird. Fakt ist aber eher das Gegenteil: „Poor clients tend to receive poor services.“ Die Stadtteile, die die besten Profis gut gebrauchen können, bekommen eher nur die mittlere bis untere Qualität, weil die Karrierepositionen woanders sind. Sonderschulen und heilpädagogische Tagesgruppen hingegen zählen zur mitunter auch notwenigen Infrastruktur, würden aber bei Normalisierungsindikatoren negativ angerechnet. Gleichzeitig lässt sich das Inklusionsvermögen von Regelsystemen wie Schulen, Kitas, Vereinen, Volkshochschulen etc. mit Inklusionsparametern messen: Inwieweit entspricht deren Nutzerstruktur der örtlichen Bevölkerungsstruktur? Welche Bevölkerungsgruppen werden ausgeschlossen? Solche Ergebnisse können bei öffentlichen Zuschüssen und Förderungen eine Rolle spielen.

6.2 Einmischung

Mischt sich Soziale Arbeit ein, weicht sie von ihren spezialisierten Zuständigkeiten für bestimmte Arbeitsfelder und Zielgruppen ab und setzt sich offensiv mit anderen sozialen Systemen wie Politik, Erwerbssystem, Wohnungswirtschaft, Bildung, Gesundheit, Rechtssystem bzw. mit der Arbeit der Polizei und der Medien auseinander. Um fachliche Ziele wirksam realisieren zu können, bewegt sich Soziale Arbeit weg von ihrer traditionellen Reaktions- und Lückenbüßerfunktion.

Ist Einmischung der Sozialen Arbeit nicht schon selbstverständlich geworden?

Der Begriff Einmischung ist Anfang der 1980er Jahre von Ingrid Mielenz (1981) geprägt worden und bezog sich auf Projekte der Jugendhilfe, die angesichts der wachsenden Berufsnot von Jugendlichen in den Großstädten eine aktive Einmischung in die Bereiche berufliche Bildung und Stadtteilarbeit praktizierten und Lösungen schufen, in denen Ausbildung, Wohnen, Arbeit und Leben ganzheitlich kombiniert wurden. Inzwischen zählt das Agieren sozialer Einrichtungen in zahlreichen Systemen zum fachlichen Standard, und eine breite Kooperationspraxis ist auch das Ergebnis neuer Arbeitsteilungen zwischen öffentlichen und freien Trägern.

Ist Einmischung der Sozialen Arbeit in benachbarte Tätigkeitsfelder also schon selbstverständlich geworden? Es lassen sich ambivalente Entwicklungen beobachten: Auf der einen Seite beschäftigt sich Soziale Arbeit in den letzten Jahren wieder stärker mit Fragen ihrer Binnenrationalität. Finanzierungsengpässe und die Umstellung auf eine neue Verfahrenslogik im Zuge der Neuen Steuerung besetzen Themen wie Qualitätsnachweise, Fundraising, bürgerschaftliches Engagement, Wirksamkeit, Organisationsentwicklung und neue Finanzierungsformen. Andererseits entwickeln sich neue Berufs- und Aufgabenfelder, die eine verstärkte Außenorientierung notwendig machen. So hat die Stadtteilarbeit in Deutschland mit dem Bund-Länder-Programm „Soziale Stadt" einen offiziellen Auftrag zur Einmischung in nahezu alle Lebensbereiche und Handlungssysteme in benachteiligten Wohngebieten erhalten. Mit den konstitutiven Konzepten „integrierter Handlungsplan" und „Ressourcenbündelung" wird dort eine effiziente Kooperationspraxis zum Gütekriterium der Stadtteilarbeit erhoben. Aber die Erfahrungen in diesem Programm weisen auf scheinbar enge Grenzen für Einmischungsstrategien hin. Kooperation zwischen Sozialarbeitern und angrenzenden Systemen gelingt offensichtlich leichter, wenn die Zusammenarbeit in finanzierten Maßnahmen „vorgeschrieben" ist, sich auf relativ konfliktfreie Themen bezieht, und wenn Strukturen und Regelungen „mitgeliefert" werden. Zum Beispiel übernimmt Soziale Arbeit in Sanierungsgebieten oft eine allseits akzeptierte Vermittlungsfunktion zwischen den Wünschen von Mietern und den Interessen der Wohnungsbaugesellschaften. Schwieriger wird es, wenn Stadtteilarbeiter sich „einseitig" einmischen. Sie treffen in Gebieten mit einer hohen Quote von öffentlich geförderten Wohnungen häufig auf mehrere überforderte Hausgemeinschaften, etwa weil zu viele Mietparteien in einem Haus wohnen, die sich in Geschichte, Kultur und Rollenverständnis fremd sind. Soziale Arbeit kann diese Situation nur ändern, wenn sie sich in die Belegungspolitik der Wohnungsbaugesellschaft „einmischt". Wenn nicht mehr als ein Drittel der Mietparteien pro Haus „zu integrieren" sind, reichen normalerweise die Regulationsmechanismen der stabilisierenden Bewohnergruppen aus, um den notwendigen Druck auszuüben und das Leben der Hausgemeinschaft auf einem befriedigenden Niveau zu normalisieren (vgl. Kiss-Suranyi 2006, S. 61ff). Erst eine veränderte Belegungspolitik der Wohnungsbaugesellschaften schafft also realistische Chancen für integrative Nachbarschaften – ein Ziel sowohl der Bewohner wie der Sozialarbeiter.

Auffällig war in den Programmgebieten der „Sozialen Stadt" auch, dass sich auch nach mehreren Jahren kaum Aktivitäten im Bereich der lokalen Wirtschaft fanden, obwohl Themen wie schrumpfende Wirtschaftskraft und fehlende Arbeitsplätze im Quartier auf den Problemlisten nahezu überall ganz oben standen.

Warum Einmischung?
Unterschiedliche Handlungsfelder erhöhen die Chancen der Sozialen Arbeit, ihre Zielvorstellungen und Prinzipien zu realisieren. Sozialräumliche Soziale Arbeit will die alltägliche Lebenssituation der (benachteiligten) Bürger möglichst umfassend abbilden. Damit geraten zwangsläufig die Exklusions- und Inklusionsmechanismen mehrerer Systeme in den Blick. Einmischung wird zur methodischen Notwendigkeit effizienter Sozialarbeit, wenn über den Einzelfall hinausgehend Einfluss auf eben diese Exklusions- und Inklusionsmechanismen genommen werden soll. Gelingt das, so werden veränderte Lebensbedingungen für viele Betroffene geschaffen. Einmischung setzt die Einsicht der Fachkräfte voraus, dass komplexe Problemzusammenhänge – wie materielle und soziale Ausgrenzungen, also die sozialstrukturelle Dimension Sozialer Arbeit – komplexe Problemlösungsstrategien erfordern und keine Beschränkung auf die Ressourcen sozialer Einrichtungen und Dienste dulden. Die Auseinandersetzung mit „fremden" Tätigkeitsfeldern verlangt die Aufgabe der zwar gern beklagten, aber vielleicht auch bequemen Randstellung Sozialer Arbeit. Mit Einmischungsstrategien bewegt sich die Profession weg von der ausschließlichen Beschäftigung mit dem „Individuellen" und richtet sich auch auf die möglicherweise konflikthafte Kooperation mit staatlichen und privatwirtschaftlichen Bereichen ein.

6.2.1 Was ist neu am sozialräumlichen Prinzip „Einmischung"?

Unter sozialräumlichen Perspektiven verändern sich fachliches Verständnis und Strategien der Einmischung. In zahlreichen Projekten und kleineren Maßnahmen haben sich neue, ehemals undenkbare Kooperationsbeziehungen bewährt, Einmischung hat sich entdramatisiert und ein Stück entpolitisiert. Einmischung zielt nicht mehr in erster Linie auf das politische System mit seinen Ressorts Bildungspolitik, Schulpolitik, Gesundheitspolitik, Beschäftigungspolitik, Wirtschaftsförderung, Stadtplanung und Wohnungspolitik, sondern richtet sich oft auf ein Set von Systemen, die in bestimmten Fragen miteinander korrespondieren. Damit werden ganz unterschiedliche Akteure und Entscheidungsträger als Adressaten Sozialer Arbeit gleichzeitig interessant.

Um beispielsweise die Beschäftigungschancen für Migrantenjugendliche zu verbessern, muss mit den Schulen um zusätzliche Qualifizierungsmöglichkeiten verhandelt werden, z.B. durch ein freiwilliges zusätzliches Schuljahr, mit den ausländischen Geschäftsleuten in der Region um die Einrichtung weiterer Arbeitsplätze, mit der Handwerkskammer um Ausbildungspools von mehreren kleinen Unternehmen als gemeinsame Ausbildungsstätte, mit der Industrie- und Handelskammer oder Bildungswerken der Wirtschaft um die Schaffung von Ausbildungsfirmen, mit Bildungsträgern um die weitere Qualifizierung der Jugendlichen in ihrer Muttersprache als spezifische Ressource der Migrantenjugendlichen auf dem Arbeitsmarkt usw.

Eine zweite Neuakzentuierung erfahren Einmischungsstrategien durch ihren Bezug auf den lokalen, kleinräumigen Kontext, der von den Klientengruppen und ihren lebensweltlichen Räumen vorgegeben wird. Die Forderung von Mielenz (1985) nach einer Doppelstrategie – sich gleichzeitig auch auf übergeordneten Ebenen und in politische Zusammenhänge einzumischen – muss wohl von größeren Aktionsbündnissen und Koalitionen bearbeitet werden. Nicht nur um Überforderungen der Sozialen Arbeit zu vermeiden, sondern weil sich generell das Vertrauen in die Steuerungskapazität von Politik verändert hat.

Sozialräumliche Einmischungsstrategien leben von einer neuen Haltung gegenüber den anderen Funktionssystemen. Es geht nicht mehr in erster Linie darum „Forderungen zu stellen", sondern um einen aktiven Prozess mit unterschiedlichen Phasen und Aufgaben der Sozialen Arbeit. Statt mit Forderungen konfrontiert zu werden, müssen die anderen Systeme mit (neuen) Informationen, die Zusammenhänge zwischen Problemlagen von Gruppen und systemeigenen Prinzipien und Routinen benennen, konstruktiv „irritiert" werden. Dann muss die Interessenkorrespondenz zwischen mehreren Systemen beschrieben und die Verantwortung geteilt werden. Zudem soll die Präsentation gelungener Projekte gemeinsame Aktivitäten empfehlen.

In der *Gesundheitsförderung* wird aktuell diese Strategie, Träger und Fachkräfte anderer Systeme für bedarfsgerechte und passgenaue Förderangebote in Anspruch zu nehmen, mit dem neutralen Begriff des „*Setting-Ansatzes*" belegt (vgl. Richter 2005, S. 207f). Der Begriff „Setting" bezeichnet die Lebensbereiche, in denen die Menschen den größten Teil ihrer Zeit verbringen (Arbeitsplatz, Schule, Wohnort etc.) und die einen besonders starken Einfluss auf die Gesundheit haben.

Der Setting-Ansatz fokussiert die Bedingungen, unter denen Menschen leben, lernen, arbeiten und konsumieren. Fördermaßnahmen, „die am Setting ansetzen, gelten als besonders Erfolg versprechend, denn

- Verhaltensänderungen sind nur möglich und langfristig stabil, wenn sie in den Alltag integriert werden können und mit den jeweiligen Gewohnheiten und Werten übereinstimmen,

- in den Settings können gesundheitsrelevante Rahmenbedingungen gezielt unter Einbeziehung und Mitwirkung der Betroffenen verbessert werden,
- die jeweiligen sozialen Gefüge und Organisationsstrukturen werden berücksichtigt und zur besseren Erreichung der Zielgruppen sowie Sicherung langfristiger Erfolge genutzt." (ebd. S.208)

Ein Beispiel: Einmischung im Kontext von Kinderarmut und Schule
Kinderarmut ist ein soziales Problem, das Soziale Arbeit gewöhnlich mit materiellen Hilfen für den Haushalt, mit Beratungsleistungen für die Familie und mit Betreuungs- und Kompensationsleistungen in der Freizeitpädagogik mit den Kindern beantwortet. Aus der Armutsforschung kennen wir die vielfältigen Einschränkungen in den Handlungsspielräumen von Kindern, im Schul- und Gesundheitsbereich sowie auf dem Gebiet von kognitiven und sozialen Anregungen. Hier kann Einmischung in die entsprechenden Systeme die Lebenssituation der von Armut betroffenen Kinder entscheidend verbessern:
Eine Schule lässt sich von den Sozialarbeitern überzeugen, dass es nicht reicht, für Nachhilfeleistungen von Ehrenamtlichen am Nachmittag ein paar Schulräume zur Verfügung zu stellen. Die Lehrerinnen und Lehrer hören überrascht, dass die Schulprobleme von Kindern in Armutslagen nicht in erster Linie in der Angst vor schlechten Leistungen liegen, sondern in den *Erfahrungen sozialer Ausgrenzung – in der Klasse, auf dem Pausenhof, am Schulweg, bei Klassenfahrten, in den Bildern der Lehrer von „armen Kindern"*.
Die Schule fasst als Ziel die *Umstrukturierung in Richtung Ganztagsschule* ins Auge. Langwierige Verhandlungen mit staatlichem Schulamt und kommunalem Schulaufwandsträger lassen zumindest eine *Ausweitung des Angebots in die Nachmittagstunden* Realität werden. Zusätzliche Personalressourcen können gewonnen werden: ein Schulsozialarbeiter, dessen Personalkosten von einem Wohlfahrtsverband getragen werden, und Studierende der Fachbereiche Sozialarbeit und Lehramt ermöglichen eine Binnendifferenzierung im Unterrichtsalltag durch Übungsphasen und Fördermaßnahmen.
In zahlreichen *Arbeitsgemeinschaften und Projekten* kann auf die verschiedenen Interessen der Kinder eingegangen und können ihre Stärken und Fähigkeiten genutzt werden. Führt man für alle Kinder Ressourcenchecks durch, lernen sich die Kinder in ihren Besonderheiten kennen, vor allem in ihren kulturellen oder milieuspezifischen Unterschieden. Fotos ihrer Familien, die Vorstellung ihrer „Lieblingsessen" (Mario isst erstmals Borschtsch, Waldemar Pasta asciutta), Volkslieder und -tänze (immerhin

vier Schüler aus B. beherrschen das Oberfrankenlied) werden in Projekten zusammengetragen.

Die *Verantwortung der Kinder für ihre Räume und die gesamte schulische Lebenswelt* kann so gesteigert werden. Die Atmosphäre zwischen Lehrern und Kindern wird persönlicher, die Kinder erleben neue Formen der Kooperation. Nahezu jedes Kind erhält einen eigenen Zuständigkeitsbereich, erlebt sich für das Schulleben wichtig, egal ob seine Funktion im Holen der richtigen Landkarten für den Erdkundeunterricht, im Füttern der Kaninchen, im Blumengießen oder in der Führung eines Programmkalenders liegt.

Die Schule verankert als einen Schwerpunkt in ihrer Konzeption die *Gesundheitsförderung*, was nicht nur auf die Schüler, sondern auch auf die Lehrkräfte und das übrige Personal zielt. In der Praxis bedeutet dies eine gesundheitsförderliche Rhythmisierung des Schulalltags, gesunde und vollwertige Ernährung, bewegungsfördernde Elemente in der Unterrichts- wie Pausengestaltung, attraktive Ruhezonen.

Die *Partizipation* der verschiedenen Akteure wird durch ein *Schulparlament*, ein *Elterncafé*, *mehrsprachige Elternabende* und *Stadtteilaktivitäten* gesichert. In die Schule wird eine kleine *Jobbörse für Kinder* integriert, wo Arbeiten wie Babysitting (nach einem Babysittingkurs, der von einem Wohlfahrtsverband durchgeführt wird), Hundausführen, Einkaufsdienste, kleine Gartenarbeiten usw. angeboten werden.

Den Sozialarbeitern ist es gelungen, auch die *städtische Bücherei* und eine große *Café-Kette* ins Boot zu holen. Freiwillige Vorleser besuchen zu festen Zeiten mit Körben voll Decken und Büchern die *Spielplätze des Stadtteils* und bekommen im Winter und bei Regenwetter eine eigene Lesecke für sich und „ihre" Kinder in der Kinderbuchabteilung der Bibliothek eingerichtet. Für *Lesenächte* spendiert die Firma nicht nur Hörnchen und heiße Schokolade, sondern „leiht" auch ihre Mitarbeiter aus. Das Entscheidende an allen Veränderungen ist, dass kein einziges „armes" Kind speziell als „Hilfeempfänger" betreut wird und damit Etikettierungen weitgehend abgewendet werden können, sondern dass von den Maßnahmen alle profitieren – wenn auch der positive Effekt bei den benachteiligten Kindern besonders groß ist.

6.2.2 Alltägliche Einmischung durch Auslegung

Weniger spektakulär als Einmischung auf einer strategischen Ebene, aber sehr viel häufiger findet im Berufsalltag „Einmischung" auf der Ausführungsebene von Programmen, Rechtsvorschriften und verpflichtenden Leitlinien eines

Trägers statt im Sinne einer (kreativen) Veränderung der Normen durch die Fachkräfte vor Ort. Sozialarbeit setzt Programme um. Sie kann das politisch Gewollte verstärken, neutralisieren oder gar konterkarieren. Wenn ein Jugendhaus in einem Stadtteil mit hoher Konzentration benachteiligter Bevölkerungsgruppen politisch dazu bestimmt war, die defizitäre Ausstattung für die hier lebenden Jugendlichen zu verbessern, dann bestimmen aber de facto die Sozialarbeiter, ob die politisch gemeinten Adressatenkreise auch wirklich in den Genuss der Ressource Jugendhaus kommen. So können etwa Gruppen von Skins oder Migrantenjugendlichen, die dort auflaufen, als untragbar für die angebotenen Projekte gesehen werden, oder solche Photo- und Musikprojekte gemacht werden, die eher Töchter und Söhne des Bildungsbürgertums ansprechen (vgl. das Fallbeispiel „Jugendhausverteidigung"). Umgekehrt ist es möglich, dass ein für eher elitäre Nutzung vorgesehenes Bürgerhaus durch entsprechende Mundpropaganda und Organisationshilfe von Sozialarbeitern erst für Bevölkerungsgruppen zugänglich gemacht wird, denen es ursprünglich nicht zugedacht war (Beispiele aus Olk/Otto 1981, S. 9). Weiterhin legt Sozialarbeit bestehende Gesetze aus und kann durch ihre Prioritäten bestimmen, zu welchen Anteilen die Arbeitszeit für das Finden von Situationen des Sozialhilfemissbrauchs oder für extensive Auslegungsarten des Gesetzes verwendet wird. Vielfach versetzt ja erst die fachkundige Beratung Leistungsberechtigte in den Stand, Leistungen zu beantragen oder Widersprüche gegen vorenthaltene Leistungen einzulegen. In dem Klassiker „Street-Level-Bureaucracy" (1980) zeigt Lipsky an vielen Beispielen, wie die alltäglichen Berufsvollzüge des Personals auf der Ausführungsebene sozialstaatlich garantierte Leistungen „konstituieren": „They socialize citizens to expectations of government services and a place in the political community. They determine the eligibility of citizens for government benefits and sanctions. They oversee the treatment (the service) the citizens receive in those programs. Thus, in a sense street-level-bureaucrats implicitly mediate aspects of the constitutional relationship of citizens to the state (...). The poorer people are, the greater the influence street-level-bureaucrats tend to have over them." (S.3ff)

Beispiel: Isolierende Einzelfallhilfe in Cliquenarbeit verwandeln
Im Rahmen der Bestimmungen des KJHG wird einem Jugendhilfeverein die Erziehungsbeistandschaft für mehrere Jugendliche einer Landgemeinde übertragen. Diese Maßnahme, deren Ziel die soziale Stabilisierung der Jugendlichen und eine „Normalisierung" ihrer Verhaltensweisen ist, wird traditionell als Einzelmaßnahme konzipiert und durchgeführt. Die von dem Verein beauftragten Fachkräfte wählen hier jedoch einen anderen, stärker am Sozialraum der Jugendlichen orientierten Weg: Sie fassen zwei oder

drei der zu betreuenden Jugendlichen mit deren Freunden zu einer Gruppe zusammen und unterstützen sie, ihre Freizeitinteressen unter den Bedingungen ihrer jeweiligen Gemeinde näher zu prüfen und mit konkreten Aktivitäten zur Erweiterung ihrer Handlungsmöglichkeiten zu beginnen. Das kann die Suche nach einer wetterfesten ungestörten Treffmöglichkeit z. B. in einem alten Bauwagen bedeuten, oder die Einrichtung einer kleinen Skateranlage, oder die Organisation eines Shuttlebusses im Landkreis zur nächstgelegenen Disco am Wochenende. Die individuelle Einzelmaßnahme der Erziehungsbeistandschaft wird zu einem von den Jugendarbeitern unterstützten „Aktionsbündnis" von Gleichaltrigen, in ihrem Dorf mehr Anerkennung ihres Lebensstils und „Räume für sich" zu gewinnen.

Diese Beispiele von Einmischung durch „eigensinnige Deutung" des Arbeitsauftrags zeigen: Politische Steuerung – verstanden als die konzeptionell orientierte Gestaltung der gesellschaftlichen Umwelt durch politische Instanzen wie den Gesetzgeber, den lokalen Jugendhilfeausschuss usw. – lässt sich in anderen Teilsystemen wie auch dem der Sozialen Arbeit nicht einfach linear durchsetzen. Die mit der Anwendung betrauten Organisationsebenen öffentlicher Instanzen bzw. freier Träger können die Vorgaben durchaus autonom interpretieren und unter ihrer eigenen Fach- und Organisationslogik mehrfach verändern. Diese „Einmischung" des „ausführenden Akteurs" wurde lange Zeit als „Vollzugsdefizit" oder „Implementationsproblem" beklagt. Heute wird im politischen System allgemein anerkannt, dass der staatliche Steuerungsakteur eine mehrstufige Organisation ist, in der die nachgeordneten Einheiten nicht als gleichsam neutrale Instrumente bei der Durchführung von Maßnahmen fungieren, sondern innerhalb zugestandener Handlungsspielräume wie auch bei der Verletzung und Umgehung von Verfahrensnormen selbst steuernd eingreifen (vgl. Mayntz 1990, S. 295). Bei der stufenweisen Konkretisierung von relativ allgemeinen Vorgaben fließen das Vorwissen und natürlich auch die Interessen der Instanzen vor Ort ein. Die abgestufte Binnenstruktur der beauftragten Verbände bzw. der jeweiligen lokalen Einrichtungen, der Professionalisierungsgrad und die Verhandlungsfähigkeit der unmittelbaren Akteure im Wirkungsfeld sind hier wichtige Variablen.

Ein lokaler Rehabilitationsträger setzt die vom Gesetzgeber verlangte und von der Arbeitsagentur bezahlte Maßnahme zur beruflichen Fortbildung für junge Menschen mit Behinderungen sehr kreativ um. Durch gute Erfahrungen mit der passgenauen Schaffung von Arbeitsplätzen im ersten Sektor – jenseits von beschützenden Werkstätten – wird auch die berufliche Bildung umgestellt: Es gibt jede Woche nur einige wenige „klassische" Unterrichtseinheiten im Rehabilitationsbereich. Dafür starten die verantwortlichen Fachkräfte mit jedem Jugendlichen einen experimentellen Suchprozess, wie ein individueller Arbeitsplatz auf die Wünsche und Fähigkeiten jedes Einzelnen zugeschnitten aussehen und welcher Betrieb in der Nachbarschaft diesen schaffen und langfristig bereitstellen könnte.

Voraussetzung für die Akzeptanz dieser Einmischungsform ist, dass soziale Einrichtungen bzw. ihre Dachverbände ihr Konzept als wechselseitigen Ressourcentransfer zwischen Staat und sozialem Sektor verständlich machen können: Der Verein, der die berufliche Bildungsmaßnahme für Jugendliche mit Behinderungen trägt, kann als Gegenleistung für die finanzielle Förderung die erfolgreiche Regelung der beruflichen Integration einer „Problemgruppe“ anführen, was den Staat bei einem schwierigen sozialen Problem entlastet. Gleichzeitig muss der Verband nachweisen, dass er in der Beziehung zu Adressaten, zu Betrieben, zu Industrie- und Handelskammern und anderen Stakeholdern über genau die Kommunikationsstrukturen verfügt, um wie eine Beobachtungsstation die aktuellsten Entwicklungen im gesellschaftlichen und lokalen Umfeld zu registrieren, und mit einem Netz von Sensoren die besten Kontakte ins Spiel bringen kann.

6.2.3 ASD und Einmischung

Die Situation im Allgemeinen Sozialen Dienst ist gekennzeichnet durch eine Konfrontation der Fachkräfte mit Problemen, deren Genese sich einer pädagogischen Bearbeitung eigentlich entzieht: wachsende Verschuldung, mehr Räumungsklagen und Mietschulden, weniger Arbeitsplätze. Die Fallbelastung steigt folglich, und ebenso steigen die Anforderungen des Kinderschutzes. Die „missbrauchenden Monstereltern und -onkels“ vervielfachen sich gleichzeitig mit dem medialen Echo und der Angst der Fachkräfte, irgendetwas übersehen zu haben. Die Konsequenz ist die Konzentration auf den Einzelfall und der Versuch, mit pädagogisch fürsorgerischer Genauigkeit das zu lösen, von dem man weiß, dass es so nicht zu lösen ist, um dann wenigstens das Schlimmste im Einzelfall zu verhindern. Die Folge ist bei den Mitarbeitern das Gefühl, von der Fallarbeit aufgefressen zu werden, was sich einerseits extrem innovationshemmend auswirkt (zu etwas anderem ist – wenn man schon mit den Fällen nicht fertig wird – bestimmt keine Zeit) und andererseits zu stärkeren Defizitbrillen gegenüber dem Klientel und wiederum zu einer Verschärfung der Gangart mit den Klienten führt. Die Renaissance der diagnostisch legitimierten Eingriffe geht einher mit zunehmender Entpolitisierung des Dienstes, der sich eigentlich permanent in die Kommunalpolitik einmischen müsste, über „offensive Präsenz in bereichsübergreifenden Arbeitsgruppen, politischen Ausschüssen und informellen Gruppen, insbesondere außerhalb des sozialen Bereichs, bei Lokalredaktionen und Fachzeitschriften, bei Honoratiorentreffen und festlichen Anlässen sowie auf Podien und in öffentlichen Diskussionsforen" (Hinte 1993, S. 17).

Meldet eine Schule einen Schulschwänzer, so reagiert der ASD personenbezogen, wenn er in die Familie geht und den Jugendlichen mit pädagogischem Talent wieder in die Schule bringt. Strukturbezogen reagieren hieße, mit den Lehrern die Faktoren an der Schule zu lokalisieren, welche die Kids aus der Schule treiben, gleichzeitig Kontakte mit Eltern und Elternbeirat aufzunehmen, um sie als Gruppe und im Umgang mit ihren Schützlingen zu stärken (etwa durch den Aufbau einer „Tough Love-Gruppe" [1*] im Stadtteil), Träger und Gelder zu besorgen, um die Nachmittagsbetreuung zu intensivieren, mit Vereinen über Angebote zur Aufwertung des Schulalltags zu reden etc. Aber konzeptionelle Leitplanken verhindern Strukturarbeit genauso wie Überlastung. Umgekehrt bedürfte es erst einer erfolgreichen generellen Strukturarbeit, damit die Überlastungen der Fachkräfte nicht auf dem Rücken der einzelnen Mitarbeiter ausgetragen werden, sondern in ihren strukturellen Ursachen (Personalpolitik, interorganisatorische Arbeitsteilung) bearbeitet werden würden.

Ein klassisches Problem ist das Problem des hochauflösenden sozialpädagogischen Blicks: „Jeder Fall ist anders und jede Intervention ist anders!" Die Konsequenz ist die fachliche Vereinzelung im Pädagogischen, sowohl der Klienten wie auch der Profis. Wenn die ASD-Akten nie Gegenstand einer auf sozialpolitische Erkenntnis zielenden Analyse werden, wird die strukturell wichtige Essenz der Fallarbeit immer nur auf Zeitungsniveau herausgefiltert. Dann werden allzu globale Ursachen für die kommunale Ebene benannt, die jeder informierte Kommunalpolitiker sowieso kennt, und an sozialpolitisch relevanten Details, die auf kommunaler Ebene zu verändern wären, arbeitet man sich nur im Rahmen der Fallarbeit immer wieder aufs Neue ab, etwa an den Kündigungs- und Renovierungspraktiken der lokalen Wohnungsbaugesellschaften, der Erniedrigung in bürokratischen Warteschlangen in den kommunalen Ämtern und dem Bestreben von Schulleitern, Schulen frei von Unterrichtsstörern zu halten. ASD-Teams, die für Strukturarbeit sensibilisiert sind, fragen stattdessen in jedem Einzelfall systematisch: Was ist das Allgemeine dieses Falls? Was ist das politisch Relevante dieses Falls? Was ist das

1 „Tough Love" ist ein gemeinwesenbasiertes Elternselbsthilfekonzept, das die wohlmeinende Einmischung von Profis bei Erziehungsproblemen sehr kritisch sieht (vgl. York/York/Wachtel 1983, S. 16) und stattdessen den Aufbau von Elterngruppen favorisiert, die sich gegenseitig im konfrontativen Management ihrer Kinder unterstützen (ebd., S. 139)

Sozialverwaltungsrelevante dieses Falls, und was sagt uns der Fall über unsere eigene Arbeitsweise als ASD?

6.3 Aktivierung

Die *aktivierende Arbeit mit Bürgern* ist eine Arbeitsform sozialraumorientierter Sozialer Arbeit auf der Ebene Sozialstruktur. Sie dient der Stärkung der Themen von Bewohnern und Betroffenen durch Strategien, auf Planung und Ressourcenverteilung Einfluss zu nehmen. Aktivierung ist dabei nicht im Sinne wohlfahrtsindustrieller Programme zu verstehen, Bürger für gute Zwecke zu gewinnen, Solidarität zu steigern, das Engagement für das Gemeinwesen und Gemeinwohl zu vermehren, Ehrenamtliche zu rekrutieren, die Beteiligung an öffentlichen Kampagnen zu verbreitern u. ä. Die gut gemeinte bürgerliche Aufforderung „Seid solidarisch!" im Sinne von „Seid nett, seid gut zueinander!" als ein moralischer Appell, oft eine Ermahnung der Herrschenden, ist so ziemlich das Gegenteil der Aktivierung, die hier gemeint ist. Sozialraumorientierte Aktivierung orientiert sich an einer durch Empowerment geprägten Vorstellung von Aktivierung.

6.3.1 Empowerment als Anspruch

Empowerment ist ein Importbegriff, der seinen Ursprung in der schwarzen Bürgerrechtsbewegung der USA hat. In ihrem Klassiker "Black Empowerment – Social Work in Oppressed Communities" (1976) schreibt die Erfinderin des Begriffes, Barbara Solomon: „Trotz des eklatanten und offensichtlichen Einflußdefizits der Menschen, die mit sozialen Problemen bei Sozialarbeitern ankommen, beschäftigen sich unsere Methoden mehr mit Konzepten, die relevant sind für die Probleme von Mittelklasseleuten: Selbstkontrolle, persönliche Selbstverwirklichung, Bildung und Systemanpassung" (Solomon 1976, S. 12). Das Hilfesystem sei besessen bis beseelt von personenbezogenen Variablen und unterschlage systematisch systembezogene Variablen bei der Erklärung von Problemursachen und bei der Entwicklung von Problembehandlungen (vgl. ebd., S. 381). Außerdem seien die standardisierten Leistungsansprüche und bürokratischen Prozeduren nur oberflächlich nicht diskriminierend. Wenn man aber bedenke, dass die Standardisierungen nach Mittelschichtslebensstilen und Werten des bürgerlichen Mainstreams geschnitten sind, entpuppe sich die Gleichheit der Regelungen als institutioneller Rassismus und als unterdrückendes, autoritäres System (vgl. ebd., S. 14). Wenn es Einflussdefizite sind, die unsere Klienten haben, so Solomon, sei es fraglich, ob sie mit einem solchen Hilfesystem zu verringern sind, oder ob dieses System eher dem Wert des Wassers für einen Ertrinkenden ähnelt (vgl. ebd.). Und weiter:

„Stellen Sie sich eine Monopolyrunde vor. In dem Spiel bildet sich über kurz oder lang ganz sicher eine Welt der Wohlhabenden und der Habenichtse heraus. Innerhalb der Regeln des Spiels ist diese Dynamik nicht zu verändern." (ebd., S.29)

Ziel Sozialer Arbeit müsse dementsprechend die Bemächtigung Machtloser sein, denn in der sozialen Welt sei das Konzept der Macht (Power) ähnlich fundamental wie das Konzept der Energie in der physikalischen Welt (vgl. ebd., S. 15). Gefühle von Machtlosigkeit wie Selbstzweifel, geringes Selbstbewusstsein, Hilflosigkeit, Wertlosigkeit kämen nicht von innen (wie einem das psychotherapeutische Beratungen glauben machen wollen), sondern resultierten aus der Unmöglichkeit, Emotionen, Fähigkeiten, Wissen und materielle Ressourcen in einer Art zu verwenden, die zu gesellschaftlich anerkannter Gratifikation führt. Sogenannte psychisch Kranke beispielsweise seien Leute, denen die passenden sozialen Lösungen für persönliches Wachstum vorenthalten werden (ebd., S. 16).

Soziale Arbeit hat die Aufgabe

- Machtstrukturen als zentrale analytische Kategorie des beruflichen Handelns zu benutzen,
- in Situationsanalysen die gegen das Wachstum von Adressaten wirkenden Machtblocker ausfindig zu machen,
- Machtstrukturen und Machtlosigkeit als dynamische Prozesse zu erkennen, die veränderbar sind,
- Menschen zu helfen, sich selbst als zentrale Akteure der Problemlösung statt als Ursache des Problems zu sehen,
- eine nutzbare Ressource für Adressaten zu sein, in Arbeitsbündnissen auf Augenhöhe,
- Strukturen für gegenseitige Hilfe und für die Selbstorganisation von Benachteiligten aufzubauen,
- lokale Ökonomie zu fördern,
- die Kontrolle von Menschen über ihr Leben und die politische Teilnahme im Gemeinwesen zu maximieren.

Empowernde Sozialarbeit geschieht nicht durch versorgende Hilfe, sondern durch das professionelle Vermögen, unterschiedliche Kräfte zusammen zu bringen. Am Beispiel der „Integration" wird der Ansatzpunkt der sozialarbeiterischen Interventionen verdeutlicht. Nach Solomon sei es ein Wahrnehmungsfehler, wenn man z. B. immer wieder aufs Neue feststelle, dass Jugendliche sich weigern, in die Schule zu gehen, weil daraus die Frage resultiere, wie diese Jugendliche doch noch in die Schule gebracht werden können. Wenn man nur zählt, wie viele Jugendliche in Schule und Arbeit gebracht werden, wäre nach Solomon die Sklaverei eigentlich die erfolgreichste Methode. Das Ziel darf aber nicht die Beschulung sein, sondern muss die Bemächtigung sein. Schule selbst ist kein Ziel. Konservativ verstandene Integration bringt die verborgene Annahme – nämlich dass der Wert der Schule, so wie sie ist, hoch und ihre Qualität gut ist – überhaupt nicht mehr in den Blick professionellen Handelns. Im Empowerment sind es immer die Systeme, die zu therapieren sind. Sie sollen Gelegenheiten für ihre Adressaten schaffen, in denen Gefühle von Machtlosigkeit reduziert und negativen Zuschreibungen etwas entgegengesetzt werden kann.

Hier ein Gedankenbeispiel von Barbara Solomon, das zwar ganz im Zeichen von „fordern und fördern" steht, aber eine ganz andere als die bürokratische Methodik anwendet. Statt der üblichen Einzelhilfe würde eine Arbeitsverwaltung sozialräumliche Genossenschaften (community corporations) arbeitsloser Menschen gründen. Die Genossenschaften haben eine überschaubare Größe von etwa 300 Familien, und die Mitglieder setzen sich aus möglichst unterschiedlichen Berufsgruppen zusammen. Das Geld, das bislang für Arbeitslosengeld ausgegeben wurde, steht den Genossenschaften als jährliches Budget zur Verfügung, mögliche Gewinne bleiben in der Genossenschaft, und Budgetüberschreitungen werden von der Arbeitsverwaltung unter bestimmten Umständen ausgeglichen. Mit dem freiwilligen Beitritt bekommen die Mitglieder den Status von Anteilseignern (shareholder) und damit auch das Wahlrecht zu den Gremien der Korporation. Gleichzeitig wird jedes Mitglied Arbeitnehmer der Genossenschaft mit einem garantierten Lohn, der dem bisherigen Arbeitslosengeld entspricht. Mit dem Eintritt in dieses Beschäftigungsverhältnis findet eine Art Ressourcen- und Interessencheck statt. Jeder Arbeitnehmer arbeitet für das Gemeinwesen, allerdings auf der Basis seiner eigenen Fähigkeiten und Interessen. Eltern werden für die Erziehung ihrer Kinder bezahlt (oder für die Betreuung der Nachbarskinder). Auch für das Pflegen von kranken Menschen – egal, ob verwandt oder nicht – kann man seinen Lohn erhalten. Dadurch wird gemeinschaftsdienliche Arbeit aufgewertet. Andere Arbeitsplätze könnten z. B. Straßenreinigung und Schneeschippen in der Nachbarschaft sein, Parks im Quartier anlegen und sich dort um Spielplätze kümmern, Fort- und Ausbildungen im Gemeinwesen anbieten oder machen, Hausaufgaben- und Nachhilfe, Bewohner in Clubs oder Initiativen organisieren. Entscheidend dabei ist, dass die Arbeitsplätze genau auf das zugeschnitten sind, was die Leute tun wollen, und dass der Mehrwert möglichst auch anderen Leuten im gleichen Stadtteil zugute kommt. So wird es auch Leute geben, deren Arbeitsplatz es ist, Kranke zu besuchen, auf alle Kinder am Spielplatz aufzupassen, öffentliche Sicherheit zu gewährleisten oder auf den Bänken im Stadtteil zu sitzen und die Vorübergegenden aufmunternd zu grüßen. Für jeden ließe sich etwas finden und die Kategorie der Behinderten, Unqualifizierten, Unmotivierten würde eliminiert, was wiederum enorme Wirkungen auf das Lebensgefühl der Bewohner und die Lebensqualität im Stadtteil hätte.

Empowerment auf der Ebene der Sozialstruktur thematisiert strukturell ungleiche Verteilungen von politischer Macht und Einflussnahme.[2] Empowerment initiiert einen bisweilen „konflikthaften Prozess der Umverteilung von politischer Macht, in dessen Verlauf (...) Gruppen von Menschen aus einer Position relativer Machtunterlegenheit austreten und sich ein Mehr an demokratischen Partizipationsvermögen und politischer Entscheidungsmacht aneignen" (Herriger 2002, S. 12).

Die durch das Empowerment inspirierte aktivierende Arbeit mit Bürgern ist demnach keine Aktivierung, die versucht, das Beste aus Bürgerressourcen und -engagement innerhalb der bestehenden Regeln des Spiels zu machen, sondern eine Aktivierung, die es ermöglicht, die Regeln selbst in Frage zu stellen und zu verändern. Wie das konkret geschehen kann, wird am schönsten im Community Organizing sichtbar.

6.3.2 Organizing als Praxis

Macht (power) und Eigeninteresse (self-interest) sind die zentralen Begriffe im Community Organizing (Behrendt et al. 1996, S. 29). „Macht" hat im Deutschen durch Webers berühmte Definition – als jede Chance, innerhalb einer sozialen Beziehung den eigenen Willen auch gegen Widerstreben durchzusetzen, gleichviel worauf diese Chance beruht (Wirtschaft und Gesellschaft, 1980) – einen ans Illegitime grenzenden Beigeschmack. Im Community Or-

2 Stark beschreibt am Beispiel des Münchner Selbsthilfezentrums wie in der Praxis des Empowerment verschiedene Funktionen zusammenfließen: Parallel zu beratenden Dienstleistungen für Rat suchende Personen werden gemeinschaftsbildende Prozesse der Selbstorganisation und gegenseitigen Unterstützung gefördert. Zudem wird die Arbeit in einen sozialpolitischen Rahmen gestellt, indem Kooperationsbeziehungen zu relevanten Institutionen erarbeitet werden, die dort Veränderungsprozesse bewirken können (vgl. Stark 1996, S. 176). Dieses Beispiel markiert auch den Übergang vom ursprünglichen Konzept des Empowerment, in dem die deutsche Übersetzung von „POWER" „MACHT" heißen muss, zu einem Konzept des Empowerment, das sich auf das Vermögen von Menschen richtet, die Komplikationen ihres Alltags durch die Entwicklung ihrer eigenen Kräfte besser zu bewältigen. Hier wird dann Power mit „STÄRKE" übersetzt und das ent-sprechende Stärkemodell finden sie im Handlungsfeld „Individuum".

ganizing (CO) ist Power eindeutig positiv besetzt, weil durch sie eine positive Weiterentwicklung des Gemeinwesens möglich wird. Veränderungen sind nur zu erreichen, wenn man die Macht hat, sie durchzusetzen, denn es bedarf der Macht, um die Machtausübung der Mächtigen zu evaluieren und zu optimieren – so die Grundüberzeugung. Die Hoffnung auf den guten Willen ist keine reelle Basis für Veränderung, wenn konkurrierende Interessen aufeinander treffen. Macht korrumpiert, Machtlosigkeit auch, nämlich zum ergebenen Passivismus, der die aktive, demokratische Idee des Bürgertums aufgibt und sich im unzufriedenen Schimpfen auf „die da oben" einsesselt. Im Gegensatz zu Weber definiert das CO Macht als „das Vermögen zu agieren", und das Ziel ist die Kumulation von Macht, was durch klassische, angebotsorientierte Sozialarbeit nur selten gelingt. Vielmehr entsteht Macht laut Alinsky, dem Vater des Ansatzes, entweder durch organisiertes Geld oder durch organisierte Menschen (vgl. Mohrlok 1996, S. 68). Da Ersteres in den relevanten communities selten ausreichend vorhanden ist, bleibt nur die zweite Möglichkeit der Bürgerorganisation, die den bestehenden Machtverhältnissen eine Gegenmacht entgegensetzt. Shel Trapp (1986) geht noch davon aus, dass es eine begrenzte Menge an Macht gibt, die unterschiedlich verteilt werden kann: Die einen haben wenig, die anderen viel, und das Ziel des Organizing ist der Ausgleich oder die Umkehr der Machtverhältnisse. Die Bemächtigung der einen Seite ist dann die Entmächtigung der anderen. Deshalb gibt es auch einen klaren Gegner. Im heutigen „relationalen" Machtmodell (vgl. etwa Chambers 2004) geht man nicht mehr von einer Nullsumme der Macht aus, sondern von ihrer Vermehrbarkeit. Macht ist die Fähigkeit, gemeinsam zu handeln. Und der Erwerb dieser Fähigkeit muss noch nicht die Macht der Machthabenden mindern oder beseitigen.

Erfolgreich agieren kann eine Bürgerorganisation aber nur dann, wenn sie es schafft, die Energiepotenziale jedes Mitgliedes einzusetzen. Deswegen ist das Eigeninteresse der Leute als Triebfeder so wichtig. Nur wenn dieses Eigeninteresse angesprochen wird, sind die Menschen bereit, etwas zu tun und sich einzusetzen.

Community Organizing ist demnach ein Prozess, in dem es um die Veränderung von Rahmenbedingungen für die Lebenslagen der Bewohner eines Gemeinwesens geht und bewerkstelligt wird durch Einfluss von Bürgerorganisationen auf Entscheidungsträger. Diese gründen sich aus individuellen Betroffenhei-

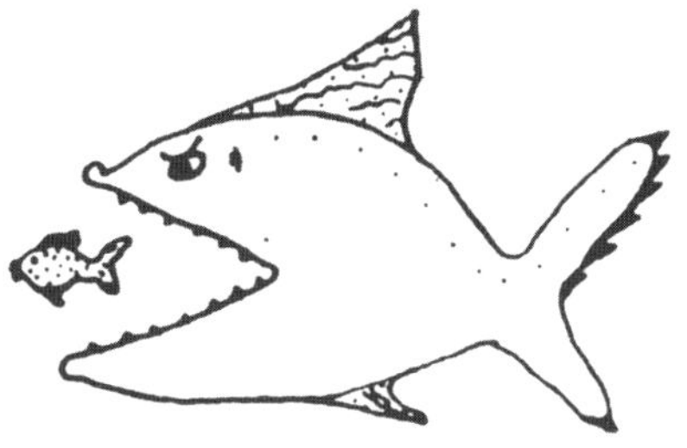

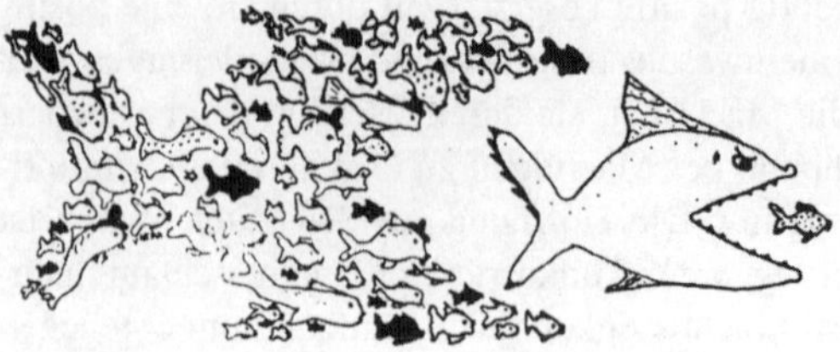

ten, die durch die Entwicklung sozialer Beziehungen zu gemeinsamen Betroffenheiten gemacht werden. Ist dieser Prozess erfolgreich, verändert er nicht nur die Verteilung von Ressourcen und Macht, sondern es entsteht auch Demokratie im Deweyschen Sinne. Kurz und bündig definiert Valocchi: „Community Organizing heißt, persönliche Probleme in öffentliche Streitthemen (Issues) verwandeln" (zit. nach Rothschuh 2003, S. 14).

Insofern hat das Community Organizing eine systematisch kritische Perspektive. Man versucht, die Politik und Institutionen zu verändern, die nicht im Sinne der Bewohner funktionieren. CO kann ein Störfaktor für Verwaltungen und routinierte Abläufe sein. Man geht aber davon aus, dass effektives Regieren von bürgerschaftlichem Engagement (civicness) abhängt, nicht primär vom Konsens. Die Kontexte des Community Organizing sind (1.) die Nachbarschaft als potenzielle Basis, um Macht zu bekommen bzw. Macht zu behalten, oder (2.) die Entwicklung neuer Institutionen alternativ zu den Institutionen derer, die an der Macht sind. Community Organizing ist also immer sozialpolitische Arbeit. Die Sozialarbeit kommt als Dritte in der Rolle des Organizers ins Spiel: der Profi für das Organisieren von Bürgerorganisationen und der Profi im Beraten dieser Bürgerorganisationen bei der Entwicklung effektiver Strategien zur Durchsetzung *ihrer* Issues.

Die verschiedenen Arbeitsformen des Community Organizing legen nahe, dass sich die Aktivierung nicht nur auf der Bühne politischer Forderungen abspielt, sondern bisweilen sehr konkrete, pragmatische Züge annimmt, die schnelle Abhilfe für Mangellagen versprechen. Allerdings vergisst das Community Organizing nie, dass die Aktivierung letztlich auch immer die Veränderung der Regeln des Spiels im Blick haben muss.

Formen des CO	**Beispiel: Menschen ohne Wohnung**	**Ziel**	**Mit den oder für die Betroffenen?**	**Beziehung zu Ressourcenkontrolleuren**	**Macht**
Dienstleistung	Organizer überzeugt Kirchengemeinden, Feldbetten für Menschen ohne Wohnung in ihren Räumen aufzustellen.	Leiden verringern	Für	Kooperation	Akzeptiert bestehende Machtrelationen
Bildung	Organizer stellt Untersuchungen über die Ursachen und Lösungsmöglichkeiten zur Wohnungslosigkeit an und verbreitet die Informationen.	Aufklärung Themenbildung	Für	Kooperation	
Selbsthilfe	Organizer macht Workshops für Wohnungslose zu der Frage, wie sie eine Wohnung oder einen Job finden können. Idee: Die Leute können ihr Problem selbst lösen, am besten in Gruppen.	Raum verändern	Mit	Kooperation	
Advocacy	Organizer beeinflusst die Stadt, Unterkünfte zu eröffnen. Die wohnungslosen Menschen sind nicht notwendigerweise beteiligt.	Regeln verändern	Für	Konflikt	
Aktion	Organizer organisiert wohnungslose Menschen. Sie entscheiden über angestrebte Lösungen und setzen die Stadt dann in gemeinsamen Aktionen unter Druck, um diese Lösungen zu erreichen.	Macht bilden	Mit	Konflikt	Fordert existierende Machtrelationen heraus

(Quelle: nach Rothschuh 2003, S. 74)

Ablauf

Die ersten Schritte im Community Organizing sind viele kleine Schritte, die so genannten „*One-to-Ones*“. Das sind Vieraugengespräche mit Leuten aus dem Stadtteil, die man entweder auf der Straße anspricht, an deren Haustür man klopft, die man auf Versammlungen und Festen trifft oder anruft. Bei diesen One-to-Ones (abkürzbar auch als „121s“) geht es um dreierlei. Erstens sollen *Issues* (öffentliche Streitthemen) gefunden werden. Das sind Themen, die die Leute bewegen (Prinzip: „Ask! Engage the community around a question, not an answer"). Meistens sind dies Sachen, womit man unzufrieden ist. Ein Issue unterscheidet sich von einer individuellen Unzufriedenheit dadurch, dass es eine größere Gruppe betrifft (also auf eine strukturelle Ursache hindeutet) und dadurch, dass die Leute damit mobilisiert werden können. Es sind meist keine pädagogischen Vorzeigethemen, sondern konkrete Unzufriedenheiten, die das Volk aufbringen. Herausgebracht werden solche Themen, wie schon erwähnt, in 121s, weil sie sich wiederholen und weil man auch spürt, ob die Leute davon so betroffen sind, dass sie etwas dafür tun werden (Prinzip: "Start with an issue that is „winnable“. It‘s better to identify and successfully use/connect a small number of people than to identify but not use a large number").

Zweitens geht es bei 121s um den *Aufbau einer Basis*. Indem man viele Leute kennenlernt, legt man den Grundstein zu einer Initiative, die im Laufe der Zeit zur Machtbasis weiterentwickelt wird.

Drittes Ziel der 121s ist das Finden von *Leadern*. Das sind Leute, denen andere Leute folgen, auf die andere Leute hören. Sie haben ein Netz von Bekannten und sind in der Lage, dieses Netz für Aktionen zu mobilisieren. Leadership-Qualitäten lassen sich weiterentwickeln, wenn man ein gewisses Grundtalent mitbringt, und diese im Stadtteil wandelnden Talente werden in den 121s herausgesucht.

Sind ein oder mehrere Issues identifiziert, schließt sich die Analyse der Machtstruktur in der Community an. Welchen Leuten wird Macht zugesprochen? Man recherchiert, wer im Stadtrat, in Vorständen oder in Aufsichtsräten ist, welche Namen in den Zeitungen erscheinen, wer öffentlich nach seiner Meinung gefragt wird u. ä. Diese Leute müssen aber nicht unbedingt die wirklich Mächtigen sein, obgleich es an der Oberfläche so aussieht. Deshalb stellt sich jetzt die Frage „Wer *hat* die Macht?“ Wenn drei oder vier Leute "Frau Baumüller“ erwähnen, wird man versuchen, mit ihr Kontakt aufzunehmen, bevor man wichtige weitere Schritte tut. Man kann die Oberflächenleute auch fragen, wen sie als wichtigen Menschen, was dieses Thema betrifft, ansehen. In Organisationen wissen die Mitarbeiter meist recht genau, wer die Macht hat. Hilfreich sind jetzt informelle Gespräche und Informanten, die einem Dinge hinter vorgehaltener Hand sagen.

Das Organizing beginnt, sich mit der real existierenden Machtstruktur in einer Community anzulegen, wenn diese Machtstruktur nicht (mehr) den Mainstream der Community repräsentiert oder wenn die Machtstruktur unfähig oder unwillig ist, sich mit Themen auseinanderzusetzen, die benachteiligten Gruppen von Leuten wichtig sind. Konkrete Auseinandersetzungen werden allerdings erst unternommen, wenn eine eigene Machtbasis (über den Aufbau einer Initiative und das Gewinnen von Bündnispartnern) entwickelt wurde. Für konkrete Aktionen werden Strategien entwickelt, deren Qualität etwa durch folgende Fragen getestet werden kann (vgl. Trapp 1986):

- Passt die Strategie zu dem, was die Leute wollen und leisten können?
- Wird die Strategie:
  - dramatisieren und das Thema aufbauen?
  - den Leuten Spaß machen?
  - den Gegner personalisieren, aus der Balance bringen?
  - uns an den Verhandlungstisch bringen?

Eine typische Strategie sind die sogenannten *Accountabilty Sessions*. Dies sind exakt durchgeplante Versammlungen, in denen Politiker und Verwaltungsspitzen mit den Issues konfrontiert und nach konkreten Lösungen gefragt werden. Dabei wird ausgesprochen großer Wert darauf gelegt, dass die Bürger besser vorbereitet sind als die geladenen Amtspersonen, dass die Versammlung als absolutes Heimspiel der Bürger abläuft. Das bedeutet, man braucht: eine Tagesordnung, die den hohen Herren nur ganz kurze Redezeiten einräumt, eine Moderation, die wenn nötig konfrontativ zum Antworten auf spezifische Fragen zwingt, ein großes Publikum, das genau weiß, wann es applaudieren und wann pfeifen muss. Die

Stellenanzeige für einen Community Organizer (Auszug)

CLOUT (Citizens of Louisville Organized & United Together) ist eine Organisation von Gemeinden und Nachbarschaftsgruppen. (…) Wir sind eine Basisorganisation mit einer Vielfalt von Themen, die überzeugt ist, dass wir vereint eine machtvolle Stimme für mehr Gerechtigkeit in unserer Community sind.

Aufgaben des Community Organizers:
- Entwicklung von Leadern
- Entwicklung von Issues
- Unterstützung der Organisation
- Fundraising

Qualifikationen:
Zuerst und vor allem müssen Sie eine aufrichtige Leidenschaft für soziale Gerechtigkeit und für Community Organizing haben. Diese Position ist ein Beruf, nicht nur ein Job.

(Quelle: Rothschuh 2003, S. 24).

professionellen Fachkräfte agieren dabei backstage, in der Vorbereitung und Auswertung, aber nie öffentlich während der Versammlung, getreu dem eisernen Prinzip: „Social Workers will ultimately have to step out of the way to let citizens choose their own path. Lead by serving. Do not do for others what they can do for themselves. Remember to ask: 'What didn't I do this week?' Do with, not for." (aus: Asset-Based Community Development Training Group) Die Versammlung wird dann z. B. eröffnet mit den Satz „we are here to do our work as citizens" (Putnam/Feldstein, S. 30), um gleich zu markieren, dass es nicht um selbstbezogene Interessendurchsetzung geht, sondern um die Realisation eines demokratischen Ideals, in dem Bürger sich für ihr Gemeinwesen engagieren und dazu auch außerhalb der Wahlen und formalen Hierarchie Kontrolle und Mitsprache ausüben (Dewey). In einer Versammlung mit einem Bürgermeister beispielsweise ging es den Anwohnern um die Befestigung ihrer Schotterstraßen vor den Häusern. Der Bürgermeister identifizierte sich taktisch geschickt sofort mit dem Anliegen der Leute, nannte es sinnvoll und wichtig, stellte sich dann aber handlungsunfähig ob der knappen Stadtkasse dar. Die Sprecherin der Initiative konterte: „Herr Bürgermeister, Sie sind nicht Eigentümer des Geldes sondern Verwalter, und wir sind heute hier, um sicherzustellen, dass Sie die Steuergelder weise verwalten." Tobender Applaus. Der Bürgermeister zeigt sich im Laufe der Zeit kompromissbereit und fragt einlenkend die Sprecherin: „Wann wollen Sie die Straßen geteert haben?" Erwartet hatte er ein „Sobald-wie-möglich", das sich interpretieren lässt. „Am ersten Juni!" kommt es wie aus der Pistole geschossen zurück. „Zu welcher Uhrzeit?" versucht der Bürgermeister, die Forderung ins Absurde zu führen und Lacher zu provozieren. Niemand lacht. „Um 7.00 Uhr früh", lautet stattdessen die karge Antwort der Sprecherin. Zwei zu null, und die Nachbarschaft bekommt den Teer auf die Straßen (nach Putnam/Feldstein, S. 27).

6.3.3 Lokale Ökonomieförderung

Geringe Einkommens- und Beschäftigungschancen machen den Kern der dringlichsten sozialen Probleme in unserem Land aus. Sie beschreiben am schärfsten Ungleichheiten zwischen Bevölkerungsgruppen, sie markieren Exklusion, und sie kennzeichnen soziale Räume, von „Problemvierteln" einer Stadt bis zu wirtschaftlich abgehängten Regionen und Bundesländern. Deshalb ist in einem sozialraumbezogenen Ansatz die positive Beeinflussung der lokalen Ökonomie ein Ziel Sozialer Arbeit. Eigenständige Existenzsicherung und wirtschaftliches Tätigsein sind in benachteiligen Lebenslagen zentrale Ziele der Betroffenen. Verbesserung der Standorteignung der Gebiete für Betriebe, aufsuchende Wirtschaftsförderung gerade für kleine und mittlere Betriebe im Stadtteil, Beschäftigungsförderung, Qualifizierung und Ausbildung der Bewohner gehören in einer sich einmischenden Sozialen Arbeit zu den selbstverständlichen Strategien. Gewerbe mit einem regionalen Markt sind für die Soziale Arbeit interessant, weil sie auf regionale Nachfrage angewiesen und an der Entwicklung dieser Nachfrage interessiert sind.

Die Q.pong-Kuh, © Netzwerk Saar e.V.

Das *Projekt „Q.pong"* in einem saarländischen Gebiet des Bund-Länder-Programms „Soziale Stadt", wo ein Gutscheinheft das Gewerbe und gleichzeitig soziale und kulturelle Projekte im Stadtteil unterstützt, ist dafür ein gutes Beispiel. Das Q.pong-Konzept wurde vom Netzwerk Saar entwickelt, einer Beratungsstelle für selbstorganisierte Einrichtungen und Kleinstexistenzgründungen mit Sitz im Nauwieser Viertel. Es wurde im Stadtteilforum, das sich im Zuge der Umsetzung des Programms „Soziale Stadt" gegründet hat, vorgestellt und dort für gut befunden. Hinter der Bezeichnung „Q.pong" verbirgt sich ein Coupon-Heft mit rund 40 Gutscheinen von Einzelhandelsläden, Gastronomie- und Handwerksbetrieben. Bei dem Namen „Q.pong" handelt es sich um ein Wortspiel: Viele Saarbrücker bezeichnen das Nauwieser Viertel als „Chinesenviertel", worauf die Silbe „pong" anspielt. Auf den Plakaten und Coupons ist eine Kuh zu sehen, die man wiederum mit dem Buchstaben „Q" assoziiert.

An insgesamt 13 Verkaufsstellen, von denen bis auf drei alle innerhalb des Nauwieser Viertels lagen, sowie über Handverkauf war das Q.pong-Heft zum Preis von 15,- DM käuflich zu erwerben. Bei Einlösung aller Gutscheine, die nach Erwerb des Q.pong-Hefts ein halbes Jahr lang gültig waren, konnten bei dieser Erstauflage bis zu 485,- DM gespart werden. Die Erstauflage der „Q.pong"-Hefte lag bei 1.000. Jedes der beteiligten Unternehmen, die neben dem Gutschein eine Anzeige veröffentlichen konnten, musste eine Bearbeitungsgebühr in Höhe von 50,- DM zahlen. Das Konzept beruht auf dem Ziel, die Interessen der unterschiedlichen Gruppen des Nauwieser Viertels zu vereinbaren:

- Der Vorteil für die Menschen, die im Stadtteil wohnen, ausgehen oder einkaufen, liegt auf der Hand – sie können durch den Erwerb des Heftes Geld sparen. Und sie haben dabei noch das Gefühl, dass sie etwas Gutes für diesen Stadtteil tun.

- Soziale und kulturelle Initiativen bzw. Menschen, die sich im oder für das Nauwieser Viertel engagieren, profitieren von der finanziellen Unterstützung aus dem Verkaufserlös.
- Und drittens spielt die Steigerung der Attraktivität der lokalen Wirtschaft, die im Vergleich zu den großen Geschäften der benachbarten Einkaufsmeile eher ein Schattendasein führt, eine wesentliche Rolle. Durch die Werbung in den Heften soll auf die vielen verschiedenen Läden, Betriebe und Einrichtungen aufmerksam gemacht werden, von denen vorher vielleicht noch nicht alle in den Köpfen der Stadtbewohner und -besucher waren.

Local Economy

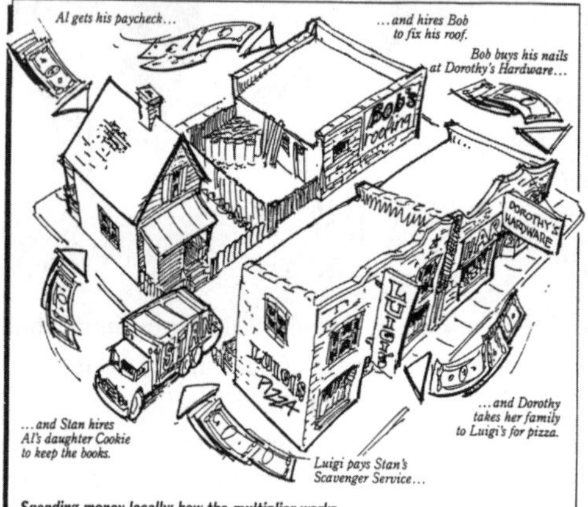

Spending money locally: how the multiplier works

What is a local economy?

A local economy is one in which…

… dollars recirculate
… local people are working
… local people own … local businesses,
… local people make purchases in neighborhood stores
… local people are active and connected

Quelle: Kretzman et. al 1996, S. 2

In diesem Projekt verschwimmen schon die Grenzen zwischen den Arbeitsfeldern der vorhandenen gewerblichen Wirtschaft vor Ort, Eigenarbeit, Nachbarschaftshilfe und bürgerschaftlichem Engagement. Stellt man jetzt die Einmischung der Sozialen Arbeit in die lokale Ökonomie unter die Prinzipien Empowerment und Aktivierung der Bewohner, greift der Zielbereich „Lokale Ökonomie" weiter, wird zur *Gemeinwesenökonomie*, die sozial eingebundenes wirtschaftliches Agieren in einem lokalen oder regionalen Kontext meint (vgl. Elsen 2003). Gemeinwesenökonomie nutzt die Potenziale der Bevölkerung, das soziale Kapital eines Gemeinwesens, und will das sicherstellen und schaffen, was Menschen zum Leben brauchen: ein Dach über dem Kopf, eine Existenz sichernde Arbeit, eine angemessene Infrastruktur, sauberes Wasser, bezahlbare Energie, öffentliche Räume usw. Es geht dabei nicht nur um die Sicherung der individuellen Existenzgrundlage von Menschen, die im Zuge der Globalisierung „überflüssig“ werden, sondern Wirtschaften wird als soziales Handeln verstanden, das die Erhaltung der ökologischen wie sozialen Existenzgrundlagen zum Thema macht.

Gemeinwesenökonomie nutzt und erzeugt lokale Standortvorteile, erschließt soziale und ökonomische Eigenproduktion, Tausch, Nachbarschaftshilfe und Erwerbsarbeit im lokalen Umfeld speziell für diejenigen, die auf das Quartier als Ort der Lebensbewältigung und Existenzsicherung am stärksten angewiesen sind. Handlungsfelder liegen im Wohn- und Wohnumfeldbereich, in der gemeinsamen Organisation von Alltagsbelangen wie z. B. Diensten zur Entlastung von Familien, Gestaltung und Nutzung von Boden für community-gardening, gemeinsame Nutzung langlebiger Gebrauchsgüter usw.

Ziele der Gemeinwesenökonomie im Kontext Sozialer Arbeit formuliert Elsen (2003, S. 3):

- „Kleine Schritte in Richtung einer stärkeren Unabhängigkeit gegenüber den Zumutungen des Marktes und den Unwägbarkeiten des Staates durch die Förderung von Selbstorganisation in den Lebensbereichen, die Menschen unmittelbar tangieren.
- Die Sicherung demokratischer Teilhabe und des Zugangs zu materiellen Lebensgrundlagen insbesondere der für den Weltmarkt ‚Überflüssigen‘.
- Die selbst bestimmte Nutzung der Potenziale durch Menschen, deren Arbeit im globalen Markt immer weniger gebraucht wird und immer mehr an Wert verliert.
- Die Erhaltung des ‚Sozialen Kapitals‘ vor dem Hintergrund der Zerstörung der Solidarzusammenhänge. Nachhaltige Entwicklung, in deren Zentrum die lebendige Arbeit steht.“

Ein Beispiel aus den neuen Bundesländern lässt erkennen, wie stark Gemeinwesenökonomie auf Solidarität und kooperatives Handeln setzt und die Identität des Gemeinwesens stärkt:

> Durch eine beispielhafte Strategie zur Beschäftigung, vor allem von Frauen, im Handlungsfeld „Soziale Ökonomie“, konnten im thüringischen Großbreitenbach bis heute über 30 Projekte mit knapp 100 Mitarbeiterinnen initiiert und umgesetzt werden. „In der Stadt mit etwa 3000 Menschen gründete sich im Jahre 1992 die Frauengruppe Großbreitenbach e.V., um nach neuen Arbeits- und Beschäftigungsmöglichkeiten zu suchen. Aus einer Ideenkonferenz heraus entstand das erste Frauenbeschäftigungsprojekt ‚GBF-promotion‘ mit anfangs 30 Mitarbeiterinnen. Erste soziale Vorhaben beinhalteten die Hauswirtschaftspflege, das Frauen- und Familienzentrum, das Jugendzentrum und den Seniorenclub Altenfeld. Sie wurden im Laufe

der Jahre um etliche Projekte ergänzt: die Frauenzeitung ISA, die Kontaktstelle ‚Hyperaktives Kind' sowie ‚women on the web', eine Internetfirma, die touristische Dienstleistungen anbietet. Im Mittelpunkt steht die Schaffung von Dauerarbeitsplätzen, die bei der Vernetzung einzelner Projekte und bei bestimmten Interessengruppen als aussichtsreich ausgemacht worden sind. Das ‚Haus für Alle' – eine Begegnungsstätte für Jugendarbeit, Seniorenbetreuung und Fraueninitiativen – vereint die Kräfte zu einer bedeutsamen kommunalen Institution." (www.sozialestadt.de/veroeffentlichungen/newsletter/lokale_oekonomie.shtml)

Für Gemeinwesenökonomie in den Industrieländern ist die Mischung von Handlungsfeldern und von Organisationsformen kennzeichnend. Die Tätigkeiten werden organisiert in Tauschringen, Kooperativunternehmen, Genossenschaften und gemeinnützigen wie erwerbswirtschaftlichen Unternehmensformen. Sie setzen an vielen Schnittstellen zu Markt und Staat an, funktionieren in gemeinwesenorientierten Verbünden wie in Kooperation mit der gewerblichen Wirtschaft, stellen Partnerschafts- und Kooperationsmodelle zwischen öffentlichen und privaten Organisationen, zwischen sozialen Bewegungen (wie der Frauen- und der Alternativbewegung) und einzelnen Initiativen dar. Sie sind – wie in den Programmgebieten „Soziale Stadt" – häufig multifunktional und verbinden verschiedene Lebensbereiche und Ziele miteinander. Die Vielfalt von gemeinwesenökonomischen Tätigkeiten ordnet Elsen in vier Bereiche (Elsen 2003):

1. Tauschsysteme und lokale Komplementärwährungen
sind eigenständige Alternativen oder Ergänzungen zur offiziellen Geldwirtschaft. Wenn die *Tauschringe* in ihrer Organisation auf die Logik der kooperativen Praxis einer Region abgestellt werden, können die Möglichkeiten der Alltagsbewältigung durch eigene und fremde Ressourcen deutlich erhöht werden. Außerdem sind Tauschringe ein guter Einstieg in das Verständnis gemeinsamen Wirtschaftens.

Der Tauschring Köln ist ein soziales Netzwerk für Köln und die nähere Umgebung, das den TeilnehmerInnen ermöglicht, Dienstleistungen und Waren geldlos miteinander zu tauschen. Die Währung ist das „Talent". Findet ein Tausch statt, bekommt der Anbieter dafür einen Scheck, der seinem Talent-Konto gutgeschrieben wird. Dafür kann er wiederum die Dienstleistungen oder Waren beliebiger anderer Mitglieder in Anspruch nehmen: Anna passt bei Familie Fröhlich auf die Kinder auf. Familie Fröhlich hilft Klaus beim Umzug. Klaus berät Dennis am Computer. Dennis repariert Evas Fahrrad. Und Eva backt Anna eine Torte für ihre Party. (www.tauschring-koeln.de)

Lokale Währungen nutzen ebenfalls die strategischen Vorteile von Solidarität, Kooperation und Vertrauen in einem überschaubaren Raum und steigern die Wertschöpfung in einem verlässlichen, selbst steuerbaren lokalen Rahmen. In der Schweiz und in Japan haben sich diese Alternativwährungen, die zivilgesellschaftliche Hilfe auf Gegenseitigkeit bereitstellen, seit vielen Jahren bewährt.

> Der Chiemgauer ist eine Regionalwährung in den Landkreisen Rosenheim und Traunstein, die die Regionalentwicklung unterstützen soll. Ziel des Chiemgauer e.V. (1.820 Mitglieder mit 550 Unternehmen) ist die Förderung gemeinnütziger Vereine und die Belebung regionaler Wirtschaftskreisläufe. Der Wert des Chiemgauer (zur Zeit 90.000 im Umlauf bei einem jährlichen Umsatz von knapp 1,5 Mio Euro) ist eins zu eins zum Euro, hat aber drei Regeln: Lokale Vereine erhalten beim Einwechseln in Chiemgauer 3%. Alte Chiemgauer verlieren im Laufe der Zeit an Wert, um dafür zu sorgen, dass das Geld im Umlauf bleibt. Und es gibt einen Abzug beim Rücktausch in Euro, der der Region zugute kommt. Die Regeln des Chiemgauer bestimmen die Mitglieder des Chiemgauer e. V.
> Wer sich z. B. bei der Raiffeisenbank in Riedering 100 Chiemgauer auszahlen lässt, wählt in einem Formular aus, ob er das Sozialwerk, den Musikförderverein, die Grundschule, die Trachtenvereine, Greenpeace, das Rote Kreuz oder einen anderen der 97 teilnehmenden Vereine unterstützen möchte. Dann wird sein Bankkonto mit 100 Euro belastet und er kann nun bei den Geschäften am Ort einkaufen. Gegenüber der Raiffeisenbank ist zum Beispiel der Lebensmittelmarkt „Nah und Gut". Wenn dieser einen Chiemgauer-Umsatz macht, kann er damit bei einem Großhandel einkaufen, der wiederum bei regionalen Erzeugern einkauft. Die Verbraucher unterstützen mit ihren Einkäufen einerseits ein lokales gemeinnütziges Projekt wie einen Kindergarten oder eine Schule und andererseits die Arbeitsplätze der regionalen Wirtschaft (www.chiemgauer.info).

2. Sozialkulturelle Ansätze

Ansätze in der Sozialen Arbeit, die auf Wertschätzung, Erhaltung, Förderung und sozialproduktive Nutzung der Potenziale benachteiligter Menschen zielen, sind häufiger praktizierte Formen der Gemeinwesenökonomie. Aus relativ kleinen, informellen Initiativen zur gegenseitigen Hilfe, Entlastung und zugunsten gemeinsamer Interessen können anspruchsvollere Handlungszusammenhänge entstehen. So können sich aus einer Gruppe von Bewohnern, die sich für die Belange des Wohnens und des Wohnumfeldes einsetzt, vielfältige Formen der Kooperation ergeben, z. B. gemeinsame Mietergärten, eine Stadtteilwerkstatt, der Aufbau eines Pförtner- oder Hausmeisterdienstes, Einkaufs- oder Transportdienste für Alte und Kranke usw.

3. Aus dem Kontext der Lebenswelten zu erschließende oder neu zu organisierende Handlungsfelder
Hier rücken vor allem die Lebensbereiche und Bedürfnisse in den Mittelpunkt, die in einem Gemeinwesen vom Staat oder dem Markt „heruntergefahren" wurden wie z. B. Wohnen und Wohnumfeld, Kinder- und Altenbereuung, Bildung, Kultur, Transportwesen, personenbezogene Dienstleistungen, kleinräumliche Versorgung usw. Wenn viele Menschen sich mit diesen Aufgabenbereichen identifizieren und sich dafür kooperativ organisieren, können neue Möglichkeiten erschlossen werden, z. B. durch einen regelmäßigen Mittagstisch, den Bewohnerinnen für die Schulen und Kinderbetreuungseinrichtungen im Stadtteil organisieren, durch Qualifizierung und Beschäftigung von Bewohnern als Hausmeister, „Kiezläufer", Schulhelfer usw. Diese Maßnahmen sind, selbst gesteuert durch die Anwohner, eine deutlich überlegene Alternative zu den verordneten 1 -Jobs, Pflichteinsätzen für Sozialhilfeempfänger usw. Besonders anspruchsvolle und weitreichende Beispiele sind hier solidarische Organisationen wie regionale Wasser-Genossenschaften, die ihre eigene Trinkwasserversorgung sicherstellen oder kommunale Fonds lokaler Energieversorger.

Wasser-Genossenschaft Ellerhoop
In der schleswig-holsteinischen Gemeinde Ellerhoop hat erstmalig eine Bürgerinitiative die Wasserversorgung übernommen. Zu dem Projekt kam es durch einen Bürgerentscheid, mit dem die 350 Haushalte das Vorhaben der Gemeindeverwaltung stoppten, das lokale Wasserwerk zu schließen und alle Haushalte an einen überregionalen Wasserversorger anzuschließen. Die meisten Ellerhooper haben Brunnen, weil die Ellerbeker Rinne ausgezeichnetes Wasser führt. 90 Haushalte werden von dem Kleinwasserwerk versorgt, das jetzt die von den Bürgern gegründete Wasser-Genossenschaft Ellerhoop übernommen und saniert hat. „Warum sollten wir Trinkwasser von einem überregionalen Wasserversorger zurück kaufen, welches er bei uns fördert? Er mixt sein Wasser minderer Qualität mit unserem, damit er unter die Grenzwerte kommt. Als Dank dafür hätten wir dann höhere Wasserpreise zu zahlen." (www.wg-ellerhoop.de) Die Gründung der Wassergenossenschaft stellt nicht nur die Trinkwasserversorgung sicher, sondern auch langfristig moderate Preise, hohe Selbststeuerung durch die Bürger und Beschäftigungsmöglichkeiten von Einheimischen.

Der hertenfonds
Stadtwerke haben auch einen politischen Auftrag, beispielsweise zum Schutz der Umwelt, zur Beteiligung der Bürger am Versorgungsbetrieb, zur Unterstützung lokaler Vereine und Projekte sowie zur Beschäftigungsförderung. Um dieses Credo umzusetzen haben die Hertener Stadtwerke ihre Stromkunden über einen festverzinslichen Fonds – dem hertenfonds – am lokalen Energieversorger beteiligt. Kunden und Beschäftigte können Anteile erwerben und bekommen einen garantierten Jahresfestzinssatz von fünf Prozent. Bei überregionalen Energiekonzernen werden Unternehmensgewinne aus der Stadt abgezogen. In Herten (67.000 Einwohner) wird der Gewinn in arbeitsplatzschaffende Zukunftsprojekte der Stadt investiert, wie eine Energieberatung zugunsten der Verbraucher und der Umwelt oder die Entwicklung innovativer Technologien zum Wasser-Recycling (AquaREC®-Herten). Daneben wird noch der Betrieb des städtischen Freizeitbades sichergestellt. Die Anteile am hertenfonds gehen weg wie warme Semmeln. (www.hertener-stadtwerke.de/content/hertenfonds_faq.php)

4. Suche nach innovativen Nischen
Mit dieser Strategie sollen offene Bedarfe und außergewöhnliche Fähigkeiten entdeckt und eigenständige Überlebensmuster beispielsweise in Armutsmilieus innovativ verwendet werden. Zum größten Teil werden damit arbeitsintensive, low-tech-Tätigkeitsfelder wirtschaftlich erschlossen. Notwendige Voraussetzungen sind tragfähige Unternehmenskonzeptionen, die Begleitung zur gemeinschaftlichen Existenzgründung oder der qualifizierten Neugestaltung traditioneller Arbeitsfelder. Beispiele für Wirtschaftsbereiche sind die Umarbeitung von technischem Haushaltsmüll – Trommeln von defekten Waschmaschinen werden zu hoch designten Einzelstücken wie Pflanzgefäßen in Empfangshallen, Messestand-Elementen usw. – oder die Sammlung und Wiederaufarbeitung von ausgemusterten Computern für einkommensschwächere Haushalte oder Schulen usw. Auch die Weiterentwicklung des traditionellen Schrotthandels hin zu Fachunternehmen im Wertstoffbereich bietet Möglichkeiten der innovativen Nutzung traditioneller Nischen.

Raumpioniere

Avantgarde des Schrumpfens: Akteure sich entleerender und nach neuen Funktionen schreiender Regionen

Voraussetzungen:
Absenkung der Regelungsdichte von Räumen
Selbstorganisation
Risikobereitschaft
Raffinierte Einfachheit
Zusammenwirken endo- und exogener Kräfte

Effekte:
Sogwirkung
Vorbildcharakter
Lokale Ökonomieförderung

Quelle:
Philipp 2004: Schrumpfende Städte

Beispiel: *Dazwischen-Händler*

Anforderungsprofil
Strategisches und wirtschaftliches Denken, ausgeprägtes Verhand-lungs- und Organisationsgeschick, gutes Zeitmanagement, "Hands-on"-Mentalität, kommunikative Fähigkeiten, Kontaktfreude, überzeugungs-stark, zielstrebig.

Protokollauszüge vom 4. August 2003, 16 Uhr
Volle Container werden abgeholt; viele Kinder und Bekannte aus der Nachbarschaft liefern; Transportmittel: Plastiktüten, Handkarren, Einkaufs- Trolley, Fahrradanhänger, Pkw; wiegen; Altpapier kontrollieren und sortieren; Vorbereitung für nächste Woche: wetterfestes Lager im Hof bauen, Platz schaffen in der Durchfahrt; ab Oktober Öffnungszeiten geändert wegen Tageslicht, kein Strom; bekannt machen: Briefkastenwurfsendung; Plan für Abhol-Service aufstellen.

Für viele dieser gemeinwesenorientierten wirtschaftlichen Aufgaben sind Genossenschaften und genossenschaftsähnliche Unternehmensformen besonders geeignet. Die partizipativen Strukturen des „Managements by Genossenschaft“, das vom Prinzip „gemeinsam sind wir stärker“ ausgeht, hat viele positive Wirkungen: Es werden mehr Unternehmen gegründet als in einer anderen Rechtsform gewagt werden würden, zusätzliche Ressourcen vieler können genutzt werden, die Anfangsrisiken werden durch die Gruppe effizienter aufgefangen, die sozialen Fähigkeiten der Beteiligten werden weiter entwickelt, das Erlebnis, über die eigenen Bedürfnisse entscheiden und sie mitgestalten zu können, fördert die Emanzipation und Selbstbestimmung der Betroffenen im politischen, wirtschaftlichen und persönlichen Bereich (vgl. Flieger 2005).

Gemeinwesenökonomische Erfolge stellen sich nicht einfach ein. Sie brauchen ein kooperatives Umfeld und günstige materielle und immaterielle Rahmenbedingungen wie Räume, Kreditmöglichkeiten, Beratung, Schulung usw. Soziale Arbeit kann hier direkte und vermittelnde Aufgaben übernehmen, Unterstützer organisieren, Ressourcen zusammenbringen, Betroffenen-knowhow stützen und stärken.

7 Sozialer Raum

Wir bedienen uns im Alltag genauso wie in der Wissenschaft eines Arsenals von Begriffen, deren problematischer Charakter uns selten bewusst wird. So auch beim Raumbegriff. „Ist der Raum Behälter aller körperlichen Objekte oder ist er die Lagerungsqualität der körperlichen Objekte?“ fragt Einstein (1960). Im ersten Falle erscheint der Raum als eine den Körpern übergeordnete Realität, im zweiten Fall ist er ohne die Körper nicht denkbar. Beide Raumauffassungen – so Einstein weiter – sind freie Schöpfungen der menschlichen Phantasie, ersonnen zum leichteren Verstehen unserer sinnlichen Erlebnisse. Die erste, die Behälter-Vorstellung vom Raum, ist das Format, das derzeit unser Denken prägt, obgleich die zweite, die Beziehungs-Vorstellung älter und logisch unproblematischer ist. Durchgesetzt wurde der Behälter-Raum durch die Newtonsche Physik, die den unabhängigen, unbeweglichen und unendlichen Raum als Voraussetzung für ihr Trägheitsprinzip brauchte (Jammer 1960). Auch theologisch war der Newtonsche Raum ein Fortschritt, denn damit ließ sich die Naturwissenschaft an eine zentrale alttestamentliche Analogie anschließen: Der Raum wurde als Ausdruck der Allgegenwart Gottes verstanden, der unendliche, unabhängige Raum als Metapher für Gott, oder wie Newton es selbst sagte, als „das Sensorium Gottes“[1]. Die ältere Beziehungs-Vorstellung vom Raum benutzt Aristoteles in seiner praktischen Physik. Seine Definition des Raumes als „Grenze des umschließenden Körpers“, also der Hohlraum, in den das Ding eben hineinpasst, beschreibt ein System der ineinander geschachtelten Ordnung. Was außerhalb dieses endlichen, begrenzten Raumes ist, hat keinen angebbaren Sinn. Der abstrakte, leere Raum hat für ihn keine eigene Realität. Nur die Ordnungsbeziehungen zwischen den Körpern schaffen den Raum.

Das Erleben von Raum, das für uns nur als menschliche Konstruktion möglich ist, lässt sich näher fassen, wenn wir über Zeit nachdenken.

---

1 Beispielhafter Beleg: „Ich gehe oder liege, so bist du um mich/und siehst alle meine Wege. (…)/Von allen Seiten umgibst du mich/und hältst deine Hand über mir./Diese Erkenntnis ist mir zu wunderbar und zu hoch,/ich kann sie nicht begreifen./Wohin soll ich gehen vor deinem Geist,/und wohin soll ich fliehen vor deinem Angesicht?/Führe ich gen Himmel, so bist du da;/bettete ich mich bei den Toten, siehe, so bist du auch da;/Nähme ich Flügel der Morgenröte und bliebe am äußersten Meer,/so würde auch dort deine Hand mich führen/und deine Rechte mich halten.“ (139. Psalm)

„Was ist die Zeit? Ein Geheimnis, wesenlos und allmächtig. Eine Bedingung der Erscheinungswelt, eine Bewegung, verkoppelt und vermengt dem Dasein der Körper im Raum und ihrer Bewegung. Wäre aber keine Zeit, wenn keine Bewegung wäre? Keine Bewegung, wenn keine Zeit? Frage nur! Ist die Zeit eine Funktion des Raumes? Oder umgekehrt? Oder sind beide identisch? Nur zu gefragt! Die Zeit ist tätig, sie hat verbale Beschaffenheit, sie >zeitigt<. Was zeitigt sie denn? Veränderung! Jetzt ist nicht Damals, Hier nicht Dort, denn zwischen beiden liegt Bewegung. Da aber die Bewegung, an der man die Zeit misst, kreisläufig ist, in sich selber beschlossen, so ist das eine Bewegung und Veränderung, die man fast ebenso gut als Ruhe und Stillstand bezeichnen könnte; denn das Damals wiederholt sich beständig im Jetzt, das Dort im Hier. Da ferner eine endliche Zeit und ein begrenzter Raum auch mit der verzweifeltsten Anstrengung nicht vorgestellt werden können, so hat man sich entschlossen, Zeit und Raum als ewig und unendlich zu »denken«, – in der Meinung offenbar, dies gelinge, wenn nicht recht gut, so doch etwas besser. Bedeutet aber nicht die Statuierung des Ewigen und Unendlichen die logischrechnerische Vernichtung alles Begrenzten und Endlichen, seine verhältnismäßige Reduzierung auf Null? Ist im Ewigen ein Nacheinander möglich, im Unendlichen ein Nebeneinander? Wie vertragen sich mit den Notannahmen des Ewigen und Unendlichen Begriffe wie Entfernung, Bewegung, Veränderung, auch nur das Vorhandensein begrenzter Körper im All? Das frage du nur immerhin!" (Mann 1988, S. 365)

Das scheinbare Naturphänomen „Zeit" wurde schon von Kant zum menschlichen Ausstattungsmerkmal degradiert: Es gibt sie deswegen, weil Menschen die Welt nur zeitlich geordnet wahrnehmen können. Laut Norbert Elias (1988, S. 4) ist das, was wir Zeit nennen, eine menschliche Syntheseleistung, durch die verschiedene Geschehensabläufe miteinander in Beziehung gesetzt werden. Gesellschaftliche Standardisierungen (früher die Jahreszeiten und Generationenfolge, heute Uhr und Kalender) dienen dabei als Bezugsrahmen. Das „Naturphänomen Zeit" entsteht erst durch die durchgesetzte gesellschaftliche Standardisierung, die so gleichsam Naturgesetz wird. Die moderne Geschichtsschreibung hat dem sozialen Wesen der Zeit Rechnung getragen und sich weg entwickelt von einer chronologischen (an der Standardzeit orientierten) Geschichtsvorstellung hin zu einer Geschichtsschreibung, in der Lebenszeiten, gesellschaftliche Strukturen, Haltungen, Glaubenssysteme den Takt angeben und der Pluralität sozialer Zeiten Rechnung getragen wird.

Was für die Zeit gesagt wurde, lässt sich unschwer auf den Raum übertragen. Ebenso wenig wie Zeit können wir Raum wahrnehmen, sondern immer nur Dinge, deren Konfiguration wir dann Raum nennen. Gesehen werden positionale Beziehungen. Den Behälterraum geben wir stillschweigend dazu und degradieren die raumkonstituierenden Beziehungen zum bloßen Rauminhalt. Alte Raummaßeinheiten waren so auch nie reine Ausdehnungsbegriffe. Še (= Korn), das alte sumerische Flächenmaß, hat einen anthropozentrischen Gesichtspunkt, indem es die nötige Samenmenge oder die nötige Fläche bestimmt. Oder das Längenmaß „Drei-Tassen-Tee" der Tibeter beschreibt die Distanz, die man laufen kann, während man auch drei Tassen Tee genießen könnte. Im alten Ägypten ging man davon aus, dass die Welt von allen Seiten von Chaos eingeschlossen ist, wobei dieses Chaos nicht als Raum galt, sondern raumlos war. Die Welt war demnach ein aus dem Nicht-Raum herausgearbeiteter Hohlraum, in dem menschliche Existenz möglich war. Die Voraussetzung dafür waren Wege, das „Adernsystem", in dem die Menschen zirkulieren. Der einzelnen Straße kommt dabei noch keine Raumqualität im eigentlichen Sinne zu, weil sie nur als Verbindung zweier Punkte ihre Berechtigung hat. Der Straßenbau schafft Ordnung, bedarf der Macht und ist gleichsam ihr Produkt. Das lässt sich an den Funktionen der alten Römerstraßen oder an der chinesischen Mauer studieren. Damit werden zwar abstrakte Distanzmaße gebräuchlich, aber nicht im Sinne euklidischer Distanzen: Die Stelle im Zimmer im Reihenhaus nebenan ist viel weiter weg als die euklidische Distanz durch die Mauer. Der durch Wege eröffnete Raum ist ein von Anfang an verregelter Raum, den Menschen schaffen, indem sie sich situieren durch ein System von Wegen, das einem System von Beziehungen und Machtstrukturen entspricht. So sind auch viele der mit „Raum" zusammengesetzten Wörter Begriffe, in denen es um Ordnen (aufräumen, einräumen, ausräumen) oder soziale Dimensionen geht (Raum schaffen, Raum lassen, Raum haben, Spielraum, Entfaltungsraum bis hin zu „aus dem Weg räumen"). Wer mehr zur Phänomenologie des Raumes lesen möchte, sei auf den Klassiker „Mensch und Raum" von Bollnow (2004) verwiesen.

7.1 Sozialer Raum als relationaler Raum

Raum ist nicht einfach da, sondern von Menschen gemacht und folglich auch nicht ohne seinen sozialen Kontext denkbar[2]. Raum lässt sich definieren als „relationale (An)Ordnung von Menschen und sozialen Gütern" (Löw 2001, S. 224). Das heißt, es ist für das Beschreiben von und das Nachdenken über Raum wichtig, sowohl die „Bausteine" des Raums, soziale Güter und Menschen, in den Blick zu nehmen sowie ihre Beziehung zueinander. Im Folgenden sollen

2 Ein schönes Beispiel ist der chinesische Begriff für „denken", (si), der sich zusammensetzt aus (xin = Herz) und (tian = Feld), das wiederum aus (wei = Umzäunung, Eingrenzung) entsteht.

einige Kategorien und Fragestellungen für eine Analyse des Sozialen Raums benannt werden.

Spacing und Syntheseleistung
Wie entsteht (Sozialer) Raum? Erstens durch das Platzieren von sozialen Gütern und/oder Menschen. Das kann die Anordnung von Möbeln im eigenen Zimmer sein oder – symbolisch – das Schild „privat“ an einer Tür innerhalb der Beratungsstelle. *Spacing* im Sinne von Errichten, Bauen und Positionierung kann das Sich-Positionieren von Menschen gegenüber anderen Menschen beschreiben, z. B. wo ich mir bei einer Veranstaltung einen Platz suche, neben wen ich mich bei einem Empfang stelle. Dazu zählt auch das Bauen von Häusern, das Abmessen und Abgrenzen von Grundstücken und das Vernetzen von Computern zu virtuellen Räumen. Dabei ist der Moment der Platzierung interessant, aber auch die Bewegung zur nächsten Platzierung.

Zweitens entsteht Raum durch eine *Syntheseleistung*: über Wahrnehmungs-, Erinnerungs- und Vorstellungsprozesse werden Güter und Menschen zu Räumen zusammengefasst. Ein Ensemble von Häusern, Plätzen, Wegen und Menschen wird beispielsweise als „Ferienanlage“ eingeordnet, eine bestimmte Konstellation von Möbelstücken und die Tätigkeiten der Menschen darin lässt uns den Raum „Wohnzimmer“ erkennen, obwohl wir das erste Mal diese Wohnung betreten.

Am gleichen Ort können unterschiedliche Räume konstituiert werden: Eine Frau sieht im Bamberger Dom den vertrauten religiösen Raum, der beim regelmäßigen sonntäglichen Kirchgang schon mit dem Verlassen des Hauses beginnt, wenn sie Sonntagskleidung trägt und sich in ihrer Stimmung vom Alltag löst. Der Tourist nimmt am selben Tag den Dom als berühmtes Baudenkmal wahr, das er zusammen mit den anderen historischen Gebäuden auf dem Platz als ein besonders attraktives Ensemble sieht, mehrmals fotografiert und als architektonisch besonders gelungenen Platz in Erinnerung behält. Für die erfahrene Kunstgeschichtlerin, die schon häufig den Dom besichtigt hat, schmilzt der Ort „Dom“ bei einem erneuten Besuch zielgenau auf die Stifterplastiken am Gnadenportal der Kirche zusammen, auf deren genaue Analyse sie sich sorgfältig vorbereitet hat. Für einen karrierebewussten Weihbischof wiederum mag derselbe Ort Hausherrenwünsche aktualisieren, und für die Fremdenführerin ist der Zulauf zum bekannten Baudenkmal die Arbeitsplatzgarantie.

Im relationalen Raumkonzept kommt es bei Sozialräumen weniger auf deren geo-graphische Vermessung und auf das Zeichnen neuer Karten an. Für die Soziale Arbeit ist vielmehr zentral: die Prozesse, in denen Räume entstehen, die Effekte, die von diesen Aufteilungen ausgehen, die Interessen und Konstruktionspläne, die dahinter stehen, und die Frage, wer die Akteure dabei sind und wie sie zu beeinflussen sind. Es geht weniger darum, Räume zu beschreiben, als sie zu öffnen, sie in ihrer Konstruiertheit zu erkennen, Dekonstruktion und Neukonstruktion zu organisieren (vgl. Böhnisch/Münchmeier 1990, S. 24).

7.2 Bauteile des Sozialen Raums

Wenn wir nun Raum als relationale Anordnung von sozialen Gütern und Lebewesen an Orten verstehen, wissen wir zugleich, dass auch die Gestaltungsmöglichkeiten höchst unterschiedlich sind. Der konkrete Zugang zu Räumen vor Ort und die Veränderbarkeit von Räumen hängt demzufolge auch von unterschiedlichen sozialen Positionen, Ressourcen und Verhaltensrepertoires ab. Diese Bestimmungsfaktoren sind für die Soziale Arbeit hoch interessant.

Materielle Ressourcen
Schon als Mieter einer Wohnung im sozialen Wohnungsbau hat man natürlich auf die Gestaltung der Grünflächen, des Eingangsbereichs, des Treppenhauses usw. sehr viel weniger Einfluss als der Eigentümer eines freistehenden Hauses. Dieser kann sich schon mit der Gestaltung des Vorgartens und des Hauseingangs in hohem Maße selbst inszenieren. Passanten, die an Sammelunterkünften für Asylbewerber und Flüchtlinge vorbeigehen, schließen beispielsweise aus den Milchkartons und anderen Lebensmittelbehältern vor allen Fenstern leicht auf eine fremde, unordentliche Lebensweise der Bewohner. Tatsächlich aber fehlen in diesen spartanisch eingerichteten Häusern schlicht Kühlschränke und der Platz für Lagerregale.

Wissen
Erst ein materielles und symbolisches Wissen lässt beispielsweise eine Häuserzeile in renovierungsbedürftigem Zustand als ein Ensemble von spätbarocken Bürgerhäusern erkennen und damit die Geschichte dieser Straße lesen. In einem Hotel vermittelt das Fehlen von Wissen über das Leben hinter den anderen Zimmertüren das Gefühl von Fremdheit und Isolation. Mit symbolischem Wissen über die Codes z. B. von Zimmereinrichtungen kann man vermeiden, dass die eigene Wohnung von anderen sofort als „spießbürgerlich" wahrgenommen wird.

Rang und Zugehörigkeit
Die Bewohner eines sogenannten „gehobenen Wohngebietes" haben bessere Chancen, bei Planungsvorhaben der öffentlichen Hand eine für sie günstige

Regelung, z. B. von Verkehrswegen, zu erreichen und unattraktive Ansiedlungen zu vermeiden.

Nur Mitglieder bestimmter Clubs, Vereine usw. haben Zugang zu einzelnen „Räumen". Und viel subtiler als versperrte Türen, Eingangskontrollen usw. wirkt die über Erfahrung und Zurechnung „selbstverständlich" gewordene eigene vorwegnehmende Filterung, welche Räume zu wem passen, „wo man nicht hingehört", an welchen Orten „man sich nicht wohl fühlt".

Einschluss und Ausgrenzung
Da mit Räumen Relationen hergestellt werden, wird gleichzeitig immer mit entschieden, was oder wer eingeschlossen oder ausgegrenzt wird. Dabei wird meistens Einschluss und Ausschluss nicht über Verbote oder sichtbare Sanktionen organisiert, sondern vollzieht sich durch die eigene Wahrnehmung, durch Selbstdefinition, geschlechts-, klassen- oder milieuspezifischen Zuschreibungen.

Wie kann Soziale Arbeit mit der Differenz von „eingeschlossen" und „ausgegrenzt" arbeiten? Wie können Definitionsmöglichkeiten über Räume, wie Gestaltungs- und Nutzungsmöglichkeiten von und für Zielgruppen gewonnen werden? Wie kann auf geschlechtsspezifische Aneignungsstrategien von Räumen reagiert werden? Welche benachteiligten Gruppen brauchen geschützte Räume? Wann werden diese aber auch wieder zu disfunktionalen Be- und Ausgrenzungen?

7.3 Raumschaffende Prozesse

Wie erleben wir Raum? Zum Beispiel als Raum, den man nutzen darf oder eben nicht. Als Raum, in dem eine bestimmte Nutzung vorgeschrieben ist und andere verboten sind (Autobahn vs. Bowlingbahn). *Raum ist Regelwerk und Verrechtlichung*. So kann die StVO eine Frau mit geistiger Behinderung nahezu immobil machen, wenn diese nicht als kompetent genug gilt, sich im öffentlichen Raum ohne Selbstgefährdung zu bewegen – womit die Frage, wer wen gefährdet, ganz im Sinne mächtiger Raumdefinierer beantwortet ist. Raum entsteht somit auch durch Macht und Besitzverhältnisse, die sich zeigen, indem Menschen sich positionieren. Man nennt dies Spacing (Löw 2001, S. 158). Das sind Aneignungs- und Enteignungsprozesse von Räumen. Räume werden durch bewachte, manchmal umkämpfte Zugänge, wo entschieden wird, wer drinnen und wer draußen ist, geöffnet oder geschlossen. Wie viele rosa Flächen es im Flächennutzungsplan einer Stadt gibt – das sind die Flächen für öffentliche Einrichtungen –, wie groß sie sind und wo sie liegen, wird z. B. maßgeblich durch Macht- und Besitzverhältnisse bestimmt. Ob die erneuerten

Sitzmöglichkeiten im Park so geformt sind, dass man darauf nicht liegen kann, stört die Passanten nicht, wohl aber diejenigen, die auf diese Schlafplätze angewiesen sind. *Raum ist Vermachtung.*

Raum sind die zu diesen Prozessen gehörigen Symbolsysteme, d. h. Bedeutungen, die räumliche Identifikation und Identifizierung schaffen, Orten und dort lebenden Menschen gleichsam ihren Namen geben, so, wie der Name eines Stadtteils manchmal zum Attribut seiner Bewohner wird. So können Bewohner aus Marzahn, aus dem Hasenbergl, berichten, wie ihr Stadtteil zu einem Gefängnis wird, das aus den Vorstellungen der Menschen über die Menschen, die in den Stadtteilen wohnen, gemacht wird. *Raum ist Zuschreibung.*

Was institutionalisierte Räume bedeuten, kann man vor allem in den modernen Städten ablesen: In allen Bahnhöfen findet man die identischen großen blauen, roten und gelben Figuren als Wegweiser, die Geschäftsstraßen in den Fußgängerzonen gleichen sich bis in Einzelheiten, die Anordnung von Waren in den unterschiedlichen Supermärkten stimmt überein usw. Man kann sich also – egal in welcher Stadt man sich befindet – mit den gewohnheitsmäßigen Handlungsmustern ohne Schwierigkeiten bewegen und orientieren. Die Regeln, die solche standardisierten Räume „machen", sind generalisiert.

Standardisierte Räume werden zum Thema, wenn sie durch „abweichendes" Verhalten „zweckentfremdet" werden. So haben Kinder und Jugendliche mit ihren Skateboards für Treppen, Abgrenzungen und Bänke im öffentlichen Raum der Städte völlig neue Nutzungen entdeckt. Es war erst einmal ein ungewohntes Bild, als Familien von Einwanderern die öffentlichen Parks und Grünstreifen im Sommer als Ausflugsräume, Grill- und Spielplätze für ihre Familien besetzten. Heute werden von Managern des Stadtmarketings für spezifische kulturelle „Events" ungewöhnliche Raumnutzungen „erfunden": z. B. Parkdecks oder historische Gefängnishöfe für Freiluftkinos mit thematisch zum Aufführungsort passenden Filmen; museale, sonst nicht zugängliche Innenhöfe für Konzerte, Theateraufführungen usw. Gesellschaftliche Teilgruppen schaffen gegenkulturelle Räume, die – zumindest eine Phase lang – nicht im Einklang mit den gesellschaftlichen Mehrheitsvorstellungen stehen.

Für die Soziale Arbeit sind die Unterscheidungen zwischen der Veränderung von Gewohnheiten und Abweichungen bzw. kreativ-gestalterischem Handeln relevant. Wie können über reflexive Prozesse habituelle Prozesse der Raumkonstitution verändert, wie Handlungsspielräume erweitert werden? Wie können über Aushandlungsprozesse und Auseinandersetzungen mit Fremdheit neue Raumverteilungen geschaffen werden? Wie können (neue) Bedürfnisse mit neuen Raumkonzepten beantwortet werden?

Der Ort, an dem raumschaffende Prozesse stattfinden, mag der entsprechende Stadtteil sein, ist aber auch der Sitzungssaal des Stadtrates oder Aufsichtsrates, das Büro des Lokalredakteurs oder die Eckkneipe, wo gerade ein Gerücht, eine Bürgerinitiative oder ein Straßenkampf entsteht. Oder wie Bourdieu es sagt: „Das, was wir vor Ort erleben, hat seinen Kern oft ganz woanders“ (Bourdieu 1997, S.159). Insofern geht es um die Wechselbeziehungen zwischen physischen Orten und Sozialwelt. Dabei ist es Voraussetzung, reicht aber keinesfalls aus, sich die Dinge einmal aus der Nähe anzusehen. Jane Jacobs hat in ihrer legendären Sozialraumanalyse „Tod und Leben amerikanischer Großstädte“ darauf hingewiesen, dass man sich soziale Räume gewissermaßen in drei Schichten vorstellen muss: (1) Als von den Menschen definierte Nachbarschaften, die gesteuert werden durch den Willen, die Kooperationsbereitschaft oder die Konflikte der Bewohner. (2) Diese kleinen Räume sind aber von den Ressourcen und Gestaltungsvorstellungen der Bezirks-Verwaltungen abhängig, welche wiederum von (3) gesamtstädtischen Machtverhältnissen und Machbarkeiten bestimmt werden (vgl. Jacobs 1976, S. 81f). Heutzutage sind außerdem die Kräfte zu berücksichtigen, die sich von kommunalen Grenzen nicht eingrenzen lassen. Sozialräumliches Arbeiten in der Großstadt muss sich sozusagen immer auf allen vier Ebenen abspielen und verlangt von den Profis ein Agieren im Stadtteil, in Organisationen, in Verwaltung, in der Fachbasis, in Kommunalpolitik, in Wirtschaft, in den Medien und intermediär zwischen diesen Ebenen.

8 Zwei Fallbeispiele als Brücken ins Fieldbook

8.1 Die Bamberger Stadtmusikanten

Sozialraumorientierung wurde in diesem Buch als Mehrebenenansatz konzipiert, den Sie auf die folgende „Fallgeschichte" anwenden sollen. Bitte identifizieren Sie in der Geschichte die Aussagen zu den Handlungsfeldern „Sozialstruktur", „Organisation", „Netzwerk" und „Individuum". Dann suchen Sie bitte nach „Techniken", die die Akteure angewandt haben, um Ihre Ziele zu erreichen.

Dimension	Beispiele für die Handlungsfelder	Techniken der Akteure
Sozialstruktur		
Organisation		
Netzwerk		
Individuum		

Die Bamberger Stadtmusikanten:
eine fabelhafte Geschichte zur Verdeutlichung von Handlungsfeldern

Vor vielen Jahren lebte einmal ein Hafenarbeiter in einer Stadt am Rhein-Main-Donau-Kanal. Der war durch lange, anstrengende Tätigkeit beim Be- und Entladen der Schiffe vor zwei Jahren berufsunfähig geworden. Zudem hatte er das 50. Lebensjahr erreicht und galt beim Vorläufer der heutigen ARGE als nicht vermittelbar. Da die Kosten für seine Drei-Zimmer-Wohnung einen hohen Prozentsatz der ARGE-Zahlungen auffraßen und er keine kleinere Wohnung finden konnte, verlor er schließlich seinen Wohnraum und stand praktisch vor dem Nichts. Von irgendwoher hatte er aber gehört, man suche in Bremen Stadtmusikanten. Weil er als Junge Geige spielen gelernt hatte, hoffte er auf eine neue Chance in Bremen und machte sich auf den Weg.

Zunächst durchwanderte er seine Heimatstadt auf der Suche nach einer günstigen Mitfahrgelegenheit. Schon nach wenigen Straßen traf er einen ehemaligen Mitarbeiter eines Security-Unternehmens. Der war von seinem Chef entlassen worden, weil er die Pistole nicht mehr ruhig in seinen zitternden Händen halten und so die Räume der Auftraggeber nicht mehr vor ungebetenen Besuchern schützen konnte. Nun saß er gleichfalls auf der Straße. Da schlug ihm der Hafenarbeiter vor, er solle mit nach Bremen kommen; beim Wachdienst habe er doch sicher einen rhythmischen Schritt gelernt, und so werde sich vielleicht bei der Stadtmusik etwas machen lassen. Es dauerte nicht lange, da begegnete den beiden Männern eine älter gewordene Prostituierte, die ihnen ihr Leid klage. Ihr Standort auf der Straße sei zu heiß umkämpft, seit der Sperrbezirk fast auf das ganze Stadtgebiet ausgedehnt worden war. Am zugigen Autobahnzubringer mit den jungen Dingern um einen Platz zu kämpfen, das traue sie sich nicht mehr zu und deshalb nimmt sie schließlich das Angebot auf einen Platz im Ensemble an. Auf ihrem Weg trafen sie schließlich auch einen Tenor. Seit mehreren Jahren an der städtischen Bühne engagiert, hätte jetzt sein letzter Jahresvertrag in einen Dauervertrag überführt werden müssen. Genau aus diesem Grunde hatte sich der Intendant nach einer Alternative umgesehen.

Wie aber nach Bremen gelangen? Da in ihren Taschen kein Euro mehr zu finden war, bauten sie sich in der barocken Innenstadt an einer Straßenkreuzung auf, die jeder Tourist auf seinem Weg zum viel besuchten Rosengarten nehmen musste, um sich mit einem kleinen Konzert zumindest den Grundstock für die Fahrtkosten zu erarbeiten. Der Versuch schlug fehl. Mit Hinweis auf eine sogenannte Freiflächennutzungssatzung der Stadt, die die Einzelhändler gefordert hatten, um Musiker und Bettler von ihren Geschäften fernhalten zu können, schickte die Polizei sie weg.

Im Sozialamt sah man sich außerstande, die Fahrtkosten nach Bremen vorzufinanzieren. Alle Angebote der „Reisegruppe", die Kosten bei erfolgreichem Engagement zurückzuzahlen, provozierten nur ein mitleidiges Lächeln und einen ALDI-Gutschein über fünf Euro.

Die lokale Arbeitsgemeinschaft der Senioren tagte gerade in einem Altenheim. Die Mitglieder lauschten einem Vortrag des Altenhilfeplaners über Ergebnisse der kleinräumig aufbereiteten Sozialstrukturanalyse der Stadt. Beim Eintreffen der vier Bittsteller unterbrach man sofort die Planungen und hörte sich deren Sorgen an. Es wurden eifrig Notizen gemacht, die später zur qualitativen Anreicherung der bislang rein quantitativen Sozialraumdaten herangezogen werden sollten. Schließlich verwies man das Quartett an den Sozialdienst der Caritas. Der schickte sie weiter zu „Menschen in Not", wo Obdachlosen geholfen wurde. In den Diensträumen des Vereins offerierte man ihnen Kaffee, ein Bad, eine ärztliche Untersuchung, einen kostenlosen Haarschnitt und eine Beratung.

Die Selbsthilfegruppe BISS „Bezieher-Initiative von Leistungen des SGB II und SGB XII" hörte sich heißblütig die Geschichte der Quartetts an und empfahl ihnen, in Widerspruch zu gehen. Man kenne einen guten Anwalt für Sozialrecht. Den Plan der vier, in Bremen Stadtmusikanten zu werden, könne man nicht direkt unterstützen, denn diese Strategie stelle nur eine Flucht dar, während eigentlich Veränderung erzwungen werden müsse.

Betrübt zogen Hafenarbeiter, Wachmann, Prostituierte und Tenor von Helfer zu Helfer, von Dienst zu Dienst und von Amt zu Amt und sahen so keinen Weg nach Bremen zu kommen. Da es dunkel wurde, mussten sich die vier nach einem Quartier umsehen. Der Hafenarbeiter schlug vor, in seine ehemalige Stammkneipe zu gehen, in der er manche Schafkopfpartie gespielt hatte und dort als Experte für „Geier", „Wenz" und „Bettel" galt. Betrübt hörten sich die Männer und Frauen im Schankraum der Rauchbierkneipe die Geschichte der vier Musikquartettaspiranten an. Einer der älteren, ein ehemaliger Mitarbeiter der Stadtverwaltung, riet schließlich, es doch erst einmal hier mit Stadtmusik zu versuchen. Tourismusbedingt gäbe es ein großes Publikum, die vier könnten ihre Qualität als Quartett erstmal ausprobieren. Man kam schließlich überein, dass es das Beste wäre, den Tenor und die Prostituierte als Solisten auftreten zu lassen. Der Hafenarbeiter wollte seine lange Zeit nicht gebrauchte Violine stimmen und die Darbietungen abrunden. Der Wachmann solle herumgehen, vor den stehen Gebliebenen salutieren und respektvoll um einen Obolus bitten. Der Ältere, der den Vorschlag gemacht hatte, bot sich an, Schmiere zu stehen, um vor Polizei oder Ordnungsamt zu warnen. Da es spät geworden war, bot der Wirt den vieren für heute an, auf einfachen Matten im Gastraum zu übernachten.

Am nächsten Morgen machten sich die künftigen Stadtmusikanten auf den Weg zu einem leerstehenden, halb verfallenen Haus einer Stiftung, das gerade an einen privaten Investor verkauft wurde. Der ehemalige Verwaltungsbeamte hatte sie darauf aufmerksam gemacht. Man hatte gerade die Küche aufgeräumt und wollte einen Schlafraum für die Nacht wohnlich machen, da kam einer der Schafkopfbrüder vom gestrigen Abend vorbei. Die „Instandbesetzung" hätte sich schon herumgesprochen und die Obrigkeit sei auf dem Weg. Kurz darauf forderte ein Polizist die vier auf, das Haus noch heute freiwillig zu verlassen. Zuerst war man wild entschlossen, dem Staat die Stirn zu bieten und sich zu verbarrikadieren. Bei der Schafkopfpartie am Abend in der Kneipe entwickelte sich aber ein viel feinerer Plan. Zu der Runde gehörte ein ehemaliger Anwalt, der meinte, vor langer Zeit in der Satzung der Stiftung gelesen zu haben, dass ihr Zweck sich besonders an Menschen ohne Auskommen und ohne Dach über dem Kopf richte. Aus diesem Grunde schlug er vor, sich mit einer Petition an den Stiftungsvorstand zu wenden.

Allein die Petition reichte nicht aus, um die Musikanten vor einer Räumung zu schützen. Eine Bestimmung der Stiftungssatzung wurde zwar als außerordentlich einschlägig befunden, die Stiftung hatte dem Investor allerdings schon vertragliche Zusicherungen gemacht, die bindend waren. Der wiederum versprach sich von einer Renovierung des alten Hauses ein gutes Geschäft und war nicht bereit, freiwillig zurückzutreten. Rat- und Mutlosigkeit machte sich breit. Nur die ältere Prostituierte bekam glänzende Augen und nahm den Anwesenden erst einmal das Versprechen ab, für sich zu behalten, was sie berichten könne. Der Investor sei ihr ziemlich gut bekannt. Vielleicht sei ihr es möglich, die gemeinsame Vergangenheit zu nutzen, um ihn noch umzustimmen. Sie bot an, sich auf den Weg zu machen, um mit dem Mann ein verschwiegenes Wörtchen zu reden. Die Geschichte geht gut aus: Der Investor verzichtete auf das Geschäft und erklärte sich bereit, vom Vertrag zurückzutreten, wenn er dieses Entgegenkommen als Sponsoring für soziale Zwecke werbetechnisch ausschlachten dürfe. Dagegen hatte das musikalische Kleeblatt nichts einzuwenden, dem ein Verbleib bei mäßiger Miete erlaubt wurde. Nach Bremen kamen die vier Stadtmusikanten zwar nie, aber das ist ja in ähnlichen Märchen auch nicht anders.

8.2 Der Einstieg eines Trägers in die Sozialraumorientierung

„Bist Du der Erzbischof?“ Mit diesen Worten klopfte Sabine Kern einem Mann, der ihr aus der Zeitung bekannt vorkam, auf die Schulter. Sie war zusammen mit Ludwig Förster auf dem Nachhauseweg von einer Behördenerledigung am Domberg vorbeigekommen. Es wurde ein längeres, angeregtes Gespräch. Der Vorfall war nicht peinlich, sondern ein Glücksfall und eine Gelegenheit, die der Sozialarbeiter Förster am Schopf packen musste.

Einige Monate später: Im Gasthof Bender sitzen der Kreishandwerksmeister, der Vorsitzende der Industrie- und Handelskammer, der Chef einer Bank, eine Professorin der örtlichen Universität, drei Schulleiter, der Vorsitzende des Fußballvereins, einige Firmenchefs, der Lokalredakteur und eben jener auf der Straße „eingeworbene“ Erzbischof um einen großen Tisch. Eingeladen haben der Sozialarbeiter Ludwig Förster und seine Einrichtung. Er arbeitet in einer Werkstatt für behinderte Menschen und managt seit drei Jahren das Projekt „Include!“: Die Arbeit soll nicht mehr nur in die Werkstatt kommen, sondern die Betriebe der Region werden als „Paten“ dafür gewonnen, behinderte Mitarbeiter auf ausgelagerten, wohnortnahen Werkstattplätzen zu beschäftigen. Ludwig Förster und sein Chef haben die hochkarätige Runde eingeladen, um den regionalen Arbeitsmarkt zu erschließen. Die Anwesenheit des Bischofs lockte auch zeitlich überlastete Manager zum Kommen. Der Würdenträger kann aus eigener Erfahrung anschaulich schildern, wie behinderte Mitarbeiter das Arbeitsklima verbessern: Es wird mehr geredet, viel mehr gelacht, und nicht selten haben behinderte Menschen mehr Mut, Dinge auszusprechen, die alle belasten, und leiten so überfällige Veränderungen ein. Fein dosierte moralische Argumente runden seine Redebeiträge ab. Die Effekte für das Betriebsimage und die ökonomische Kosten-Nutzen-Bilanz steuert der Geschäftsführer der Werkstatt bei. Gesucht werden Arbeitsplätze in den Bauhöfen der Landkreisgemeinden, in Pferdehöfen, Altenheimen, Kindergärten, Handwerksbetrieben, im Einzelhandel, in Restaurants und in der Industrie.

Jeder der Anwesenden verfügt über ein nicht unbeträchtliches „Old-Boys-Netzwerk“. Wenn es gelingt aus der Runde einen festen Kreis zu machen, werden die zusammenkommenden Kontakte und Einflussmöglichkeiten viele Arbeitsgelegenheiten eröffnen. Eine engagierte und gekonnte Netzwerkarbeit des Sozialarbeiters war die Voraussetzung für die einerseits hochkarätige andererseits fein austarierte Zusammensetzung des Kreises. Jeden Einzelnen hat er eigens angesprochen und für das Projekt interessiert. Jeder bringt spezifische Möglichkeiten mit, aus deren Zusammenwirken Synergie werden kann.

Neben der normativen Verankerung und materiellen Realisation braucht das Projekt eine gute *Publicity*. Deshalb gewinnt Förster den Lokalredakteur, um die Bürger der Stadt und des Landkreises zu informieren, und den Schulleiter, dessen Abgängerklassen durch die Öffentlichkeitsarbeit für das Projekt wichtige Schlüsselkompetenzen erwerben. Seitdem erscheinen öfters Ereignisse und Fortschritte des Projekts in der lokalen Presse. Die Marketing-Abteilung eines Unternehmens sorgt als Sponsor für ein professionelles Gesicht der Printmedien. Der Kontakt kam zustande, weil Förster in dem Unternehmen Bilder von behinderten Künstlern ausstellte.

Für die *theoretische Fundierung* des Ansatzes erlangt Ludwig Förster die Unterstützung einer Professorin des ortsansässigen Fachbereichs Soziale Arbeit. Sie bescheinigt dem Projekt solide fachmännische Qualität und markiert es anderseits als Speerspitze des bundesweiten Fachdiskurses. Der mit ihrer Hilfe gefertigte Fachartikel und Beispiele des Dachverbandes aus anderen Kommunen können wiederum den Abteilungsleiter der Arbeitsagentur zur „sozialräumlichen Verflüssigung“ des gesetzlichen Werkstattbegriffes bewegen. Natürlich trägt auch der oben vorgestellte Unterstützerkreis zur Legitimation des Sozialraumprojektes bei. Auch die Beziehungen zum überörtlichen Träger der Eingliederungshilfe werden sorgfältig gepflegt: Ludwig Förster hält durch regelmäßige Informationen die zuständigen Fachkräfte auf dem aktuellen Stand und nutzt die formellen wie informellen Verbindungslinien zu zentralen

Entscheidern diskret und verantwortungsvoll. Man muss nicht laut hinausposaunen, welche erstaunliche Flexibilität oder zumindest welche stille Duldung man immer wieder einmal bei als hart bezeichneten Behörden erreicht hat.

Politisch wird das Projekt auch durch einige Bürgermeister flankiert. Viele der Mitarbeiter, für die ein Arbeitsplatz gesucht wird, stammen aus kleinen Gemeinden. Die ländliche Herkunft bietet einen entscheidenden Vorteil, der von dem Sozialarbeiter genutzt wird. Die Bürgermeister kennen die Familien oft persönlich und fühlen sich für ihre Bürger verantwortlich oder können durch entsprechende persönliche Kontakte in die Pflicht genommen werden. Wenn ein Bürgermeister dahinter steht, wird schon mal der ein oder andere Arbeitsplatz geschaffen und ein junger behinderter Mann aus dem Dorf im Bauhof oder eine junge Frau im Kindergarten eingestellt. Selbstredend pflegt Förster zu den Gemeindepfarrern einen guten Kontakt, weil sie Schlüsselpersonen in ihren Gemeinden sind, über jede Menge Kontakte verfügen, Türen öffnen können und mitunter auch eigene Ressourcen einbringen, wie jener Pfarrer, der die zum Arbeitsplatz passende Wohnung im Pfarrhaus zur Verfügung stellte: Wohnen mit Anschluss an ein Gemeindeleben, bei einem Vermieter, dem es nicht in erster Linie um die Miete geht.

Erfolgsrezept der erstaunlich tragfähigen Vermittlungen ist, dass es Förster gelingt, Lösungen für seine Adressaten nach Maß zu schneidern. In jedem Betrieb wird ein neuer Arbeitsplatz mit Bedacht so konstruiert, dass er zu den persönlichen Ambitionen und Stärken des neuen Mitarbeiters passt, aber auch für den Arbeitgeber reizvoll ist, weil bestimmte einfache Arbeiten jetzt regelmäßig und motivierter als vorher gemacht werden. Passend gemacht werden dabei die Betriebe, die Einarbeitung und das Coaching aller Beteiligten, nie der Wille des Betroffenen. Wenn es keine faulen Kompromisse zwischen den Ambitionen der Mitarbeiter und der zu leistenden Arbeit gibt, funktioniert die Verbindung. Wenn weiterhin Wohn- und Arbeitsort übereinstimmen, bleiben die familiären und nachbarschaftlichen Netzwerke erhalten und können genutzt werden. Familien-Schatzkarten helfen Förster und den sog. Integrationsbegleitern, mit denen er arbeitet, Beschäftigungsmöglichkeiten im vertrauten lokalen Milieu zu finden oder zumindest die Beziehungen der Verwandten und Freunde zu nutzen. Ressourcenchecks bringen den Willen und die Stärken der Arbeitssuchenden zum Vorschein.

Wenn Förster und seinen acht Mitarbeitern, die mittlerweile für „Include!" eingestellt worden sind, die Vermittlung auf ausgelagerte Werkstattarbeitsplätze gelingt, werden die Beschäftigungsbedingungen geklärt und die Patenschaftsverträge abgeschlossen. Dann übernimmt einer aus dem Team die Einarbeitung, übt die einzelnen Tätigkeiten ein, fotografiert zum Beispiel als Erinnerungsstützen einzelne Arbeitsschritte, malt Ablaufpläne, zieht verlässliche Strukturen und Regeln ein, findet mit viel Gespür die richtigen Mentoren am Arbeitsplatz und spricht für potentielle schwierige Situationen schon einmal die sinnvollsten Reaktionen durch. Ein wichtiger Sicherheitspunkt für alle Seiten ist, dass die Sozialarbeiter regelmäßig in den Patenschaftsbetrieben anwesend sind, schnell am Handy für Fragen erreichbar sind und wenn nötig unverzüglich kommen. Als zum Beispiel die neue Mitarbeiterin Sabine ohne Erklärung morgens nicht zur Arbeit kommt und der angerufene Sozialarbeiter sie auch nicht in ihrer Wohnung antrifft, fahndet er bei ihrer Lieblingstante, die er aus dem Genogramm kennt, nach ihr. Entwarnung: Die junge Frau hatte nur den nahenden Feiertag einen Tag zu früh gelegt und sich für einen Besuch bei der Tante auf den Weg ins Nachbardorf gemacht.

Wenn man sich mit Ludwig Förster verabredet, landet man nicht selten in dem *Cafe*, wo Frau B., frühere behinderte Mitarbeiterin einer Werkstattgruppe, nun die Spülküche unter sich hat. Sie freut sich dann sehr über den Besuch, kürzt aber die Unterhaltung ab, weil sie in „ihrer Spülküche" gerade viel zu tun hat. Für den Sozialarbeiter dient der Besuch auch der Kontaktpflege mit Frau B.s Chefin, die sich über die zusätzliche Kundschaft freut. Förster kann Kontakte zum *Pferdehof* vermitteln, seit dort einer seiner Leute inzwischen als wahrer Pferdeflüsterer arbeitet. Bei der Genogrammarbeit wurde entdeckt, wie gerne er früher in Russland seinem Bruder bei den Pferden geholfen hatte. Heute möchte ihn der Pferdehof nicht mehr missen, weil er nicht nur bei den Rossen, sondern auch bei den Reitern und deren Hunden ein beliebter Mitarbeiter geworden ist. Oder: In einem Ressourcencheck wurde Herrn Z.s Begeisterung für die handwerkliche Arbeit unter freiem Himmel erkannt. Sehr erfreulich – aber keineswegs zufällig – war, dass ein Freund der Familie sofort anbot, Herrn Z. im Bauhof der Gemeinde „unterzubringen". Er arbeitete dort selbst, und Förster bearbeitete den zuständigen Bürgermeister.

Immer wenn ein Mitarbeiter der Werkstatt für behinderte Menschen gerne „draußen" arbeiten möchte, suchen Ludwig Förster oder seine Mitarbeiter ihre Ressourcenkartei, ihre Netzwerke im Stadtteil oder dem jeweiligen Landkreis ab. Zu jedem der inzwischen neunzig Außenarbeitsplätze kann der Sozialarbeiter eine eigene Geschichte erzählen. Vier Prinzipien kommen darin aber durchweg vor:

1. Ausgangspunkt der individuellen Suche sind die Stärken und der Wille des Adressaten, nicht ein wie immer erhobener Bedarf.
2. Das Beste findet sich oft gerade dann, wenn man nicht danach sucht. Man muss mit einem wachen Gelegenheitsblick im Sozialen Raum unterwegs sein – auch nach Feierabend.
3. Kontakte zu vielen Leuten fallunspezifisch aufzubauen, ist die Voraussetzung, um im Einzelfall etwas auf Lager zu haben. Neue Kontakte gelingen

am besten, wenn sie zweckfrei beginnen und wenn Personen – nicht Funktionsträger – am Werk sind. Es muss „irgendwie zünden".

4. Alle Beteiligten müssen positive Abschlüsse verzeichnen, wenn das Modell Schneeballeffekte haben soll: Die Mitarbeiter, die Arbeitgeber und die Leute, die als Vermittler fungieren.

Innerhalb der Werkstatt ist das Lob für das Projekt anfangs eher verhalten. Für manche wirkt das Projekt auch jetzt noch exotisch. Man sollte ihrer Meinung nach die Energie eher auf das Funktionieren der Werkstatt konzentrieren. Das sei im Konkurrenzkampf mit Billiganbietern ohnehin schwer genug. Auch würde das Projekt die Besten „wegfischen" und die Leistungsfähigkeit des Betriebs schwächen.

Der eine oder andere des pädagogischen Personals sieht sich durch den Erfolg von „Include!" abgewertet. Diese Mitarbeiter können erst nach und nach für ein Projekt gewonnen werden, das Flexibilität und Abkehr von Routinen erfordert.

Es ist nicht einfach, „Include!" zum Projekt der gesamten Organisation zu machen.

Ludwig Förster hat das Zeug zum Netzwerker. Schon beim Zuhören wirken seine Geschichten ansteckend. Er verfügt über ein außerordentliches Geschick, überall Gelegenheiten zu sehen. Jede Information oder Situation wird von ihm gegen den Strich des herkömmlichen Betrachtungswinkels gekämmt, immer mit der Frage, was man daraus machen könnte – unabhängig vom sowieso vordefinierten Verwendungszweck. Dabei achtet er besonders auf ungewöhnliche und neue Wendungen, weil sie das meiste noch ungenutzte Situationspotenzial liefern. Er ist zudem Meister im Arrangieren von Win-Win-Konstellationen. Wer etwas für sein Projekt tut, soll etwas davon haben. Zum Beispiel erhalten die Schüler der benachbarten Berufsschule die Gelegenheit, am modernen Laserautomaten, der zu Trainigszwecken im Werkraum von „Include" steht, Fräsen zu üben, die jungen Mitarbeiter mit Behinderungen erklären die Maschine mit großem Stolz. Dafür bieten die Berufsschüler ihren Nachbarn einen Computerkurs mit den neuesten Surftechniken in ihrer Schule an. So ist es kein Wunder, dass das Kontaktnetzwerk von „Include" stetig wächst und attraktive Gelegenheiten exponentiell steigen. Im Handlungsfeld *„Netzwerk"* ist Försters Vorgehen mustergültig. Ebenso erfüllt im Handlungsfeld *„Individuum"* das Vorgehen quasi alle Qualitätskriterien sozialräumlicher Arbeit: Ansatzpunkt sind der Wille, die Stärken der Betroffenen, ihre Netzwerke und Ressourcen spielen bei der Lösungssuche eine prominente Rolle, und die Settings der Lösungsplanung machen Betroffene stark, weil das Kompetenzteam von ihnen zusammengestellt wurde. So werden normalerweise immer Lösungen am Wohnort der Leute gefunden.

Anders im Handlungsfeld *„Organisation"*. Das Projekt „Include!" ist ein zwar erfolgreiches, aber noch von den anderen Abteilungen des Trägers abgetrenntes Sonderprojekt und steht in der Gefahr, eine weitere Säule im versäulten Betrieb zu werden. Ludwig Förster und seine drei Mitarbeiter agieren wie eine für den sozialräumlichen Einzelkampf zuständige Spezialeinheit inmitten eines ziemlich großen Trägers, in dem relativ unterschiedliche Sozialarbeitstraditionen ihr in Abteilungen institutionalisiertes Eigenleben führen. Innerhalb der eigenen Abteilung „Werkstatt" ist „Include!" ein Ausnahmehandeln, das mit der Gesamtphilosophie des klassischen Werkstattbetriebs und den dort vorherrschenden Denk- und Handlungsweisen relativ wenig gemein hat. Wegen dieser „Kulturdifferenz" gestaltet sich auch die Kooperation zwischen „Include!" und der Werkstatt eher schwierig. Einen zusätzlichen sozialräumlichen Sonderdienst einzurichten oder, wie das oft in der Jugendhilfe geschehen ist, eine Abteilung „flexible Hilfen" neben den klassischen Hilfen aufzubauen, reduziert den Ansatz der Sozialraumorientierung auf die Methoden von Stärken- und Netzwerkarbeit in kleinen innovativen Zellen, deren Ergebnisse sich im Fachdiskurs gut vermarkten lassen, während der eigentliche Tanker ungestört Fahrt wie bisher macht. Das gilt es zu vermeiden. Neuerungen starten oft an irgendeiner Stelle und „infizieren" von dort aus andere Einheiten, bis sich im Laufe der Zeit das Ganze verändert. Dies wird nun systematisch in Angriff genommen. Es gelingt Ludwig Förster, die Geschäftsführung für eine Organisationsberatung zu gewinnen. „Include!" hat bisher überzeugt und es ist zu erwarten, dass die Adressaten von einem sozialräumlichen Umbau der Organisation profitieren werden.

Gebraucht wird nun eine Vision oder eine Zusammenstellung von Entwicklungszielen, aus der die Bereitschaft hervorgeht, die Gesamtorganisation entscheidend und unwiderruflich zu verändern. Diese Vision muss die fachlichen Entwicklungsziele so pointiert skizzieren, dass man auch fachliche Gegenpositionen dazu beziehen kann (keine wachsweichen Formulierungen!), und sie wird außerdem den benötigten organisatorischen Umbau aufzeigen. Damit wird ein längerer organisationsinterner Fachdiskurs auf und zwischen allen Mitarbeiterebenen beginnen, dessen Ergebnis der organisationsinterne Konsens und die Beschreibung des Entwicklungsprojektes sein wird.[1]

1 Mitunter mag selbst dieser Rahmen noch zu klein gesetzt sein, um eine Vision einer sozialräumlichen Form der Arbeit mit behinderten Menschen zu entwickeln. Die Umsetzungschancen einer neuen Fachlichkeit steigen, wenn sie nicht nur von den Kostenträgern toleriert, sondern aktiv durchgesetzt wird. Wenn der öffentliche Träger planungsverantwortlich für den Prozess ist, erweitert sich das Spektrum der Veränderungsmöglichkeiten enorm. Hier muss sich ein

Sicher wird darin eine regionale Gliederung des heutigen Werkstattbereiches skizziert werden. Die Sozialarbeiter und das technische Personal des Gruppendienstes, die bislang Anleitung und Betreuung in der Spezialeinrichtung betreiben, werden ihren Schwerpunkt möglicherweise auf Akquise und Coaching von normalisierenden Arbeitsverhältnissen am Wohnort der Adressaten richten. Die regionale Aufbaustruktur wird einzelne Teams für die fallunspezifische Arbeit in den Gemeinden zuständig machen, aus denen die Mitarbeiter kommen.

Die stationären Arbeitsplätze werden reduziert und die weiterhin notwendigen flexibilisiert werden, so dass sie besser zu den Stärken und Bedürfnissen der Menschen passen, die eine Arbeit unter ihresgleichen bevorzugen. Das könnte bedeuten, dass sich das Spektrum der Tätigkeiten erweitert. Bislang wird in der Werkstatt industrielle Fertigung betrieben, zu denken wäre eventuell auch an kunsthandwerkliche Arbeit, an Dienstleistungen wie Kinderbetreuung, Altenpflege, Reinigung, aber auch an Arbeitsplätze, die in der Interessenvertretung von behinderten Menschen, in der Unterhaltungsbranche, in Politik und Verwaltung liegen. Das klingt nur deshalb ungewöhnlich, weil wir uns daran gewöhnt haben, dass geistig behinderte Menschen einfache motorische Tätigkeiten zu verrichten haben – unabhängig von ihren Vorlieben und Talenten.

Die Beschränkung auf Vermittlung von ausgelagerten Arbeitsplätzen – was Inklusion betrifft – wird möglicherweise als eingegrenzter Blick erkannt. Ein großer freier Träger der Behindertenhilfe, der neben den Werkstätten auch Kindertagesstätten, eine Schule, mobile ambulante Fachdienste, offene Behindertenarbeit, Wohnheime und eine Beratungsstelle klassisch versäult nebeneinander betreibt – für den ist das Flexibilisierungskonzept der Sozialraumorientierung eine echte Herausforderung. Auch hier würde man im Sinne des Normalisierungskonzeptes überlegen, wie diese verschiedenen Spezialdienste (Kindertagsstätte, Schule, Werkstatt, Wohnen) näher an Regeleinrichtungen und an das „normale" Leben kommen und wie sich die Struktur weg von einer Fachdienstorganisation hin zur Sozialraumorganisation entwickeln könnte. So würde in Zusammenarbeit mit dem staatlichen Schulamt die G-Schule zum

freier Träger entscheiden, ob er die eigene Energie auf die mühselige Mobilisierung verrosteter öffentlicher Trägermaschinerie verwenden soll, damit natürlich auch die Gestaltungsautonomie im Umbauprozess mit der Verwaltung teilt, oder ob er sich lieber auf das beschränkt, was auf dem kleinen Dienstweg an sozialräumlicher Innovation machbar ist. Die besten sozialräumlichen Umbauprozesse gelingen, wenn verantwortliche Spitzenstellen beim jeweils zuständigen öffentlichen Träger ein genuines Interesse an einem sozialräumlichen Umbau haben. Gerade der von öffentlichen und freien Trägern gemeinsam betriebene Prozess des Herausarbeitens von fachlichen Entwicklungszielen und dafür notwendigen organisatorischen Umgestaltungen bringt die Eigeninteressen der beteiligten Träger – die nicht selten den fachlichen Zielen widersprechen – zum Vorschein.

mobilen Integrationsservice für Kindergärten und Regelschulen weiterentwickelt werden, um deren Inklusionspotenzial zu erhöhen, denn Behinderung wird auch durch exkludierende Effekte von Regelsystemen gemacht und festgeschrieben. Damit könnte schon früher die soziale, mentale und organisatorische Ausrichtung auf die Normalwelt gelegt werden, in der man später seinen Arbeitplatz sucht. Das betreute Wohnen würde *regional* ausgebaut, schon allein um die Verbindung von Wohn- und Arbeitsort ermöglichen zu können.

Die derzeitige Finanzierung basiert noch weitgehend auf einer individuellen Fallfinanzierung. Damit geht eine Konzentration der Arbeit auf den „Fall" einher. Im Rahmen des sozialräumlichen Engagements wird sich das für den Träger nicht lohnen. Die Werkstatt, die Sonderschule, die Wohnheime brauchen besonders die Klienten, die draußen am leichtesten zurechtkommen. Die Finanzierung der „Include!"-Arbeitsplätze funktioniert im Rahmen des institutionsinternen Umbauprozesses durch den guten Willen einiger Personen beim Kostenträger, den Werkstattbegriff „weit" auszulegen. Von einem systematisch durchdachten Finanzierungssystem kann allerdings noch keine Rede sein. Der fachliche Ehrgeiz von Geschäftsführung und „Include!"-Mitarbeitern geht über die Grenzen der eigenen Organisation hinaus. Erforderlich ist, die Umwelt der Organisation „anzustecken" und ein Finanzierungssystem zu konstruieren, das die fachlichen Ziele einer sozialräumlichen Arbeit mit und für Menschen mit Behinderungen unterstützt.

Schließlich wird auch auf der Innenseite der Organisation das Entwicklungsfeld der internen Demokratisierung gesehen und in Angriff genommen. Wenn in der individuellen Lösungsplanung eine vorbildhafte Konzentration auf den Willen der Betroffenen erreicht wird, verlangt sozialräumliches Denken auch eine konsequente Mitbestimmung der Adressaten auf der Organisationsebene. Die Menschen mit Behinderungen sind inzwischen aktiv an den Assessmentprozessen beteiligt, denen sich die Stellenbewerber für Integrationsbegleitung stellen müssen. Sie genießen ihre Mitentscheidungsrechte sichtlich.

Im *Handlungsfeld „Sozialstruktur"* beeindruckt die Lobbyarbeit der geistlichen und weltlichen Würdenträger in den Landkreisgemeinden. Es fällt allerdings auf, dass die Verwendung für die Belange behinderter Menschen noch weitgehend an Einzelschicksale geknüpft bleibt und an deren „ordentliche" Integration in den Arbeitsmarkt. Die Maxime „Inklusion" wird in der „umgebauten" Organisation herausfordernder auftreten und eben genau dort den Finger in die Wunden legen, wo die Eingliederung ins „Etablierte" gerade die Veränderung des Etablierten braucht. Zusammen mit der Behindertenbeauftragten des Landkreises, der Kirche, einigen Bürgermeistern und Kommunalpolitikern werden die Gemeinden des Landkreises im Sinne eines „Index for Inclusion" ein Kriterienset entwickeln und verabschieden, das die Integrationsleistungen jeder Gemeinde misst und zwar in ganz unterschiedlichen Dimensionen und nicht nur im Arbeitsmarkt. Der Kreistag müsste, so das Ergebnis der Diskussion in der Organisation, dafür gewonnen werden, den Index dann für die Aufnahme in die politischen Leitlinien des Landrates zu empfehlen und bestimmte Zuschüsse daran koppeln. Das wiederum würde den Kommunalpolitikern vor Ort helfen, sich für entsprechende Veränderungen einzusetzen. Inzwischen sind die Verhandlungen zwischen der Stadtverwaltung und „Include" über die Einrichtung eines Kompetenzzentrums für Inklusion weit gediehen. Die ersten Kurse für Verwaltungsangestellte über „leichte Sprache" sind bereits angelaufen, die Formulare und Formbriefe aller Behörden werden in diesem Sinn überarbeitet, damit die Kommunikation zwischen Behörden und allen Bürgern erleichtert wird.

Die skizzierten Vorhaben können nicht übers Knie gebrochen werden, sondern werden mehrere Jahre Umsetzungsarbeit benötigen – visionäre Vorstellungskraft, konzeptionelle Klarheit und einen lebendigen innerbetrieblichen Fachdiskurs als Erfolgsfaktoren vorausgesetzt.

Literatur

Addams, Jane (1910/1990). Twenty Years at Hull-House. Urbana/Illinois

Aktion Jugendschutz – Landesarbeitsstelle Baden-Württemberg (Hrsg.) (2005): Hauptsache gesund ...? Körperliches, psychisches und soziales Wohlbefinden von Kindern und Jugendlichen. ajs-Jahrestagungsband. Stuttgart

Alinsky, Saul (1972): Rules for radicals. Random House. New York

Alisch, Monika (Hrsg.) (1998): Stadtteilmanagement. Voraussetzungen und Chancen für die Soziale Stadt. Opladen

Asset-Based Community Development Training Group (o.J.): Guiding Principles of ABCD. In: www.abcdtraininggroup.org ausgerichtete Erziehungshilfen. In: Deutschendorf et al. 2006, S. 11-32

Badelt, Christoph (Hg.) (1997): Handbuch der Nonprofit Organisation. Stuttgart

Baecker, Dirk (1994): Soziale Hilfe als Funktionssystem der Gesellschaft. In: Bailey, Roy/Brake, Mike (Hrsg.) (1980): Radical Social Work and Practice. London

Baltz, Jochen (2002): Sozialraumbudgetierung. Wohlfahrtspolitische und jugendhilferechtliche Würdigung der Modelle der sozialräumlichen Budgetierung, insbesondere am Beispiel der Modelle in Stuttgart und Celle. In: Merten 2002, S. 203-217 Bateson, Gregory (1987): Geist und Natur. Eine notwendige Einheit. Frankfurt/M.: Suhrkamp

Bateson, Gregory (1987): Geist und Natur. Eine notwendige Einheit. Frankfurt/M.

Beck, Susanne (2002): Die Sicht von unten – Zielvereinbarungen in der Sozialarbeit aus dem Blickwinkel von Menschen in Armut. In: SozialAktuell, 19.Jg., S. 13-15

Beck, Ulrich (1986): Risikogesellschaft. Frankfurt

Beck, Ulrich (1993): Die Erfindung des Politischen, Frankfurt/M.: Suhrkamp

Becker, Gerd (2000): Kooperation statt Konkurrenz. Die Chancen von Stadtteilarbeitskreisen für die Entwicklung und Vernetzung sozialer Arbeit. In: Sozialmagazin, 25.Jg. 4/2000, S. 21-27

Behrendt, Thomas/Schwerin, Sabine/Häcker, Walter (1996): Community Organizing als klassisches Organizing in bedrohten Stadtteilen Chicagos. In: Foco et al. 1996, S. 29-32

Bernhard, Armin (Hrsg.) (1997): Handbuch Kritische Pädagogik. Weinheim

Bischoff, Ariane/Selle, Klaus/Sinning, Heidi (2001): Informieren, Beteiligen, Kooperieren. Kommunikation in Planungsprozessen. Eine Übersicht zu Formen, Verfahren, Methoden und Techniken. Dortmund

Bloch, Ernst (1985): Das Prinzip Hoffnung. Frankfurt

Böhnisch, Lothar/Münchmeier, Richard (1990): Pädagogik des Jugendraumes. Zur Begründung und Praxis einer sozialräumlichen Jugendpädagogik. Weinheim und München

Bollnow, Otto Friedrich (2004): Mensch und Raum. Stuttgart

Boomgaarden, Theo (Hrsg.) (2001): Flexible Erziehungshilfen im Sozialraum. Münster

Bourdieu, Pierre (1983): Ökonomische Kapital, kulturelles Kapital, soziales Kapital. In: Kreckel 1983, S. 183-198

Bourdieu, Pierre (1991a): Die feinen Unterschiede. Frankfurt

Bourdieu, Pierre (1991b): Physischer, sozialer und angeeigneter Raum. In: Wentz et al. 1991, S. 25-34

Bourdieu, Pierre (1997a): Ortseffekte. In: Ders. et al. 1997a, S. 159-167

Bourdieu, Pierre (1997b): Eine sanfte Gewalt. Pierre Bourdieu im Gespräch mit Irene Dölling und Margareta Steinrücke. In: Dölling et al. 1997, S. 218-230

Bourdieu, Pierre (Hrsg.) (1997a): Das Elend der Welt. Zeugnisse und Diagnosen alltäglichen Leidens an der Gesellschaft. Konstanz

Brand, Ralf (1995): Vom Großhändler zum Einzelhändler. Erfahrungen und Einsichten nach einem Jahr Community Organizing in den USA. In: Sozial Extra 9, S. 15-16

Brünjes, Volker (2006): Der sozialräumliche Umbau der Berliner Jugendhilfe: Innenansichten eines Projekts. In: Budde/Früchtel/Hinte 2006, S. 73-108

Buckert, Friedhelm (2001): Zusammenbauen was zusammengehört!. In: Umbau der Erziehungshilfe (Hg.), Früchtel, Frank/Lude, Werner/Scheffer, Thomas/Weißenstein, Regina, Weinheim und München: Juventa, S. 27-36

Budde, Wolfgang/Früchtel, Frank (2009): Beraten durch Organisieren: Der Familienrat als Brücke zwischen Fall und Feld. In: Kontext 40(1): S. 32-48.

Budde, Wolfgang/Früchtel, Frank (2004): Flexibilisierung geht! Ein Plädoyer für Konsequenz. In: Blätter der Wohlfahrtspflege 3, S. 92-97

Budde, Wolfgang/Früchtel, Frank (2005a): Fall und Feld. Oder was in der sozialraumorientierten Fallarbeit mit Netzwerken zu machen ist. In: Sozialmagazin 6, S. 14-23

Budde, Wolfgang/Früchtel, Frank (2005b): Sozialraumorientierte Soziale Arbeit – ein Modell zwischen Lebenswelt und Steuerung. In: Nachrichtendienst des Deutschen Vereins (NDV) 7/2005, S. 238-242 und 8/2005, S. 287-292

Budde, Wolfgang/Früchtel, Frank (2006): Chancen und Risiken eines Sozialraumbudgets. In: Sozial Extra 6, S. 9-13

Budde, Wolfgang/Früchtel, Frank (2008): Verwandtschaftsrat: Bürger statt Klienten in der Hilfeplanung, Jugendhilfe, 46. Jg., Juni 3, S. 121-130

Budde, Wolfgang/Früchtel, Frank/Hinte, Wolfgang (Hrsg.) (2006): Sozialraumorientierung. Wege zu einer veränderten Praxis. Opladen

Budde, Wolfgang/Früchtel, Frank/Loferer, Andrea (2004): Ressourcencheck – ein strukturiertes Gespräch über Stärken und was daraus zu machen ist. In: Sozialmagazin 6, S.14-22

Camus, Albert (1974): Jonas oder der Künstler bei der Arbeit. Frankfurt

Chambers, Edward (2004): Roots for Radicals. Organizing for Power, Action, and Justice. New York

Coleman, James (1991): Grundlagen der Sozialtheorie. Band 1: Handlungen und Handlungssysteme. München

Conen, Marie-Luise (2004): Wo keine Hoffnung ist, muss man sie erfinden. Aufsuchende Familientherapie. Heidelberg

Cyprian, Gudrun (2003): Armut, soziale Gerechtigkeit und Soziale Arbeit. In: Hosemann et al. 2003, S. 96-107

Deinet, Ulrich (1999): Sozialräumliche Jugendarbeit. Eine praxisbezogene Anleitung zur Konzeptionsentwicklung in der offenen Kinder und Jugendarbeit. Opladen

Deinet, Ulrich (2005): Sozialräume von Kindern und Jugendlichen als Aneignungsräume verstehen! In: Projekt „Netzwerke im Stadtteil“ 2005, S. 165-181

Deppner, Rolf/Trube, Achim (2001): Der Wandel der Gesellschaft und die Qualitätsdebatte im Sozialsektor – Oder: Warum der Sozialen Arbeit der Wind ins Gesicht bläst. In: Schädler et al. 2001, S. 39-67

Deutschendorf, Rene/Hamberger, Matthias/Koch, Josef/Lenz, Stefan/Peters, Friedhelm (2006): Werkstattbuch INTEGRA. Grundlagen, Anregungen und Arbeitsmaterialien für integrierte, flexible und sozialräumlich ausgerichtete Erziehungshilfen. Weinheim und München

Deutsches Institut für Urbanistik (Difu) (2001): Lokale Ökonomie – eine zentrale Strategie für die Soziale Stadt. In: Soziale Stadt – info 5, Newsletter zum Bund-Länder-Programm Soziale Stadt. Berlin (www.sozialestadt.de/veroeffentlichungen/newsletter/lokale_oekonomie.shtml)

Dickens, Charles (1981): Oliver Twist. Bantam Classic edition

Dölling, Irene/Krais, Beate (Hrsg.) (1997): Ein alltägliches Spiel. Geschlechterkonstruktionen in der sozialen Praxis. Frankfurt
Dörner, Klaus (2008): Helfende Berufe im Markt-Doping. Wie sich Bürger- und Profi-Helfer nur gemeinsam aus der Gesundheitsfalle befreien. Neumünster: Paranus
Dschuang, Dsi (2002): Das wahre Buch vom südlichen Blütenland. München
DuBois, Brenda/Miley, Karla Krogsrud (2005): Social Work. An Empowering Profession. Pearson
Eggert, Dietrich (2000): Von den Stärken ausgehen. Individuelle Entwicklungspläne in der Lernförderungsdiagnostik. Ein Plädoyer für andere Denkgewohnheiten und eine veränderte Praxis. Dortmund
Einstein, Albert (1960): Vorwort von Albert Einstein. In: Jammer 1960
Elias, Norbert (1988): Über die Zeit. Arbeiten zur Wissenssoziologie II. Frankfurt
Elsen, Susanne (2005): Empowermentprozesse und genossenschaftliches Handeln. In: Müller-Plantenberg et al. 2005, S. 59-76
Elsen, Susanne, (2003): Lokale Ökonomie, Empowerment und die Bedeutung von Geossenschaften für die Gemeinwesenentwicklung – Überlegungen aus der Perspektive der Sozialen Arbeit. In: www.stadtteilarbeit.de/seiten/theorie/elsen/lokale_oekonomie_ und_genossenschaften.htm
Engelmeyer, Elisabeth/Kniel, Adrian/Windisch, Martin (2000): Selbstorganisation und Selbstvertretung von Menschen mit kognitiven Beeinträchtigungen in Deutschland. Zwischenbericht zu dem bundesweiten Modellprojekt „Wir vertreten uns selbst!" Förderung der Selbstorganisation und Selbstvertretung von Menschen mit kognitiven Beeinträchtigungen. Kassel
Etzioni, Amitai (1964): Modern Organizations. Prentice-Hall
Etzioni, Amitai (1968): The Active Society. New York
Evers, Adalbert/Schulz, Andreas/Wiesner, Claudia (2005): Lokale Politiknetzwerke. Konzeptionelle Überlegungen und erste Ergebnisse der Begleitforschung der „Sozialen Stadt" in Hessen. In: Greiffenhagen et al. 2005, S. 360-374
Fetscher, Iring (1972): Wer hat Dornröschen wachgeküßt? Das Märchen- Verwirrbuch. Hamburg
Flieger, Burghard (2005): Selbsthilfegenossenschaften – Grundidee und Lösungsansätze für ihre Verbreitung. In: Müller-Plantenberg et al. 2005, S. 161-189
Foco (Forum Community Organizing) (Hrsg.) (1996): Forward to the roots … Community Organizing in den USA – eine Perspektive für Deutschland? Bonn
Foucault, Michel (1991): Die Ordnung des Diskurses. Frankfurt
Fricke, Dirk (2003): Neue Ziele – neue Wege. In: Sozial Extra 11-12, S. 33-37
Frisch, Max (1976): Tagebuch 1946-49. In: Ders.: Gesammelte Werke in zeitlicher Folge. Bd.2. Frankfurt 1976
Früchtel, Frank/Budde, Wolfgang (2003): Familienkonferenzen oder: Ein radikales Verständnis von Betroffenenbeteiligung. In: Sozialmagazin 3/2003, S. 12-21
Früchtel, Frank/Krieg-Rau, Christine/Scheffer, Thomas (2000): Eine neue Fachlichkeit und ihr Finanzierungsinstrument. Budgetierung in den Hilfen zur Erziehung. In: Forum Erziehungshilfen 3/2000, S. 146-156
Früchtel, Frank/Lude, Werner/Scheffer, Thomas/Weißenstein, Regina (2001): Umbau der Erziehungshilfe. Weinheim und München
Fukuyama, Francis (2002): Der große Aufbruch. Wie unsere Gesellschaft eine neue Ordnung erfindet, München.
Gehne, David/Strünck, Christoph (2005): Kooperative Demokratie im Kiez? Beteiligung von intermediären Akteuren an der Stadtentwicklung in Nordrhein-Westfalen. In: Greiffenhagen et al. 2005, S. 343-359
Germain, Carol (1968): Social Study: Past and Future, in: Social Casework 49, no. 7, S. 403- 423
Goffman, Erving (1975): Stigma. Über Techniken der Bewältigung beschädigter Identität. Frankfurt

Granovetter, Mark (1973): The Strengths of Weak Ties. In: American Journal of Sociology Vol. 78, 1973, S. 1360-1380

Greese, Dieter (Hrsg.) (1993): Allgemeiner Sozialer Dienst: Jenseits von Allmacht und Ohnmacht. Münster

Greiffenhagen, Sylvia/Neller, Katja (Hrsg.) (2005): Praxis ohne Theorie? Wissenschaftliche Diskurse zum Bund-Länder-Programm „Stadtteile mit besonderem Entwicklungsbedarf- die Soziale Stadt". Wiesbaden

Grimm, Jakob/Grimm, Wilhelm (1812): Kinder- und Hausmärchen. Band 1. Berlin

Grotenbeck, Walter (1992): Wie es sein könnte – Das fiktive Jugendamt. In: Stemmle 1992, S. 175-181

Grunwald, Klaus/Thiersch, Hans (2001): Lebensweltorientierung. In: Thiersch et al. 2001, S. 1136-1148

Habermas, Jürgen (1981a): Theorie kommunikativen Handelns. Band 1: Handlungsrationalität und gesellschaftliche Rationalisierung. Frankfurt

Habermas, Jürgen (1981b): Theorie kommunikativen Handelns. Band 2: Zur Kritik der funktionalistischen Vernunft. Frankfurt

Häcker, Walter (2003): Power durch das Community Organizing – Das Organisieren von Bürgerengagement auf breiter Basis – kann man das in den USA lernen? In: Ley et al. 2003, S. 95-99

Hamberger, Matthias/Peters, Friedhelm (2006): Integrierte, flexible und sozialräumlich

Hamburger, Franz (1997): Sozialpädagogik. In: Bernhard et al. 1997, S. 245-256

Hartmann, Helmut (2000): Von der Vision zur Praxis. In: neue caritas, S. 9-14

Heiner, Maja (2004): Professionalität in der sozialen Arbeit. Theoretische Konzepte, Modelle und empirische Perspektiven. Stuttgart

Helmbrecht, Michael (2003): Gerechtigkeitsprinzipien – zu erfinden oder vorzufinden? In: Hosemann et al. 2003, S. 48-64

Herriger, Norbert (2002): Empowerment in der Sozialen Arbeit. Stuttgart

Herrmann, Klaus (2006): Leuchtfeuer querab! Wohin steuert die Sozialraumorientierung? Berlin

Herweg, Oliver (2001): Sozialraumbudgets – restriktive Instrumente technokratischer Steuerung oder hilfreiche Elemente einer lebensweltorientierten Jugendhilfe? In: Institut für Soziale Arbeit (ISA) 2001, S. 140-145

Hinte, Wolfgang (1980): Nondirektive Pädagogik. Opladen

Hinte, Wolfgang (1991): Sollen Sozialarbeiter hexen? Stadtteilarbeiter zwischen Bürokratie und Bewohneralltag. In: Sozial extra, 15. Jg., 9, S. 17-18

Hinte, Wolfgang (1996): Jenseits von Lebenswelt und Einmischung – zur strukturellen und personellen Situation des ASD. In: Greese et al. 1993, S. 7-26

Hinte, Wolfgang (1997): Jugendämter auf dem Prüfstand. In: Der Amtsvormund, 70. Jg., 9-10, S. 722-740

Hinte, Wolfgang (1997): Management mit Charme, in: Ries, Heinz u.a. (Hg.): Hoffnung Gemeinwesen. Neuwied: Luchterhand, S. 280-291

Hinte, Wolfgang (1998): Bewohner ermutigen, aktivieren, organisieren – Methoden und Strukturen für ein effektives Stadtteilmanagement. In: Alisch et al. 1998, S. 153-170

Hinte, Wolfgang (1999): Fallarbeit und Lebensweltgestaltung – Sozialraumbudgets statt Fallfinanzierung. In: Institut für Soziale Arbeit (ISA) 1999, S. 82-94

Hinte, Wolfgang (1999): Fallarbeit und Lebensweltgestaltung – Sozialraumbudgets statt Fallfinanzierung, in: Soziale Praxis, Heft 20 – Soziale Indikatoren und Sozialraumbudgets in der Kinder- und Jugendhilfe, Hg.: Institut für soziale Arbeit (ISA), S. 82 – 94, Münster

Hinte, Wolfgang (2000): Das Jugendamt als Steuerungsinstanz im Sozialen Raum, In: Thole et al. 2000, S. 21-35

Hinte, Wolfgang (2000): Kontraktmanagement und Sozialraumbezug. In: Dahme, Heinz-Jürgen Wohlfahrt, Wolfgang (2000): Netzwerkökonomie im Wohlfahrtsstaat, Berlin S. 151-167

Hinte, Wolfgang (2001): Fall im Feld. In: Sozialmanagement, 11. Jg., 6, S. 10-13

Hinte, Wolfgang (2002): Fälle, Felder und Budgets. Zur Rezeption sozialraumorientierter Ansätze in der Jugendhilfe. In: Merten et al. 2002, S. 91-126

Hinte, Wolfgang (2004): Kunden, Klienten und Betroffene. Über den Umgang der Sozialbürokratie mit benachteiligten Milieus (Vortrag zur Absolventenfeier des Fachbereiches Soziale Arbeit der Universität Bamberg)

Hinte, Wolfgang (2005): Diskussionsbeitrag Gemeinwesenarbeit. In: Kessl et al. 2005, S. 548-557

Hinte, Wolfgang (2005a): Sozialraumorientierung. In: Kreft et al. 2005, S. 870ff

Hinte, Wolfgang/Karas, Fritz (1989): Studienbuch Gruppen- und Gemeinwesenarbeit. Neuwied

Hinte, Wolfgang/Litges, Gerd/Springer, Werner (2000): Soziale Dienste: Vom Fall zum Feld. Soziale Räume statt Verwaltungsbezirke. Modernisierung des öffentlichen Sektors. Sonderband. Band 12. Berlin

Hinte, Wolfgang/Litges, Gerhard/Groppe, Johannes (2003): Sozialräumliche Finanzierungsmodelle. Berlin

Hinte, Wolfgang/Tress, Helga (2007): Sozialraumorientierung in der Jugendhilfe: Theoretische Grundlagen, Handlungsprinzipien und Praxisbeispiele einer kooperativ-integrativen Pädagogik, Weinheim und München: Juventa

Hirschman, Albert (1974): Abwanderung und Widerspruch. (engl: Exit, Voice and Loyalty). Tübingen

Honneth, Axel (1994): Kampf um Anerkennung, Frankfurt/M: Suhrkamp

Hosemann, Wilfried/Trippmacher, Brigitte (Hrsg.) (2003) Soziale Arbeit und soziale Gerechtigkeit. Hohengehren

Hosemann, Wilfried/Ulrich, Silke (2004): Portale – zur Konstruktion von Eingängen zu Hilfeprozessen. (Unveröffentlichtes Manuskript)

Illich, Ivan (1975): Die Enteignung der Gesundheit – Medical Nemesis. Reinbek

Illich, Ivan (Hg.) (1979): Entmündigung durch Experten. Zur Kritik der Dienstleistungsberufe, Reinbek: Rowohlt

Imber-Black, Evan (2006): Familien und größere Systeme. Im Gestrüpp der Institutionen. Heidelberg

Institut für soziale Arbeit (ISA) (Hrsg.) (1999): Soziale Praxis Heft 20 – Soziale Indikatoren und Sozialraumbudgets in der Kinder- und Jugendhilfe. Münster

Institut für Soziale Arbeit (ISA) (Hrsg.) (2001): Sozialraumorientierte Planung. Dokumentation des Fachforums vom 12. und 13. Juni 2001 in Braunschweig. Münster

Jacobs, Jane (1976): Tod und Leben großer amerikanischer Städte. Braunschweig

Jammer, Max (1960): Das Problem des Raumes. Die Entwicklung der Raumtheorien. Darmstadt

Kähler, Harro Dietrich (1983): Der professionelle Helfer als Netzwerker – oder beschreib mit dein soziales Netzwerk vielleicht erfahren wir, wie dir zu helfen ist. In: Archiv für Wissenschaft und Praxis der sozialen Arbeit. Jg. 14., S. 225-244

Kant, Immanuel (2002): Grundlegung zur Metaphysik der Sitten. Stuttgart

Kessl, Fabian/Reutlinger, Christian/Maurer, Susanne/Frey, Oliver (Hrsg.) (2005): Handbuch Sozialraum. Wiesbaden

Kessl, Fabian/Reutlinger, Christian: Sozialraumarbeit statt Sozialraumorientierung. URL: http://www.sozialraum.de/sozialraumarbeit-statt-Sozialraumorientierung. php, Datum des Zugriffs: 04.10.2011

Keupp, Heiner/Röhrle, Bernd (Hrsg.) (1987): Soziale Netzwerke. Frankfurt

KGSt (Kommunale Gemeinschaftsstelle) (1991): Dezentrale Ressourcenverantwortung. Überlegungen zu einem neuen Steuerungsmodell. Köln

KGSt (Kommunale Gemeinschaftsstelle) (1998): Kontraktmanagement zwischen öffentlichen und freien Trägern in der Jugendhilfe. Köln

Kiss-Suranyi, Ildiko E. (2006): Alternatives Nachbarschaftsmodell: In Sozialmagazin 31. Jg. 4, S. 61-63

Klatetzki, Thomas (1995): Flexible Erziehungshilfen. Ein Organisationskonzept in der Diskussion. Münster

Klatetzki, Thomas (1998): Noch einmal: was sind flexibel organisierte Erziehungshilfen? In: Peters et al. 1998, S. 322-337

Kleve, Heiko (2003): Die postmoderne Theorie Sozialer Arbeit. Ein Beitrag zur real- und theoriehistorischen Entwicklung der Sozialarbeit/Sozialpädagogik. In: Neue Praxis, 33, 3/4, S. 325 – 340

Kleve, Heiko (2006): Vom „Brauchen“ zum „Wollen“ – ein Paradigmenwechsel in der Sozialen Arbeit. In: Herrmann 2006, S. 108-129

Kleve, Heiko/Wirth Jan (2009): Die Praxis der Sozialarbeitswissenschaft. Hohengehren: Schneider

Koch, Josef/Lenz, Stefan (Hrsg.) (2000): Integrierte Hilfen und sozialräumliche Finanzierungsformen. Zum Stand und den Perspektiven einer Diskussion. Frankfurt am Main

Kreckel, Reinhard (1983): Soziale Ungleichheiten. Sonderband Soziale Welt. Göttingen

Kreft, Dieter/Mielenz, Ingrid (2005): Wörterbuch Soziale Arbeit. Weinheim und München

Kretzman, John/McKnight, John (1993): Building Communities from the Inside Out: A Path Toward Finding and Mobilizing a Community's Assets. ACTA Publications. Chicago

Kretzmann John/McKnight, John/Puntenney, Deborah (1996): A Guide to Mapping and Mobilizing the Economic Capacities of Local Residents. ACTA Publications. Chicago

Krölls, Albert (2002): Die Sozialraumbudgetierung aus jugendpolitischer und jugendhilfepolitischer Sicht. Ein rechtswidriges Sparprogramm mit fragwürdigem jugendhilfepolitischen Nutzen. In: Merten et al. 2002, S. 183-201

Kunze-Walther, Michael (2002): Sozialraumorientierung in Hannover. In: Senatsverwaltung für Bildung, Jugend und Sport 2002, S. 35-41

Kurz-Adam, Maria (2002) Sozialmanagement als Sozialmodernisierung – vom Kompetenzmanagement zum Koordinationsmanagement sozialer Dienstleistungen. In: Neue Praxis 4, S. 399-401

Langan, Mary/Lee Phil (1989): Radical Social Work Today. London

Lange, Jens (2003): Partizipation: Überlegungen zum Verhältnis der politischen und der (sozial) pädagogischen Dimension eines Begriffs in einer (rhetorisch) modernisierten Sozialen Arbeit. Dortmund

Langhanky, Michael/Frieß, Cornelia/Hußmann, Marcus/Kunstreich, Timm (2004): Erfolgreich sozial-räumlich handeln. Die Evaluation der Hamburger Kinder- und Familienhilfezentren. Bielefeld

Lazarus, Richard S. (1966): Psychological Stress and the Coping Process. New York

Ley, Astrid/Weitz, Ludwig (Hrsg.) (2003): Praxis Bürgerbeteiligung. Ein Methodenhandbuch. Stiftung Mitarbeit. Arbeitshilfen für Selbsthilfe- und Bürgerinitiativen Nr. 30. Bonn

Lipman, Matthew (1986): Philosophieren mit Kindern: Pixie. Wien

Lipsky, Michael (1980): Street-Level-Bureaucracy. Dilemmas of the Individual in Public Services. New York

Löhr, Rolf-Peter (2004): Lokale Ökonomie in der Sozialen Stadt – Chancen und Ansätze. In: www.stadtteilarbeit.de/seiten/theorie/loehr/lok_oekonomie_soziale_stadt.htm

Löw, Martina (2001): Raumsoziologie. Frankfurt

Luhmann, Niklas (1997): Das Erkenntnisprogramm des Konstruktivismus und die unbekannt bleibende Realität. In: Ders. 1997, S. 31-58

Luhmann, Niklas (1997): Soziologische Aufklärung 5. Konstruktivistische Perspektiven. Opladen

Luthe, Ernst Wilhelm (2001): Wettbewerb, Vergabe und Rechtsanspruch im „Sozialraum" der Jugendhilfe In: Nachrichten des Deutschen Vereins 81. Jg., 8, S. 247-257
Manderscheidt, Hejo (1997): Sozialarbeit – das Ende einer heiligen Kuh. In: Publik-Forum Nr. 24, S. 6-8
Mann, Thomas (1988): Der Zauberberg. Frankfurt
Margalit, Avishai (1999): Politik der Würde. Über Achtung und Verachtung. Frankfurt
Maturana, Humberto (1994): Was ist Erkennen? München
Mayntz, Renate (1990): Politische Steuerbarkeit und Reformblockaden: Überlegungen am Beispiel des Gesundheitswesen. In: Staatswissenschaft und Staatspraxis 1, S. 283-307
McKnight, John (1995): The Careless Society. Community and Its Counterfeits. Basic Books
Merten, Roland (Hrsg.) (2002): Sozialraumorientierung. Zwischen fachlicher und rechtlicher Machbarkeit. Weinheim
Mielenz, Ingrid (1981): Die Strategie der Einmischung – Soziale Arbeit zwischen Selbsthilfe und kommunaler Politik. In: Müller et al. 1981, S. 57-66
Mielenz, Ingrid (1985): Aufgaben der Jugendhilfe bei Jugendarbeitslosigkeit und Berufsnot junger Menschen – Praxisbeispiele zur Einmischungsstrategie. Bonn
Mohrlok, Marion (1996): Organizing im Stile der Industrial Areas Foundation. In: Foco et al. 1996, S. 67-91
Müller, Siegfried/Olk, Thomas/Otto, Hans-Uwe (Hrsg.) (1981): Sozialarbeit als soziale Kommunalpolitik. Neue Praxis, Sonderheft 6
Müller-Plantenberg, Clarita (Hrsg.) (2005): Solidarische Ökonomie in Brasilien und Deutschland. Wege zur konkreten Utopie. Internationale Sommerschule in Imshausen. Kassel
Münch, Richard (1995): Dynamik der Kommunikationsgesellschaft Frankfurt/M: Suhrkamp
Münch, Thomas (2003): Raum – Globalisierung und Produktion sozialer Wohlfahrt. Dissertation an der Universität Duisburg-Essen. Essen
Münder, Johannes (2001): Sozialraumorientierung und das Kinder- und Jugendhilferecht. In: Sozialpädagogisches Institut im SOS-Kinderdorf e.V. (SPI) 2001: Sozialraumorientierung auf dem Prüfstand, S. 6-124
Nellissen, Gabriele (2006): Sozialraumorientierung im aktivierenden Sozialstaat. Baden-Baden
Nietzsche, Friedrich (1990): Die fröhliche Wissenschaft. In: Ders.: Das Hauptwerk, Bd. 2. München
Obama, Barack (1990): After Alinsky: Community Organizing in Illinois, Illinois Issues, University of Illinois at Springfield
Oelschlägel, Dieter (2001): Strategiediskussionen in der Sozialen Arbeit und das Arbeitsprinzip Gemeinwesenarbeit, in: Hinte, Wolfgang/Lüttringhaus, Maria/Oelschlägel, Dieter: Grundlagen und Standards der Gemeinwesenarbeit, Münster: Votum, S. 54-72
Olk, Thomas/Müller, Siegfried/Otto, Hans-Uwe (1981): Sozialarbeitspolitik in der Kommune – Argumente für eine aktive Politisierung der Sozialarbeit. In: Müller et al. 1981, S. 5-25
Olk, Thomas/Otto, Hans-Uwe (2003): Soziale Arbeit als Dienstleistung. Grundlegungen, Entwürfe und Modelle. München
Olk, Thomas/Otto, Hans-Uwe/Backhaus-Maul, Holger (2003): Soziale Arbeit als Dienstleistung – Zur analytischen und empirischen Leistungsfähigkeit eines theoretischen Konzepts. In: Olk et al. 2003, S. 9-62
OVG Hamburg, Beschluss vom 10.11.2004, 4BS388/04
Peters, Friedhelm (2006): Welcher Qualitätsgewinn ist bei veränderter Kooperation zu verzeichnen? In: Deutschendorf et al. 2006, S. 40-43
Peters, Friedhelm/Koch, Josef (2004): Integrierte erzieherische Hilfen. Flexibilität und Sozialraumbezug in der Jugendhilfe. Weinheim
Peters, Friedhelm/Struck, Norbert (1998): Flexible Hilfen und das Neue Steuerungsmodell – oder: warum Flexibilität nicht gleich Flexibilität ist. In: Peters et al. 1998, S. 73-96

Peters, Friedhelm/Trede, Wolfgang/Winkler, Michael (Hrsg.) (1998): Integrierte Erziehungshilfen. Frankfurt am Main

Peters, Ulla (1997): Was sind gerechte Lebensverhältnisse? In: Ries et al. 1997, S. 195-200

Peukert, Reinhard (2005): Angehörige in der Gemeindepsychiatrie. Die Familie als wichtigster „Einrichtungstyp" für zuverlässige Hilfen. In: Blätter der Wohlfahrtspflege 4. S. 145-148

Pfeifle, Bruno (2000): Weiterentwicklung der Hilfen zur Erziehung aus Sicht des öffentlichen Trägers. In: Koch et al. 2000, S. 97-107

Philipp, Oswalt (Hrsg.) (2004): Schrumpfende Städte. Band 1: Internationale Untersuchung. Ostfildern-Ruit

Projekt „Netzwerke im Stadtteil" (2005): Grenzen des Sozialraums. Kritik eines Konzepts – Perspektiven für Soziale Arbeit. Opladen

Putnam, Robert (2000): Bowling Alone. The Collapse and Revival of American Community. New York

Putnam, Robert/Feldstein, Lewis (2004): Better Together. Restoring American Community. New York

Rapp, Charles (1998): The Strengths Model. Case Management with People Suffering from Severe and Persistent Mental Illness. New York

Rappaport, Julian (2005): Community psychology is (thank God) more than science. In: American Journal of Community Psychology, Vol. 35, S. 231-238

Residents of Hull House (1895) (1970): Hull House Maps and Papers, Reprint Arno Press/The New York Times. Boston

Richmond, Mary (1917): Social Diagnosis, New York

Richmond, Mary (1922): What is Social Case Work, New York

Richmond, Mary (1930): The Long View, Papers and Addresses. New York

Richter, Antje (2005): Frühe Armut. Prävention durch Gesundheitsförderung in Kindertageseinrichtungen. In: Aktion Jugendschutz – Landesarbeitsstelle Baden-Württemberg 2005

Riege, Marlo/Schubert, Herbert (2002): Einleitung: Zur Analyse sozialer Räume – Ein interdisziplinärer Integrationsversuch. In: Ders. 2002, S. 7-60

Riege, Marlo/Schubert, Herbert (Hrsg.) (2002): Sozialraumanalyse. Grundlagen – Methoden – Praxis. Opladen

Ries, Heinz/Elsen, Susanne/Steinmetz, Bernd/Homfeldt, Hans-Günther (Hrsg.) (1997): Hoffnung Gemeinwesen. Neuwied

Rorty, Richard (2001): Solidarität oder Objektivität? Stuttgart: Reclam

Rothschuh, Michael (2003): Szenen des Community Organizing. Ein Streifzug durch das Internet, Hamburg. In: www.stadtteilarbeit.de/index.html?/Seiten/Theorie/Rothschuh/c_o_amerika.htm

Sachße, Christoph (2003): Mütterlichkeit als Beruf. Sozialarbeit, Sozialreform und Frauenbewegung 1871-1929. Kasseler Studien zur Sozialpolitik und Sozialpädagogik. Weinheim

Saleebey, Dennis (Hrsg.) (1992): The Strengths Perspective in Social Work Practice. New York

Schädler, Johannes/Schwarte, Norbert/Trube, Achim (Hrsg.) (2001): Der Stand der Kunst Qualitätsmanagement sozialer Dienste. Münster

Schäfer, Georg (2002): Realisierung der Sozialraumorientierung: praktische Perspektiven. Beispiele der Stadt Celle. Bundesmodell INTEGRA. In: Merten et al. 2002, S. 69-90

Schäfer, Georg (2003a): Sozialräumliches Arbeiten und Sozialraumbudgetierung in Celle. In: AFET, Mitgliederrundbrief 3, Hannover, 9, S. 47-53

Schäfer, Georg (2003b): Zwei Jahre Erfahrung mit der Sozialraumbudgetierung. In: Rundbrief Nr. 5, INTEGRA, S. 41-45

Schopenhauer, Arthur (1998): Die Welt als Wille und Vorstellung. München

Schrapper, Christian/Pies, Silka (Hrsg.) (2003): Hilfeplanung als Kontraktmanagement? Erster Zwischenbericht des Forschungs- und Entwicklungsprojekts „Hilfeplanung als Kontaktmanagement“. Modellprogramm Fortentwicklung des Hilfeplanverfahrens. München
Schröer, Hubertus (2005): Zur Notwendigkeit sozialräumlicher Orientierung in der Kinder- und Jugendhilfe. In: Sozialraumorientierung in der Münchner Kinder- und Jugendhilfe. Tagungsdokumentation. 18. Feb. 2005, S. 24-42
Schubert, Herbert/Spieckermann, Holger (2002): Aufbau von Netzwerken als Kernaufgabe des Quartiermanagements. In: Walther et al. 2002, S. 147-162
Schütte, Stefan (2005): Wäscher in Banaras. In: Kessl et al. 2005, S. 181-203
Schütz, Alfred/Luckmann, Thomas (1979): Strukturen der Lebenswelt. Band 1. Frankfurt
Schweikert, Birgit (1999): Arbeit des Berliner Interventionsprojektes gegen häusliche Gewalt. In: Frauen in der Einen Welt (Hrsg.) Zeitschrift für interkulturelle Frauenalltagsforschung: Frauenrechte – Menschenrechte 1., 1999, S. 72-95
Scurell, Babette (1999): Vielfalt der Arbeit: Experimente zur Verknüpfung von Erwerbs- und Versorgungsarbeit. AG-SPAK-Bücher M138. Neu-Ulm
Seligman, Martin (1979): Erlernte Hilflosigkeit. München
Senatsverwaltung für Bildung, Jugend und Sport (2002): 2. Fachpolitischer Diskurs. Sozialraumorientierung in der Berliner Jugendhilfe. Berlin
Senatsverwaltung für Bildung, Jugend und Sport für Berlin (2004): Mitteilung über Richtlinien der Sozialraumorientierung im Bereich der Jugendhilfe (Bericht an das Abgeordnetenhaus), Drucksache Nr. 15/2303 und 15/2485 – Schlussbericht. Berlin
Sennett, Richard (1998): Der flexible Mensch. Frankfurt am Main
Sennett, Richard (2002): Respekt im Zeitalter der Ungleichheit. Berlin
Simmel, Georg (1983): Der Arme. In: Ders. 1983, S. 345-374
Simmel, Georg (1983): Soziologie. Berlin
Smith, Adam (2005): Untersuchung über Wesen und Ursachen des Reichtums der Völker. Stuttgart
Snow, Luther (2004): The Power of Asset Mapping. How your Congregation Can Act on Ist Gifts. Herndon. Virginia
Solomon, Barbara (1976): Black Empowerment – Social Work in Oppressed Communities. New York
Sozialpädagogisches Institut im SOS-Kinderdorf e.V. (SPI) (2001): Sozialraumorientierung auf dem Prüfstand. Frankfurt am Main
Spencer, Herbert (2004): The Principles of Ethics. Vol. 1. University Press of the Pacific
Stadt Rosenheim (2004): Fallprototyping (Evaluationskonzept für sozialraumorientierte Fallarbeit – Internes Arbeitspapier). Rosenheim
Stähr, Axel (2004): Zulässigkeit der Auswahl von freien Trägern im Rahmen des Konzepts der Sozialraumorientierung. in: Forum Erziehungshilfen 10, 5, S. 307-311
Stähr, Axel (2006): Juristische Grundlagen für die sozialpädagogische Diskussion um Sozialraumorientierung. In: Budde et al. 2006, S. 51-69
Stark, Wolfgang (1996): Empowerment. Neue Handlungskompetenzen in der psychosozialen Praxis. Freiburg im Breisgau
Staub-Bernasconi, Silvia (1986): Soziale Arbeit als eine besondere Art des Umgangs mit Menschen, Dingen und Ideen. Zur Entwicklung einer handlungstheoretischen Wissensbasis Sozialer Arbeit. In: Sozialarbeit 10, (18). S. 2-71
Staub-Bernasconi, Silvia (2007): Soziale Arbeit als Handlungswissenschaft, Bern, Stuttgart, Wien: Haupt Verlag
Stemmle, Dieter (Hrsg.) (1992): Marketing im Gesundheits- und Sozialbereich. Zürich
Stephan, Birgit (2004): Das Sozialraumprojekt in der Jugendhilfe des Kreises Nordfriesland (Projektbericht). Husum

Stephan, Birgit (2006): Sozialraumbudget – und was haben die Betroffenen davon? In: Sozial Extra 6/2006, S. 14-16

Stiefel, Marie-Luise (2002): Reform der Erziehungshilfen in Stuttgart. In: Merten et al. 2002. S. 55-68

Thiersch, Hans (2000): Lebensweltorientierte Soziale Arbeit. Aufgaben der Praxis im sozialen Wandel. Weihheim und München

Thiersch, Hans (2001): Moral und Soziale Arbeit. In: Thiersch et al. 2001, S. 1245-1258

Thiersch, Hans/Otto, Hans-Uwe (2001): Handbuch Sozialarbeit/Sozialpädagogik. Neuwied

Thole Werner/Galuske Michael/Struck Norbert (2000): Zukunft des Jugendamtes. Neuwied

Trapp, Shel (1986): Basics of Organizing. In: www.tenant.net/Organize/orgbas.html

Treeß, Helga (2006): Kooperation mit Heranwachsenden im sozialräumlichen Konzept. In: Hinte/Treeß 2006, S. 131-218

Troxler, Ueli (2001): KlientInnenpartizipation – KlientInnenräte. In: Sozial Aktuell. 13, S.17-19

United Nations General Assembly (2006): Convention on the Rights of Persons with Disabilities, in: www.un.org/esa/socdev/enable/rights/convtexte.htm

VG Berlin, Beschluss vom 19.10.2004 – 18A404.04-; zit. nach juris

VG Hamburg, Beschluss vom 05.08.2004 – 13E2873/04

VG Lüneburg, Beschluss vom 20.12.2005 – 4B 50/05

Walther, Uwe-Jens (Hrsg.) (2002): Soziale Stadt – Zwischenbilanzen. Ein Programm auf dem Weg zur Sozialen Stadt?. Opladen

Walzer, Michael (1998): Sphären der Gerechtigkeit. Ein Plädoyer für Pluralität und Gleichheit. Frankfurt

Weber, Max (1980): Wirtschaft und Gesellschaft. Grundriss der verstehenden Soziologie. Tübingen

Weber, Max (1988): Die protestantische Ethik und der Geist des Kapitalismus. In: Ders. Gesammelte Aufsätze zur Religionssoziologie 1. München 1988, S. 17-206

Weißenstein, Regina (2003a): „Wer weiß schon wie wahr eine Story ist?" Der soziale Ombudsmann in Finnland. In: Schwierig – schwieriger – am schwierigsten. Zum Zusammenhang von Hilfeplanung und den Karrieren von Kindern und Jugendlichen in Erziehungshilfeeinrichtungen, EREV Schriftenreihe, 44. Jg.,3, S. 105-110

Weißenstein, Regina (2003b): Schauplatz Stuttgart: Erziehungshilfeträger und Jugendamt bauen gemeinsam um. In: Schwierig – schwieriger – am schwierigsten. Zum Zusammenhang von Hilfeplanung und den Karrieren von Kindern und Jugendlichen in Erziehungshilfeeinrichtun gen, EREV Schriftenreihe, 44. Jg., 3, S. 10-15

Weißenstein, Regina (2006a): Fremdunterbringung im Sozialraum – eine Entwicklungs- und Lerngeschichte der Evangelischen Gesellschaft in Stuttgart. In: Budde et al. 2006, S. 245-261

Weißenstein, Regina (2006b): Erfahrungen mit einem regionalen Budget in den Hilfen zur Erziehung. In: Sozial Extra 6/2006, S. 21-25

Wendt Wolf Rainer (o.J.): Transdisziplinarität und ihre Bedeutung für die Wissenschaft der Sozialen Arbeit, in: www.deutsche-gesellschaft-fuer-sozialarbeit.de

Wentz, Martin (Hrsg.) (1991): Stadt-Räume. Die Zukunft des Städtischen. Frankfurter Beiträge, Bd. 2. Frankfurt

Wiesner, Reinhard (2002): Die Leitidee des KJHG und ihre Vereinbarkeit mit dem sozialräumlichen Planungsansatz. In: Merten et al. 2002, S. 167-181

Winter, Hagen et al. (1995): Die Jugendhilfestation Greifswald. Erfahrungen beim Aufbau eines innovativen Projektes in Mecklenburg-Vorpommern. In: Klatetzki 1995, S. 53-71

York, Phyllis/York, David/Wachtel, Ted (1983): When You Can't Reach Troubled Teens … Can't Even Live with Them … it's Time for Tough Love. Bantam Book. New York

Zastrow, Charles (1996): Social Work and Social Welfare. Pacific Grove, California

Zastrow, Charles (2004): Introduction to Social Work and Social Welfare: Empowering People, Belmont: Thomson

Zeitschrift für Soziologie, Heft 2, S. 93-110.

Autorenverzeichnis

Wolfgang Budde (Jahrgang 1953) ist Diplom Sozialarbeiter und arbeitet an der Fakultät Soziale Arbeit und Gesundheit der Hochschule Coburg.
E-Mail: budde@hs-coburg.de

Dr. Gudrun Cyprian (Jahrgang 1945) war Professorin für Soziologische Grundlagen der Sozialen Arbeit am Fachbereich Soziale Arbeit der Otto-Friedrich-Universität Bamberg.
E-Mail: gudrun.cyprian@uni-bamberg.de

Dr. Frank Früchtel (Jahrgang 1962) ist Professor Soziale Arbeit am Fachbereich Sozialwesen der Fachhochschule Potsdam.
E-Mail: fruechtel@fh-potsdam.de